大同雁北师院北魏墓群

大同市考古研究所

刘俊喜　主编

文物出版社

北京　2008

责任编辑：李　力
封面设计：程星涛
责任印制：梁秋卉

图书在版编目（CIP）数据

大同雁北师院北魏墓群/大同市考古研究所编 . — 北京：文物出版社，2008.1
ISBN 978 - 7 - 5010 - 2295 - 3
Ⅰ. 大… Ⅱ. 大… Ⅲ. 墓群（考古）-发掘报告-大同市-北魏（439～534）　Ⅳ. K878.85
中国版本图书馆 CIP 数据核字（2007）第 127330 号

大同雁北师院北魏墓群

大同市考古研究所

刘俊喜　主编

文物出版社出版发行

北京东直门内北小街 2 号楼

（邮政编码　100007）

http：//www. wenwu. com

E - mail：web@wenwu. com

北京文博利奥印刷有限公司制版

文物出版社印刷厂印刷

新华书店经销

2008 年 1 月第一版　2008 年 1 月第一次印刷

889×1194　1/16　印张：22.25

ISBN 978 - 7 - 5010 - 2295 - 3

定价：280 元

TOMBS OF THE NORTHERN WEI PERIOD IN YANBEI TEACHERS COLLEGE AT DATONG

Datong Municipal Institute of Archaeology

Compiler-in-chief   Liu Junxi

Cultural Relics Publishing House

Beijing   2008

序

欣闻刘俊喜所长主编的《大同雁北师院北魏墓群》发掘报告即将出版，令研究中国汉唐考古学的同仁都为大同考古研究所取得的学术成就感到高兴。

以北魏太和元年宋绍祖墓为主的大同雁北师院北魏墓群，是近年来有关南北朝时期墓葬的一项重要考古发现。拓跋鲜卑建都于平城的时期，正是拓跋鲜卑从初建一个少数民族的地区政权，逐渐消灭东北和西北的北燕、北凉等地区政权，占有被东晋南朝短期领有的关中和山东地区，最终成为统一中国北半部疆域的强大的北魏王朝，与南半部的刘宋至萧齐形成南北对峙，中国古代历史步入南北朝阶段。也正是在平城时期，拓跋鲜卑不断汲取传统的汉魏文化，以及江南东晋南朝的新兴文化，容纳相邻的其它少数民族的文化，与鲜卑民族的原有文化相融合，不论是政治体制、礼仪制度还是社会文化，乃至生活习俗，都在不断发展变化的历史过渡时期。既有继承、又有融汇、还有创新，最终形成当时被南朝人士视为"胡风国俗，杂相揉乱"的新的北魏文化，从而为北魏孝文帝迁都于洛阳以后政治文化的新发展，奠定了基础。并对以后隋唐文化的兴盛，产生极为深远的影响。其中墓仪制度方面的演变，正可以视为北魏当时社会政治变化的一个缩影。这也就是大同地区北魏墓葬的田野考古发掘工作，在学术研究层面所具有的重要意义。

大同师院北魏墓群与以前曾编写过正式发掘报告的大同南郊的那些小型的且缺乏明确纪年的墓葬不同，不仅墓葬规模较大，其中如宋绍祖墓，有明确的太和元年（477 年）纪年，而且墓内石葬具和随葬俑群大致保存完好，不仅是对确定北魏墓的分期研究的纪年标尺，更为研究北魏平城时期的墓仪制度和物质文化，提供了丰富的科学信息。结合以前发现的石家寨延兴四年至太和八年（474～484年）司马金龙夫妇墓等，以后发现的沙岭太延元年（435 年）破多罗太夫人壁画墓等重要墓例，再综合分布于大同南郊和东郊的其余北魏墓葬，已经可以对平城时期的北魏墓仪制度的发展演变勾勒出大略的轮廓。也对以后北朝墓中流行的中国式殿堂形貌的石葬具、背围屏风的石棺床等，以及随葬俑群的组合变化，由画棺到画像石棺等诸多方面，梳理出渊源流变的历史轨迹。同时，大同师院北魏墓群出土的石葬具的装饰纹样、出土陶俑的艺术造型，等等。更对北魏平城时期丧葬艺术和世俗艺术的研究，具有重要价值。

　　我们在祝贺大同雁北师院北魏墓群发掘报告出版之时，更期待大同市考古研究所今后在北魏墓葬和平城遗址的田野考古发掘中不断取得新成就。也期待大同地区的另一些已发掘的重要北魏墓，如司马金龙墓、沙岭壁画墓的正式考古报告也能早日问世，从而推动北魏平城时期墓葬的考古学研究登上一个新阶梯。

杨　泓

2007 年 11 月 21 日

目　　录

附录

图版 …………………………………………………………………………（225）

英文提要 ……………………………………………………………………（333）

插图目录

彩版目录

图版目录

第一章 概 述

一 地理位置及历史沿革

大同市位于山西省北部，地理坐标为北纬 39°03′～40°44′，东经 112°34′～114°33′。东界太行山，与河北阳原、蔚县、涞源接壤；北倚长城，与内蒙古自治区丰镇市、凉城县毗邻；西、南分别与山西省的朔州、忻州交界。大同地处黄土高原东北部，平均海拔高度千米以上，地势南北高、中间低，三面环山，中南面是平坦开阔的大同盆地。境内主要山脉有恒山、雷公山、采凉山、马铺山，主要河流有桑干河、浑河、壶流河。大同市现辖四区七县：城区、矿区、新荣区、南郊区，大同县、阳高县、天镇县、浑源县、广灵县、灵邱县、左云县。

大同市区地处大同盆地西北的边缘，地跨桑干河支流御河的两岸。东距首都北京 320 公里，南距省会太原 252 公里，是晋、冀、内蒙古交界的要冲，首都西翼的屏障，三晋大地北方的门户。大同以其悠久的历史、灿烂的文化和丰富的煤炭资源而闻名于世。

雁北师范学院（已于 2006 年 7 月 1 日改名山西大同大学）北魏墓群（以下简称师院墓群），位于大同市南郊区水泊寺乡曹夫楼村东北 1 公里处（图一），西距大同市 3.5 公里，坐落在御河之东马铺山（古称白登山）南麓的缓坡地带，海拔高度 1071 米。在北部的马铺山，西汉时著名的"白登之战"就发生在这里。据史书记载，西汉高祖七年（前 200 年）十月，刘邦亲率三十二万大军向北追逐匈奴，时值寒冬，天降大雪，汉军因天寒"士卒坠指者什二三"[1]，但由于获胜心切而直奔白登山，结果险遭全军覆没。1993 年，大同市人民政府在此古战场新建了一座汉阙式碑，镌刻碑文，详细记述了"白登之战"两军对垒的鏖战情景。师院墓群的正南和西南方向还有沙岭壁画墓（被评为 2005 年全国十大考古新发现）[2]、司马金龙墓[3]、元淑墓[4]、高琨墓[5]、南郊墓群[6]和明堂遗址[7]等北魏时期的重要文化遗存。

大同历史悠久。据《元和郡县图志》载，春秋时期大同一带为北狄所居。战国时赵武灵王"胡服骑射"，于公元前 296 年"北破林胡、楼烦。筑长城，自代并阴山下，至高阙为塞。而置云中、雁门、代郡"[8]。当时大同已成为赵国的边陲要地，属雁门郡。秦时大同仍属雁门郡。西汉时，置平城县，

〔1〕《史记》卷八《高祖本纪》，中华书局点校本，第 385 页。
〔2〕大同市考古研究所《山西大同沙岭北魏壁画墓发掘简报》，《文物》2006 年第 10 期。
〔3〕山西省大同市博物馆、山西省文物工作委员会《山西大同石家寨北魏司马金龙墓》，《文物》1972 年第 3 期。
〔4〕大同市博物馆《大同东郊北魏元淑墓》，《文物》1989 年第 8 期。
〔5〕同注〔4〕。
〔6〕山西大学历史文化学院、山西省考古研究所、大同市博物馆编著《大同南郊北魏墓群》，科学出版社，2006 年。
〔7〕大同市考古研究所《大同北魏明堂辟雍遗址南门发掘简报》，《山西省考古学会文集》（三），山西古籍出版社，2000 年。
〔8〕《史记》卷一百一十《匈奴列传》，中华书局点校本，第 2885 页。

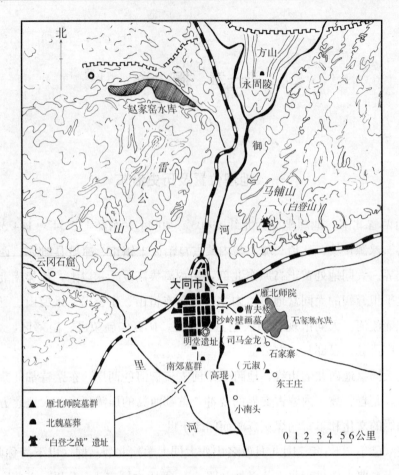

图一　雁北师院北魏墓群位置图

隶属雁门郡。东汉时，仍称平城县，隶属雁门郡。三国时，其地为乌桓、鲜卑所据。晋时大同北部为鲜卑族领地，南部为雁门郡地。晋永嘉四年（310 年），并州牧刘琨以拓跋猗卢有救援之功，上书晋怀帝，请封鲜卑拓跋猗卢为代公。建兴元年（313 年），拓跋猗卢定盛乐（今内蒙古和林格尔县北）为北都，修秦汉故平城为南都，此时的陉岭以北至大同盆地已尽为鲜卑人所有。北魏天兴元年（398 年），拓跋珪自盛乐迁都平城，所划定的京畿范围包括：“东至代郡（今河北蔚县暖泉镇西），西至善无（今右玉南古城村），南极阴馆（今朔县东南 20 公里夏官村），北尽参合（今阳高县东北）”[1]。大同作为北魏京都长达九十七年，历经了道武帝拓跋珪、明元帝拓跋嗣、太武帝拓跋焘、南安王拓跋余、文成帝拓跋濬、献文帝拓跋弘、孝文帝元宏，共六帝一王。公元 398 到 494 年，平城一直是我国北方政治、军事、经济、文化的中心。孝文帝元宏在位二十九年（471～499 年），此时大规模的战争年代基本过去，以政治为主的文治时代达到了最盛期。自承明元年（476 年）献文帝死，冯太后被尊为太皇太后，再度临朝称制，到她太和十四年（490 年）病死，孝文帝独立执政只有十年时间，但他力精图治，“及躬总大政，一日万机，十许年间，曾不暇给”[2]。孝文帝于太和八年（484 年）、九年（485 年）、十年（486 年）分别推出俸禄制、均田制、三长制等三项重大改革措施，促进了生产力的发展，加速了北魏

〔1〕《魏书》卷一百一十《食货志》，中华书局点校本，第 2850 页。
〔2〕《魏书》卷七下《高祖纪》，中华书局点校本，第 187 页。

政权向封建化的过渡。太和十八年（494 年）迁都洛阳，平城置恒州。孝昌二年（526 年）六镇之变，平城陷废。公元 534 年，孝武帝奔关中被杀，北魏宣告灭亡。北魏末分为东魏、西魏，东魏被北齐所代，西魏被北周所代。隋唐五代更迭，大同数易其名，辽时设西京道大同府，为辽代陪都，元为大同路，明清置大同府，曾为九边重镇之一和京师屏障。1982 年，国务院公布大同为国家首批二十四座历史文化名城之一。

二　墓葬分布及发掘经过

2000 年 4 月，为配合雁北师范学院扩建工程，大同市考古研究所文物钻探队在其新征土地范围内进行了全面的文物钻探，共发现北魏、明、清和近代各时期墓葬百余座。墓葬采取统一编号，自北向南排列。

北魏时期的十一座墓葬位于钻探区域的东北部，分布于平面略呈三角形，面积约为 5700 平方米的区域内。均坐北朝南，方向在 184～205 度之间（图二、彩版一）。其中长方形斜坡墓道土洞墓六座，编号为 M7、M9、M12、M18、M19、M24，位于发掘区中部，分布比较集中。形制有长方形墓室、梯形墓室和刀把形偏室墓三类。长方形斜坡墓道砖室墓五座，编号为 M1、M2、M3、M5、M52，位于发掘区西北乡间小路一线，分布疏朗，由北向南依次排列。墓室皆近似正方形，有砖砌单室墓和双室墓两类。除 M52 相距较远以外，其余四座砖墓距离很近。钻探区域的东北和东南是规模不等的取沙

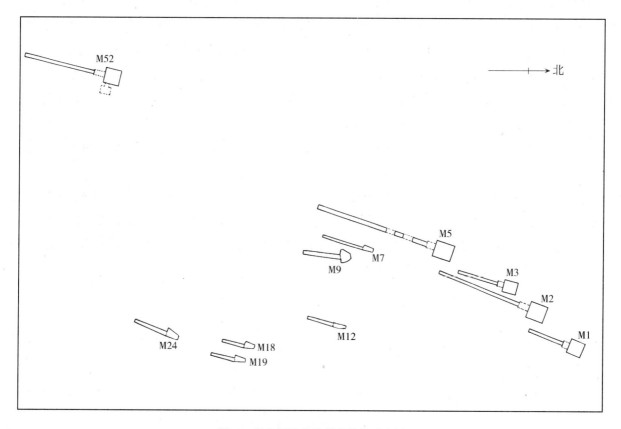

图二　雁北师院北魏墓葬分布示意图

场，废弃或正在使用，地面上散置有零星的北魏陶片，这说明在墓群的周围仍有北魏墓葬存在。

2000 年 6～9 月，经报国家文物局批准，山西省考古研究所与大同市考古研究所联合对该墓群进行了抢救性发掘。先选择了工期较紧的 M18、M19、M24 三座土洞墓和 M52 砖室墓进行试掘，之后又对其余墓葬进行了全面发掘。首先挖掉厚 0.26～0.4 米的耕土层，弄清楚墓圹、墓道以及盗洞的位置和相互间的层位关系，然后逐层发掘盗洞、墓圹和墓道内的填土。由于盗扰，墓顶大都已坍塌。最后清理墓室，大多采用揭顶的方式。只有 M2 例外，虽然墓顶有盗洞，但在确保安全的前提下，仍采用了由墓道进入墓室的清理方法，保留了相对完整的墓室顶部。M5 墓室清理时，由于仿木结构的葬具石椁梁架断裂，致使椁室顶部中间下陷，无法直接进入椁室清理。椁室外围四周又因空间狭小，清理工作无法进行。所以先将石椁顶板揭取，弄清其梁架和石榫的结构后再行揭取。最后同步清理椁室内外的淤土，防止石椁壁由于内外淤土挤压力不同，而发生散落或变形。M2、M5 清理时正值雨季，防止雨水浸入墓室尤为重要。工作中同时兼顾搭棚保护与发掘清理，经各方努力，田野发掘工作得以顺利完成。随后展开室内的修复工作，陶俑等随葬品多有彩绘，为避免其色彩脱落，只能用竹片一点点将上面的淤土剔除，慢慢使其分离、剥落，后对位粘接复原，从而使得彩绘颜色基本得以保存。之后，又将出土文物逐一进行了拍照、绘图、制作幻灯片和录像带。2004 年，出土文物中的精品和葬具石椁先后分四批调入山西省博物院或出国展出。

雁北师院北魏墓群出土之后，我所随即开始对这批资料进行整理和研究。完成《山西大同雁北师范学院北魏墓群》，以简洁的文字对墓群做了介绍，该文编入《2000 年中国重要考古发现》（文物出版社，2001 年）；发表《大同市北魏宋绍祖墓发掘简报》（《文物》2001 年第 7 期），对其中的 M5 做了比较详细的报道；2001 年，大同市考古研究所所长刘俊喜在"北朝史国际学术研讨会暨中国魏晋南北朝史学会第七届年会"上作了主题演讲，介绍了该墓群的情况，引起了国内外学术界的极大关注。

墓群在发掘过程中，北京大学宿白教授，中国社会科学院考古研究所杨泓、李裕群研究员，山西省原古建筑研究所所长柴泽俊先生，《文物》月刊编辑部张小舟主任、李力编审等多位专家学者先后到工地现场赐教，对我们的工作给予了很大的支持和肯定，中国社会科学院韩康信先生对墓中人骨作了细致的鉴定工作，大同大学美术系陈乃连教授、大同艺术学校贾波老师也给予了具体的指导。在此一并表示感谢。

参加墓群发掘的人员有：张庆捷、刘俊喜、左雁、张志忠、高峰、高松、刘超、尹刚、张海啸、赵亚春、张秀丽、高金梅、白永冰等；参加修复工作的人员有：高松、尹刚、刘超；参加绘图工作的人员有：高峰、江伟伟、高松、张海啸等；参加照相工作的人员有高峰、张海雁、员新华、李晔；参加报告编写工作的人员有：刘俊喜、张志忠、左雁。

第二章　土洞墓 M7、M9、M12、M18、M19、M24

一　M7

（一）墓葬形制

M7 为长方形斜坡底墓道土洞墓，坐北朝南，方向 194 度，由墓道和洞室两部分组成。南北长 13.6 米，墓底距地表深 5.04 米（图三）。

墓道在墓室之南，开口距地表深 0.30 米。墓道呈长方形斜坡状，长 11.58 米，南端开口处宽 1 米，墓道上口明显窄于墓道底，北端上宽 0.7、下宽 1、距地表深 5.04 米。内填五花土，质地疏松，未经夯打。斜坡平缓，坡度约为 25 度。

沿墓道向北、向西扩展形成洞室，形制分类为偏室墓。墓室为南高北低的拱形土洞，墓门高 1.1 米，墓室后部高 0.58 米。墓室平面呈刀把式梯形，长 2.02、宽 0.98～1.88 米，南宽北窄，墓底平整。墓门用生土块堆砌封堵，为了不使土块因墓道填土的压力挤入洞室，先在堆放土块的墓道两侧挖宽 40～66、深 7～8 厘米，平面呈弧形的凹槽，将生土块紧紧地倚在凹槽壁上，加大了封门的稳固性。

葬具为一棺，位于墓室西侧，呈南北向放置（彩版二：1）。棺为前大后小的梯形状，长 1.53、宽 0.46～0.7、高 0.37～0.58 米。棺下垫生土块。木棺内有两具人骨，头向南，侧身直肢，保存较好。经鉴定，均为未成年人个体，一具为 13～14 岁女性，另一具为 6～8 岁儿童，性别不明（详见附录二《大同雁北师院北魏墓群人骨鉴定》）。棺前挡正中和两侧板靠前相对应的位置，装设有铁质棺环 3 件。棺内头骨下有灰枕 1 件。棺外前部出土陶罐 3 件、陶壶 1 件，墓室东北处出土陶罐 1 件，棺内中部出土水晶串饰 2 件。

（二）出土器物

出土器物共 11 件，按质地分有陶、铁、玉石器、灰枕四种。分述如下。

1. 陶器 5 件。

陶罐　4 件。

标本 M7：1，口径 8.9、底径 5.2、腹径 11.8、高 13.8 厘米。位于棺前。泥质灰陶。盘口，圆唇，粗颈，圆腹，平底。颈下部以弦纹带为框，滚印两股交错扭结的波状绚纹一周，肩下部以弦纹带为框，滚印波状绚纹一周，图案已不清。肩部施网状暗纹，腹部施折线暗纹（图四：1，图版一：1）。

标本 M7：2，口径 9.2、底径 5、腹径 12.3、高 14.1 厘米。位于棺前。泥质灰陶。侈口，宽平沿，短粗颈，圆肩，鼓腹，平底。颈下部和肩下部以弦纹带为框，滚印两股交错扭结的波状绚纹各一周，颈部施折线暗纹，腹部施折线暗纹（图四：2，图版一：2）。

标本 M7：3，口径 13.5、底径 9.2、腹径 22.1、高 21.4 厘米。位于棺前。泥质灰陶。微侈，折沿，圆唇，沿面内侧有凹槽，直矮领，圆肩，鼓腹，平底。以颈中部、肩中部、肩下部的弦纹带为框，

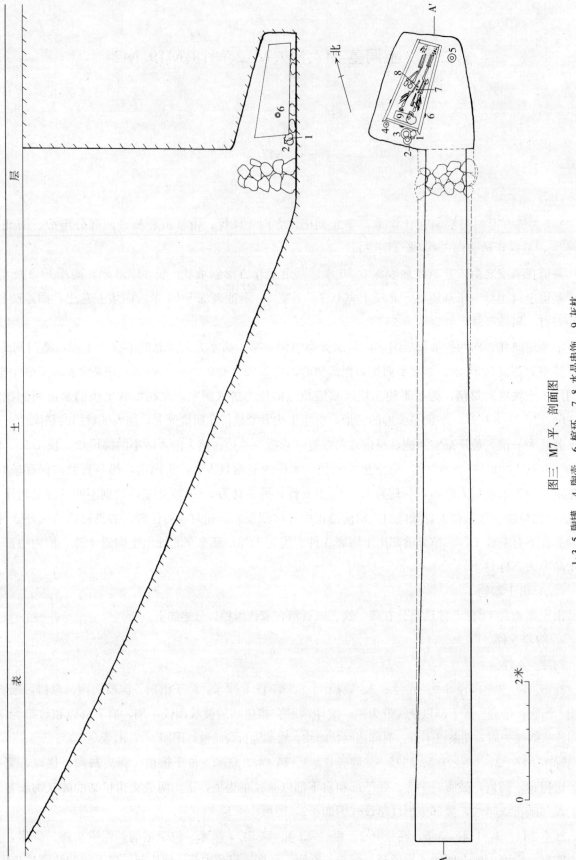

图三　M7 平、剖面图

1~3、5. 陶罐　4. 陶壶　6. 棺环　7、8. 水晶串饰　9. 灰枕

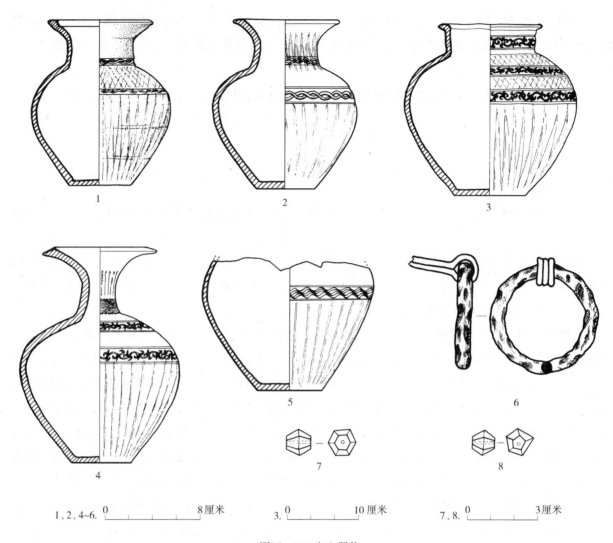

图四　M7 出土器物

1. 陶罐（M7：1）　2. 陶罐（M7：2）　3. 陶罐（M7：3）　4. 陶壶（M7：4）　5. 陶罐（M7：5）

6. 铁棺环（M7：6）　7. 水晶串饰（M7：7）　8. 水晶串饰（M7：8）

滚印连续波状忍冬纹各一周，腹部施折线暗纹（图四：3，图版一：3）。

标本 M7：5，口径残，底径 5.5、腹径 14.6、残高 11.2 厘米。位于墓室东北处。泥质灰陶。圆肩，鼓腹，平底。腹的上部以弦纹带为框刻划数线水波纹一周，腹部施折线暗纹（图四：5）。

陶壶　1 件（标本 M7：4）。口径 9.8、底径 5、腹径 13.6、高 18 厘米。位于棺前。泥质灰陶。喇叭形口，宽平沿下折，细颈，圆肩，鼓腹，小平底。颈下部刻划复线水波纹一周，肩中部和肩下部以弦纹带为框，滚印连续波状忍冬纹各一周，颈部和腹部施竖线暗纹（图四：4，图版一：4）。

2. 铁器 3 件。

均为铁棺环。标本 M7：6，前挡板 1 件，两侧板各 1 件。棺环由铁棍锻打而成，平面呈圆形，内径 6.8、外径 9.2 厘米，上有铁条弯曲的环状鼻勾住铁环，两端砸扁合拢，直接钉入棺内，下撇成人字形进行固定。下部已残，锈蚀严重（图四：6）。

3. 玉石器 2 件。

均为水晶串饰。标本 M7∶7、标本 M7∶8，最大径均为 1.1 厘米。位于棺内中部。两件水晶串饰的形制基本一样，均为不规则多棱形白色透明体，对穿小孔，重量分别为 1.1 和 1.4 克（图四∶7、8，彩版三∶4）。

4. 灰枕　1件（标本 M7∶9）。位于棺内头骨下。灰枕表面呈长方形，残长 26、残宽 14 厘米。

二　M9

（一）墓葬形制

M9 为长方形斜坡底墓道土洞墓，坐北朝南，方向 184 度，由墓道和墓室两部分组成。墓底距地表深 6.5 米（图五）。

墓道在墓室之南，开口距地表深 0.30 米。墓道呈长方形斜坡状，长 10、宽 0.98～1.02 米，因建筑物占压，仅发掘墓道 8.1 米。墓道上口略窄于墓道底，北端距地表深 6.5 米。内填五花土，质地疏松，未经夯打。墓道底部倾斜坡度为 27 度，接近封门处有二级台阶。

沿墓道两侧向外扩展形成洞室，形制分类为梯形墓室。墓室为南高北低的拱形土洞，墓门 2.1、墓室后部 1.05 米。墓室平面呈不规则梯形，南北长 2.8、东西宽 1.85～3.64 米，南宽北窄，墓底平整。墓门用生土块堆砌封堵，为了不使土块因墓道填土的压力挤入洞室，先在堆放土块的墓道两侧挖设宽 30～40、深 5～8 厘米平面呈弧形的凹槽，将生土块紧紧地倚在凹槽壁上，加大了封门的稳固性。

葬具为双棺，位于墓室中西部，呈南北向并列放置（彩版二∶2）。棺为前大后小的梯形状，西棺长 1.97、宽 0.58～0.86 米；东棺长 1.87、宽 0.43～0.83 米。在清理墓底时，发现西棺下有木质棺床，长 2.01、宽 0.62～0.9 米，高度不明。骨架保存较好，头向南，葬式为仰身直肢。男墓主人居东，女墓主人居西，为夫妻合葬。头骨下均有呈长方形的灰枕。东棺前挡和两侧板相对的位置，装设有柿蒂形铁质棺环 5 件。东棺东侧板外出土石灯 1 件、陶罐 3 件、釉陶壶 1 件，墓室南端靠近封门处出土实用磨盘 1 件，东棺内头骨旁出土琥珀饰件 1 件，西棺内头骨旁出土铁剪 1 件。

（二）出土器物

出土器物共 15 件，按质地分有石、琥珀、铁、陶、灰枕四种。分述如下。

1. 石器 2 件。

石磨（上扇）　1件（标本 M9∶1）。直径 40.5、高 11 厘米。位于墓室南端靠近封门处。系白色砂岩石质，为实用器。正面有一圆高出台面，直径 27.8、深 5.75 厘米。圆的圜底有两孔，用以灌谷物流入磨齿间，直通石磨的底面。边上有一边长 4.5×3.5 厘米的长方形榫眼，以备推磨时插入磨棍。外表有许多不规则的斜线凿痕。底面有三孔，中间一孔稍大，用以装短铁轴贯穿上、下扇。底面有一些纵横叠错的斜线磨齿，部分地方已磨平（图六∶4，彩版三∶1、2）。

石灯　1件（标本 M9∶4）。通高 16.1 厘米。位于东棺东侧板外。系一整块灰白色砂岩石制成，为实用器。由灯盘、灯柄、灯座三部分组成。灯盘呈圜底圆钵状，盘口内径 5、外径 7.2、深 1.9 厘米。灯柄呈圆柱体，实心，直径 5.4 厘米。灯盘和灯柄外表布满了凿刻的斜线痕迹。底座呈双层方形，上层边长 7.8 厘米，下层略大于上层，边长 9.1 厘米，平底（图六∶5，彩版三∶3）。

2. 琥珀器 1 件。

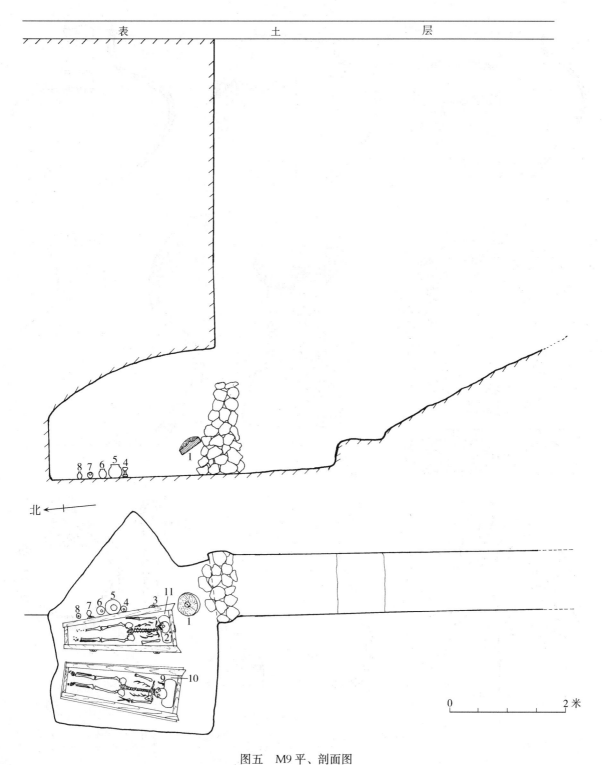

图五　M9 平、剖面图

1. 石磨　2. 琥珀饰件　3. 棺环　4. 石灯　5~7. 陶罐　8. 釉陶壶　9. 铁剪　10、11. 灰枕

　　为琥珀饰件（标本 M9：2）。直径 2.5、高 1.7 厘米。位于东棺内头骨旁。紫红色，半透明，上鼓下平，呈圆帽状，正中有穿孔，孔径 0.6 厘米。器表有数道凹弦纹，重 6.6 克（图六：8，彩版三：5）。

　　3. 铁器 6 件。

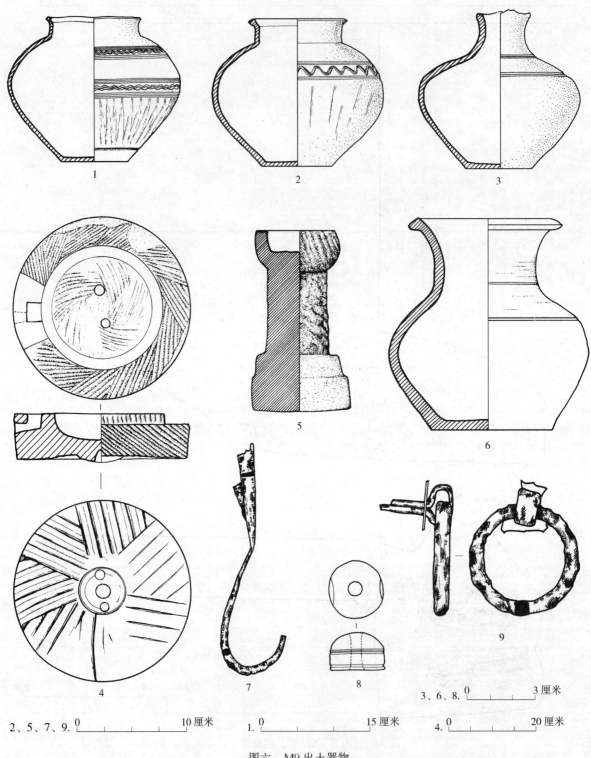

图六　M9 出土器物

1. 陶罐（M9∶5）　2. 陶罐（M9∶6）　3. 釉陶壶（M9∶8）　4. 石磨（M9∶1）　5. 石灯（M9∶4）
6. 陶罐（M9∶7）　7. 铁剪（M9∶9）　8. 琥珀饰件（M9∶2）　9. 铁棺环（M9∶3）

　　铁棺环　5 件。标本 M9∶3，内径 7.4、外径 10 厘米。位于墓室东棺前挡板和两侧板。棺环由铁
棍锻打而成，平面呈圆形，上有铁条弯曲的环状鼻勾住铁环，两端砸扁合拢，穿过柿蒂叶形的铁片钉

入棺内，下撇成人字形进行固定。下部已残，锈蚀严重（图六：9，图版一：5）。

铁剪　1件（标本 M9：9）。残长 20.6 厘米。位于西棺内头骨旁。由一根铁条弯曲煅打而制，两股交叉，锈蚀严重。手握处横截面为圆形，直径 0.5 厘米。剪刀上部横截面近似三角形，最宽处 1.2 厘米，其中一股残（图六：7）。

4. 陶器 4件。

陶罐　3件。

标本 M9：5，口径 13.1、底径 9.3、腹径 23.7、高 19.5 厘米。位于东棺东侧板外。泥质灰陶。微侈，卷沿，方唇，直矮领，弧肩，鼓腹，平底。肩、腹部以数条弦纹为框，刻划多线水波纹各一周，下腹部施折线暗纹（图六：1，图版一：6）。

标本 M9：6，口径 9、底径 6.4、腹径 15.6、通高 13.3 厘米。位于东棺东侧板外。泥质灰陶。盘口，折沿，圆唇，直矮领，圆肩，鼓腹，平底。颈下部饰弦纹一周，肩部以多条凹弦纹为框，刻划粗线水波纹一周，中、下腹部施竖线暗纹（图六：2，图版二：1）。

标本 M9：7，口径 7、底径 5.5、腹径 9.1、高 9.5 厘米。位于东棺东侧板外。泥质灰陶。侈口，平沿微下折，短粗颈，圆肩，弧腹，平底。颈、肩部有不规整的弦纹。形制简陋，制作粗糙，形体较小，应是明器（图六：6，图版二：2）。

釉陶壶　1件（标本 M9：8）。口残，底径 3、腹径 7.3、残高 7.1 厘米。位于东棺东侧板外。泥质红陶。口残，细颈，阔肩，鼓腹，平底。颈、肩部旋划凹弦纹各两周，通体施黄褐色釉（图六：3，图版二：3）。

5. 灰枕 2件。

标本 M9：10，位于西棺内头骨下。平面呈长方形，长约 48、宽约 20 厘米。标本 M9：11，位于东棺内头骨下。平面呈长方形，长约 47、宽约 18 厘米。

三　M12

（一）墓葬形制

M12 为长方形斜坡底墓道洞室墓，坐北朝南，方向 192 度，由墓道和墓室两部分组成。南北长 10.2、墓底距地表深 4.42～4.62 米（图七）。

墓道在墓室之南，开口距地表深 0.40 米。墓道为长方形斜坡状，长 7.5、宽 1.12 米，墓道上口略窄于墓道底，北端距地表深 4.42 米。内填五花土，质地疏松，未经夯打。坡度 30 度。

沿墓道两侧向北扩展，形成基本与墓道同宽的洞室，形制分类为长方形墓室。墓室为南高北低的拱形土洞，墓门 1.2、墓室后部 0.86 米。墓室平面呈长方形，东西两壁略向外弧，长 2.71、宽 1.10～1.30 米。墓底北部略向下倾斜。为了加大封门的稳固性，先在墓门上部横撑一块长方形木板，然后插两块竖向的宽木板，紧靠横木，最后在木板外堆垒生土块，将墓门封实。

葬具为一棺，位于墓室中央呈南北向放置。棺为前大后小的梯形状，长 1.88、宽 0.46～0.7、高 0.46～0.68 米，已朽。棺内有人骨一具，头向南，葬式为仰身直肢，女性，保存基本完整。头骨下有一呈长方形的灰枕（彩版四：1）。棺外后档板中部和墓室东侧北部出土陶罐各 1 件，棺外东侧出土漆

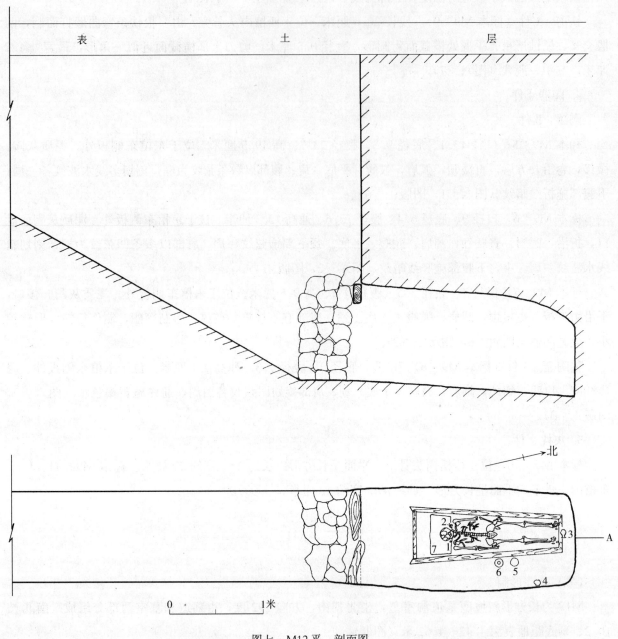

图七　M12 平、剖面图

1. 银耳环　2. 铁剪　3、4. 陶罐　5. 漆碗　6. 漆钵　7. 灰枕

碗、漆钵各 1 件，棺内出土铁剪 1 件、耳环 2 件。

（二）出土器物

出土器物共 8 件，按质地分有银、铁、陶、漆、石灰五种。分述如下。

1. 银器 2 件。

均为银耳环。标本 M12：1，最大径 1.5 厘米。位于棺内头骨东侧。由一根两头细中间粗的银丝弯曲成圆环状，断面呈圆形。断口为插耳处，下有一小圆环，直径 0.5 厘米。单件重 4.4 克（图八：4，彩版四：2）。

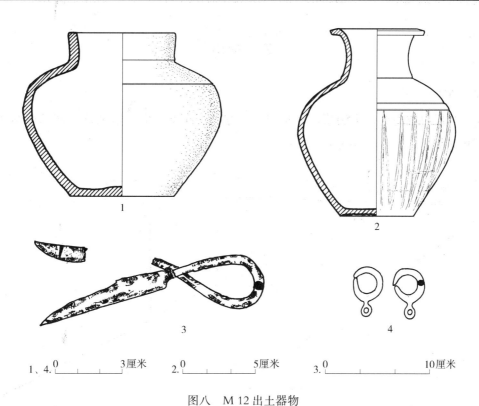

图八　M 12 出土器物

1. 陶罐（M12：4）　2. 陶罐（M12：3）　3. 铁剪（M12：2）　4. 银耳环（M12：1）

2. 铁器 1 件。

为铁剪（标本 M12：2）。长约 20 厘米。位于棺内头骨西侧。由一根铁条弯曲煅打而制，两股交叉，锈蚀严重。下半部手握处横截面为圆形，直径 0.7 厘米。剪刀上部横截面近似三角形，最宽处 1.95 厘米，其中一股残（图八：3，图版二：4）。

3. 陶器 2 件。均为陶罐。

标本 M12：3，口径 6.7、底径 5.3、腹径 11.1、高 12.5 厘米。位于棺外后挡板中部。泥质灰陶。侈口，平沿外下折，方唇，短粗颈，圆腹，平底。颈、肩部饰凹弦纹，腹部施折线暗纹。底部凸凹不平，制作不规整（图八：2，图版二：5）。

标本 M12：4，口径 5、底径 4.8、腹径 9.1、高 7.25 厘米。位于墓室东侧北部。泥质灰陶。直领，微侈，广圆肩，鼓腹，平底。颈、肩部饰弦纹各一周。形体较小，应是专供随葬用的明器（图八：1，图版二：6）。

4. 漆器 2 件。

漆碗　1 件（标本 M12：5）。直径 10 厘米。位于棺外东侧。漆钵　1 件（标本 M12：6）。直径 10 厘米。位于棺外东侧。

5. 灰枕　1 件（标本 M12：7）。位于棺内头骨下。平面呈长方形，长约 50、宽约 26 厘米。

四　M18

（一）墓葬形制

M18 为长方形斜坡底墓道土洞墓，坐北朝南，方向 194 度。由墓道和墓室两部分组成。南北长 7.62、墓底距地表深 3.96 米（图九）。

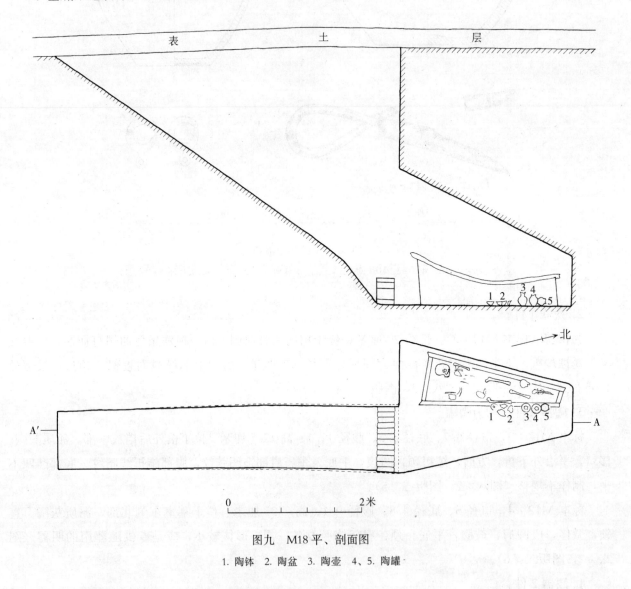

图九　M18 平、剖面图
1. 陶钵　2. 陶盆　3. 陶壶　4、5. 陶罐

　　墓道在墓室之南，开口距地表深 0.26 米。墓道呈长方形斜坡状，长 5.02、南端开口处宽 0.83 米，上口略窄于墓道底，北端上宽 0.92、下宽 0.98、距地表 3.96 米。内填五花土，质地疏松，未经夯打。斜坡较陡，坡度 36 度，接近封门处坡度达 52 度。

　　沿墓道向北、向西扩展形成洞室，形制分类为偏室墓。墓室为南高北低的拱形土洞，墓门高 1.94、墓室后部高 0.72 米。墓室平面呈刀把式梯形，长 2.58、宽 0.73～1.94 米。墓门采用未经烧制的土坯封堵，厚 0.26、残高 0.38 米。

图一〇　M18 出土器物

1. 陶罐（M18：4）　2. 陶壶（M18：3）　3. 陶罐（M18：5）　4. 陶钵（M18：1）

5. 陶盆底部图案（M18：2）　6. 陶盆（M18：2）

葬具为一棺，位于墓室西部，呈南北向放置。棺为前大后小的梯形状，长 2.04、宽 0.30～0.78、前挡高 0.76、后挡高 0.46 米。棺盖板明显大于棺身，长约 2.26 米。人骨散乱不全，弃于棺内。头向南，葬式不明，男性。随葬品依次排列于棺外东侧，有陶钵、陶盆、陶壶各 1 件和陶罐 2 件。

（二）出土器物

出土器物共 5 件，全部为陶质。

陶钵　1件（标本 M18：1）。口径 12、底径 5.5、高 5.2 厘米。位于棺外东侧。泥质灰陶。侈口，平折沿，沿面略弧，尖圆唇，深弧腹，平底。素面无纹饰（图一〇：4，图版三：1）。

陶盆　1件（标本 M18：2）。口径 20.6、底径 7.7、高 8.7 厘米。位于棺外东侧。泥质灰陶。侈口，卷折沿，沿面略弧，尖圆唇，深弧腹，平底。外壁上腹部刻划两股交错扭结在一起的数条水波纹带，内壁中、下腹部以弦纹带为框，刻划数线水波纹各一周。盆内底部模印图案。器物破裂多处，在接缝处钻有对应的小孔，应是当时修整缀合的遗痕（图一〇：5、6，彩版四：3）。

陶壶　1件（标本 M18：3）。口径 9.8、底径 6.1、腹径 15.4、高 19.8 厘米。位于棺外东侧。泥质灰陶。喇叭形口，宽平沿，平沿外侧略下折，细长颈，圆肩，鼓腹，平底。颈、肩、腹部分别以弦纹带为框，滚印连续波状忍冬纹各一周，颈部、腹部分施竖线暗纹和折线暗纹（图一〇：2，图版三：2）。

陶罐　2件。

标本 M18：4，口径 8.8、底径 5.5、腹径 12.8、高 15.6 厘米。位于棺外东侧。泥质灰陶。盘口，方唇，短粗颈，圆腹，平底。肩部旋划不太规整的凹弦纹，腹部以弦纹为框，刻划数线水波纹一周，颈部和腹部施折线暗纹，器物外表通体施黑衣（图一〇：1，图版三：3）。

标本 M18：5，口径 8.8、底径 6.3、腹径 12、高 12 厘米。位于棺外东侧。夹砂灰陶。盘口，圆唇，束颈，圆肩，鼓腹，平底。口沿至肩部有耳状手柄，口沿下侧饰三角状压印纹一周，肩部饰篦点状戳刺纹两周。器表可见粗大的砂砾，制作粗糙（图一〇：3，图版三：4）。

五　M19

（一）墓葬形制

M19 为长方形斜坡底墓道土洞墓，坐北朝南，方向 194 度，由墓道和墓室两部分组成。南北长 8、墓底距地表深 3.9～4.08 米（图一一）。

墓道在墓室之南，开口距地表深 0.30 米。墓道呈长方形斜坡状，长 5.48、南端开口处宽 0.92 米，墓道上口略窄于墓道底，北端上宽 1.2、下宽 1.26、距地表深 3.9 米。内填五花土，质地疏松，未经夯打。坡度为 37 度，接近墓门处略为平缓。

沿墓道向北并略向西扩展形成洞室，形制分类为偏室墓。墓室为南高北低的拱形土洞，墓门高 1.2、墓室后部高 0.8 米。墓室平面呈梯形，长 2.52、宽 0.76～1.48 米。墓底北部略向下倾斜，墓门封堵情况不明。

葬具为一棺，位于墓室正中呈南北向放置（彩版五：1）。棺为前大后小的梯形状，长 1.86、宽 0.34～0.70、残高 0.28～0.4 米。棺内置人骨一具，上身肢骨散乱，头向南，仰身直肢，女性。棺下有木质棺床，形状与棺同，长 1.92、宽 0.38～0.74、高 0.08～0.2 米。棺内北端出土铁镜 1 件，清理墓底时棺外东侧出土陶罐 2 件。

（二）出土器物

出土器物共 3 件，按质地分为陶和铁两种。

1. 陶器 2 件。均为陶罐。

标本 M19：1，口径 9.7、底径 5.5、腹径 12.2、高 14.2 厘米。位于棺外东侧。泥质灰陶。侈口，

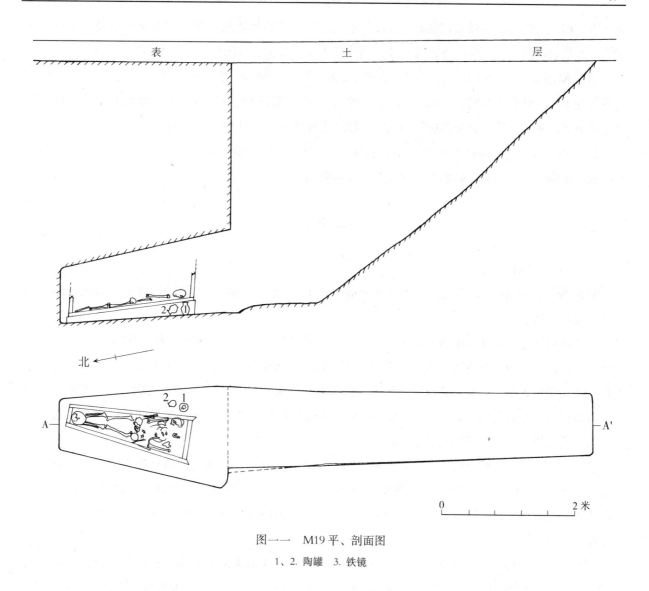

图一一　M19 平、剖面图

1、2. 陶罐　3. 铁镜

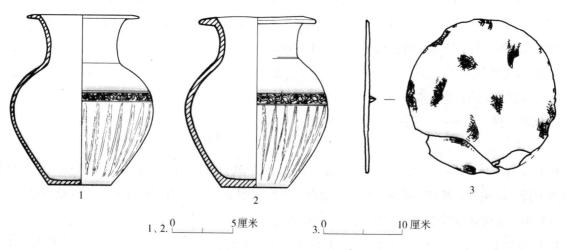

图一二　M19 出土器物

1. 陶罐（M19：1）　2. 陶罐（M19：2）　3. 铁镜（M19：3）

宽平沿下折，尖圆唇，短粗颈，圆肩，鼓腹，平底。颈底部装饰弦纹一周，肩下部以弦纹带为框，滚印连续波状忍冬纹一周，腹部施折线暗纹。器物外表通体施黑衣（图一二：1，图版三：5）。

标本 M19：2，口径 10、底径 5.5、腹径 12.2、高 14.3 厘米。位于棺外东侧。泥质灰陶。侈口，宽平沿外下折，圆唇，短粗颈，溜肩，弧腹，平底。颈底部装饰弦纹一周，肩下部以弦纹带为框，滚印连续波状忍冬纹一周，腹部施折线暗纹。器物外表通体施黑衣（图一二：2）。

2. 铁器 1 件。为镜（标本 M19：3）。直径 19.3 厘米。位于棺内北端。平面圆形，正反两面均锈蚀，残。正面圆心部位有一高约 0.9 厘米的三角形状钮（图一二：3）。

六　M24

（一）墓葬形制

M24 为阶梯状斜坡墓道土洞墓，坐北朝南，方向 205 度，由墓道和墓室两部分组成。南北长 10.8、墓底距地表深 4.9 米（图一三）。

墓道在墓室之南，开口距地表 0.3 米。墓道呈阶梯状长方形斜坡，长 8、宽 1.07 米。墓道上口略窄于墓道底，南北两端为斜坡，坡度为 33 度，中间是 19 级阶梯。墓道内填五花土，质地疏松，未经夯打。北端距地表深 4.9 米。墓道两侧距墓道底部垂直高度 1.62～1.97 米处，有两条相互对应，与墓道倾斜坡度相互平行的凹槽，高 35 厘米，向东、西两壁各外扩约 5 厘米，推测这是因为葬具宽于墓道，无法顺利进入墓室而采取的补救措施。

沿墓道向北、向西扩展形成洞室，形制分类为偏室墓。墓室为南高北低的拱形土洞，墓门高 1.9、墓室后部高 1.05 米。墓室平面呈不规则的长方形，长 2.8、宽 2.24 米，墓室东北处圆弧，墓底平整。墓门用未经烧制的土坯，以双坯横纵相间错缝平铺封堵，最厚处达 0.9、现存高度 1.76 米。封门墙上出土陶罐 1 件。

葬具为一棺一椁，位于墓室西部，呈南北向放置。棺、椁均为前大后小的梯形状，椁长 2.16、宽 0.72～1.17、残高 0.31～0.44 米，板材之间用束腰形的榫卯固定，椁底部垫圆木两根。棺长 1.77、宽 0.53～0.72、残高 0.2～0.35 米。由于严重盗扰，棺内未见人骨，头骨和两件肢骨弃于椁外。椁室外东侧出土陶器 2 件，漆盘 1 件，琥珀饰件位于棺内。

（二）出土器物

出土器物共 5 件，按质地分为陶、琥珀和漆器三种。

1. 陶器 3 件。

陶罐　2 件。

标本 M24：1，口径 11.8、底径 7.5、腹径 15.9、高 21 厘米。位于封门墙上。泥质灰陶。侈口，平沿外下折，短粗颈，溜肩，弧腹，腹下部微曲，平底。颈底部、肩部、腹部分饰不规整的弦纹各两周，颈和中、下腹部施折线暗纹（图一四：1，图版三：6）。

标本 M24：2，口径 10.7、底径 7.4、腹径 15、高 19.8 厘米。位于椁外东侧。泥质灰陶。侈口，宽平沿，沿外侧饰弦纹，短粗颈，溜肩，弧腹，近底部微曲，平底。颈、肩部旋划粗深的凹弦纹各一周，腹部施折线暗纹。器表粗糙（图一四：2，图版四：1）。

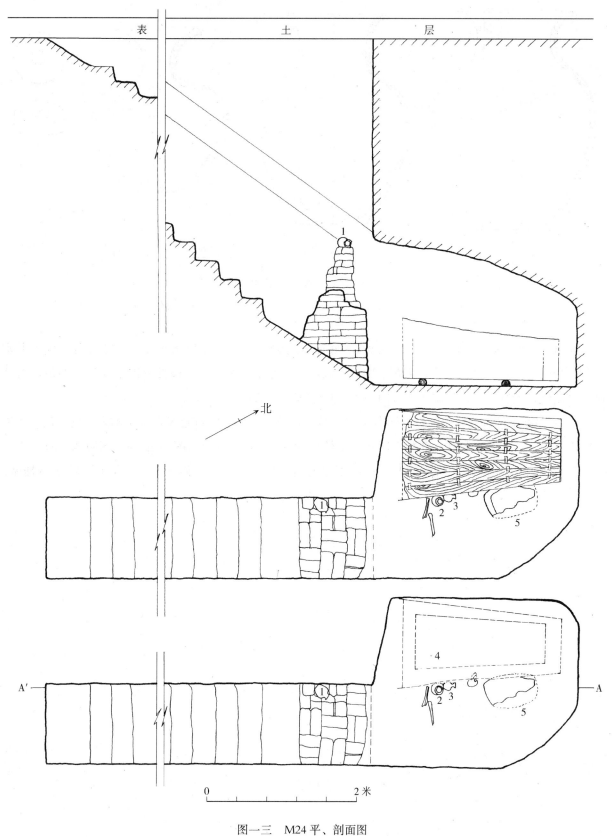

图一三　M24 平、剖面图

1、2. 陶罐　3. 陶壶　4. 琥珀饰件　5. 漆盘

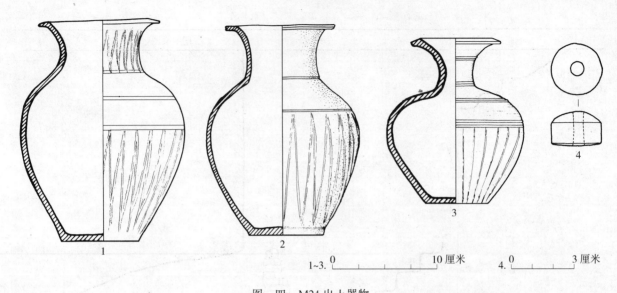

图一四　M24 出土器物

1. 陶罐（M24：1）　2. 陶罐（M24：2）　3. 陶壶（M24：3）　4. 琥珀饰件（M24：4）

　　陶壶　1件（标本 M24：3）。口径 8.7、底径 6、腹径 13.2、高 15.6 厘米。位于椁外东侧。泥质灰陶。喇叭形口，宽平沿下折，束颈，圆肩，鼓腹，小平底。颈、肩、腹部分饰弦纹带共四组，腹部施竖线暗纹。器物外表通体施黑衣（图一四：3，图版四：2）。

　　2. 琥珀器 1件。为琥珀饰件（标本 M24：4）。直径 2.4、高 1.65 厘米，位于棺内。紫红色，半透明，上鼓下平，略呈圆帽状，正中有圆孔，孔径 0.6 厘米，重 6.5 克（图一四：4，图版四：3）。

　　3. 漆器 1件。为漆盘（标本 M24：5）。位于椁外东侧。平面略呈椭圆形，长约 70、宽约 45 厘米。

第三章　砖室墓 M1、M3、M52

一　M1

（一）墓葬形制

M1 为长方形斜坡底墓道砖砌单室墓，坐北朝南，方向 200 度，由墓道、甬道、墓室三部分组成。南北总长 13.58、东西宽 3.56、墓室距地表深 4.36 米。由于早年的盗扰，甬道和墓室顶部已坍塌，大多墓砖已不存（图一五）。

墓道在墓室之南，开口距地表深 0.30 米。墓道平面为长方形斜坡状，长 8.96、宽 1.38～1.48 米。墓道上口略窄于墓道底，北端距地表 4.36 米。内填五花土，质地疏松，未经夯打。斜坡平缓，坡度约为 25 度。

甬道位于墓道与墓室之间，平面为长方形，长 1.48、宽 1.15～1.20、残存高度 0.82 米。左右墙体采用两层顺砖错缝横砌和一层丁砖竖砌相间的筑法，壁厚 0.3、残存高度 0.82 米。甬道南口外设一道弧形封门墙，以两层顺砖错缝平铺和一层丁砖竖立交替上升，厚 0.3、残存高度 0.85 米。

墓室砌筑于南北长 3.47、东西宽 3.56 米，略呈方形的土圹内。砖墓室内平面近弧边正方形，南北长 2.84、东西宽 2.88 米。四壁采用两层顺砖错缝横砌和一层丁砖竖砌相间的筑法，壁厚 0.3、残存高度 0.82 米。墓室地面以人字形错缝平铺砖一层。墓砖为青灰色细绳纹长方形条砖，长 29、宽 14、高 4.5 厘米。

葬具为双棺，位于墓室中部，呈东西向并排设置（彩版五：2）。棺皆为前大后小的梯形状，南棺长约 2、宽约 0.39～0.74 米，北棺长 2.04、宽 0.53～0.86 米。南棺下有木质棺床，棺床长 2.34、宽 0.64～1.1 米，因葬具腐朽已坍塌至墓底，故两棺和南棺床的高度及板厚不详。一个头骨散置在甬道东侧，另一个头骨散置在墓室的西南角，一些骨架散置在墓室的西侧和南棺内。南棺南侧出土器物有青瓷碗、漆盘和漆钵各 1 件，棺床下出土器物有瓷碗和铁镜各 1 件，南棺内出土器物有铜五铢钱 1 枚、陶罐和骨器各 1 件。因盗扰严重，大多随葬器物的位置已变动。

（一）出土器物

出土器物共 8 件，按质地分有瓷、铁、铜、陶、骨、漆六种。分述如下。

1. 瓷器 2 件。

青瓷碗　1 件（标本 M1：1）。口径 14.5、底径 6.2、高 7.4 厘米。位于南棺外南侧的长方形漆盘上。碗口微侈，尖圆唇，深腹，圜形底，假圈足。内外饰黄绿釉，有细小开片，下部有凝脂状滴痕，外壁施釉不及底，质较粗（图一六：3，彩版六：1）。

瓷碗　1 件（标本 M1：2）。口径 8、底径 3.6、高 4.5 厘米，位于南棺床的底部。碗口微侈，尖圆唇，深腹，圜形底，假圈足。素面烧制，未施釉，胎呈灰白色，质较粗。口沿残（图一六：2，彩版

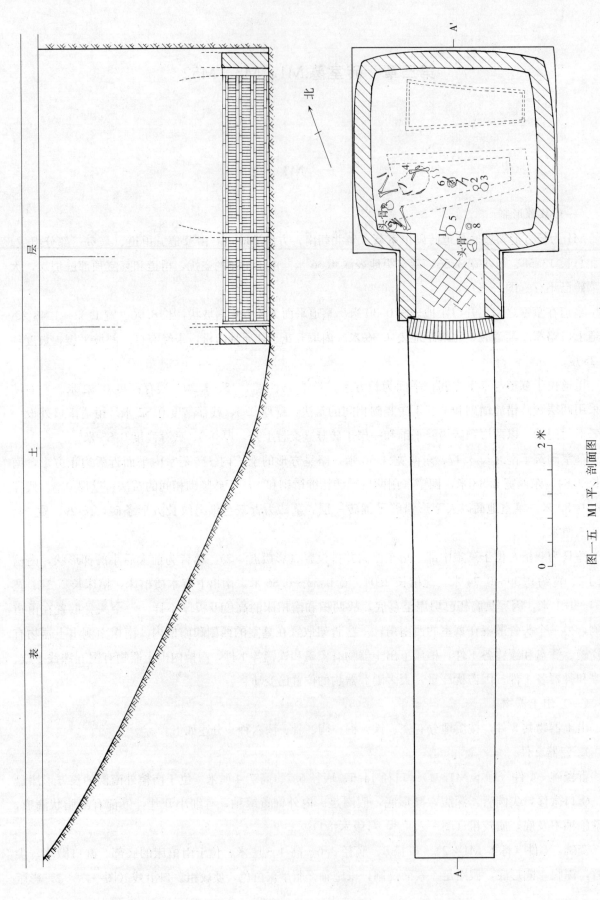

图一五　M1 平、剖面图

1. 瓷碗　2. 瓷杯　3. 铁镜　4. 五铢钱　5. 漆盘　6. 陶罐　7. 骨器　8. 漆钵

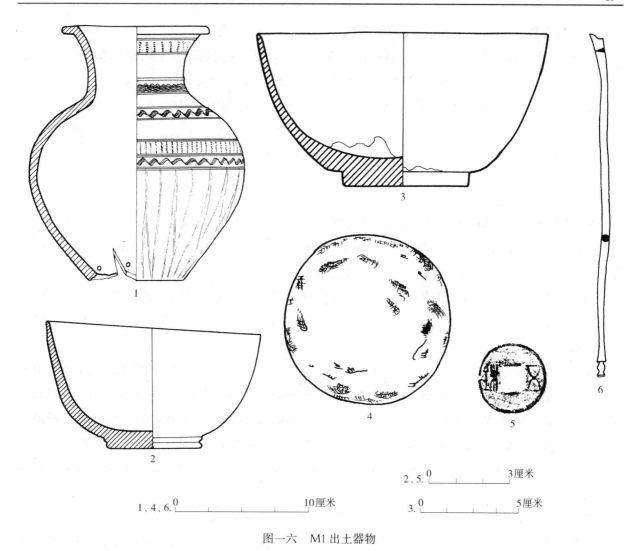

图一六　M1 出土器物

1. 陶罐（M1：6）　2. 瓷碗（M1：2）　3. 青瓷碗（M1：1）　4. 铁镜（M1：3）　5. 五铢钱（M1：4）　6. 骨器（M1：7）

六：2）。

2. 铁器 1 件。为铁镜（标本 M1：3）。直径 12.3 厘米，位于南棺床的底部。平面呈圆形，正反两面均锈蚀严重，基本完整（图一六：4，图版四：4）。

3. 五铢铜钱 1 枚（标本 M1：4）。钱径 2.5、穿宽 1 厘米。位于南棺内。"五"字交叉弯曲，"铢"字"金"字旁上端呈尖三角形状，"朱"字上端方折，重 2.4 克（图一六：5）。

4. 陶器 1 件。为陶罐（标本 M1：6）。口径 11、腹径 16、残高 18.6 厘米，位于南棺内。泥质灰陶。侈口，平沿，圆唇，短粗颈，鼓腹，平底。颈、肩、腹部以弦纹带为框，压印竖向小点纹两周、刻划数线水波纹三周，下腹部施折线暗纹。靠近底部残破处钻有对应的小孔，应是当时修整缀合的遗痕（图一六：1）。

5. 骨器 1 件。为骨簪（标本 M1：7）。长 24.9 厘米，位于南棺内。骨器呈圆棒形，较细且长，表面很光滑，但不垂直。上端已残，末端雕刻加工的比较精致。器形横截面为圆形，推测应为束发用的簪子。重 10.02 克（图一六：6，彩版六：3）。

6. 漆器 2 件。

漆盘　1 件（标本 M1：5）。位于南棺南侧。棺和棺床清理结束之后，漆盘全部暴露出来。漆盘呈长方形，长 70、宽 36 厘米，四边有高约 2 厘米的凸棱。漆盘表面均有彩绘。

漆钵　1 件（标本 M1：8）。位于南棺南侧。漆钵呈圆形，直径约 10 厘米。

二　M3

（一）墓葬形制

M3 为长方形斜坡底墓道砖砌单室墓，坐北朝南，方向 190 度，由墓道、甬道、墓室三部分组成。南北总长 16.76、东西宽 3.85、墓底距地表深 4 米。由于早年被盗，墓室顶部已坍塌，部分墓砖已不存（图一七）。

墓道在墓室之南，开口距地表深 0.3 米。墓道为长方形斜坡状，长 11.3、南端开口处宽 1.4 米，墓道上口略窄于墓道底，北端上口宽 1.26、底宽 1.4、距地表 4 米。内填五花土，质地疏松，未经夯打。斜坡平缓，坡度为 18 度。

甬道位于墓道与墓室之间，平面为长方形，长 2.1、宽 1.22、高 1.51 米。左右墙体最下面一组采用三层丁砖错缝横砌和一层丁砖竖砌相间的筑法，另外两组采用两层丁砖错缝横砌和一层丁砖竖砌相间的筑法，壁厚 0.30 米。砌至 0.83 米处，以顺砖错缝横砌的筑法起拱形券顶，顶厚 0.15 米。甬道南口上砌尖拱形墓门罩，从墓底至顶部总高 2.1 米。墓门外设一堵弧形封门墙，以丁砖错缝平铺至顶部，高 1.84、宽 1.33～1.4、里外双层厚 0.3 米。里层因在券洞内，故到起券处随券洞的圆弧填砖，将券洞封实（图一八）。

墓室砌筑于南北长 3.75、东西宽 3.85 米的方形土圹内。砖墓室内平面近弧边正方形，南北长 2.96、东西宽 3.06 米。四壁最底部的一组采用三层丁砖错缝横砌和一层丁砖竖砌相间的筑法，另外五组采用两层丁砖错缝横砌和一层丁砖竖砌相间的筑法，砌至 1.6 米处，以丁砖错缝横砌起券，向内加大叠涩内收，聚成四角攒尖顶。现存高度 2.25、壁厚 0.30 米。墓室东南部有盗墓者留下的垒砌砖垛，高约 0.50 米。甬道和墓室均无铺地砖。砌筑墓室所用砖为青灰色长方形条砖，长 30、宽 15、厚 5 厘米，砖表有细绳纹、砖背素面无纹。火候中等，硬度一般。

葬具为一棺，位于墓室中部，呈东西向放置（彩版七：1～3）。棺为前大后小的梯形状，长 1.81、宽 0.7～0.4、残高 0.3 米。残缺的人骨存于棺内，下肢骨呈屈肢状，头骨被弃于棺外南侧，经鉴定，死者为一名 16～18 岁的女性，高约 1.51～1.52 米之间（详见附录二《大同雁北师院北魏墓群人骨鉴定》）。棺内其头部位置有一长方形灰枕。棺外北侧有一略呈长方形的板灰痕迹，估计应为移位的棺顶板。棺外南侧的出土器物有陶罐 2 件、陶壶、圆形漆盘、铁镢各 1 件，墓室西侧出土石灯一件。墓室南侧残存一段动物腿骨。

（二）出土器物

出土器物共 7 件，按质地分石、陶、铁、漆、石灰四种。分述如下。

1. 石器　1 件。为石灯（标本 M3：1）。通高 8.8 厘米。出土时靠近墓室西壁。系以一整块白色砂岩石制作，由灯盘、灯柄、灯座三部分组成。灯盘呈圜底圆钵形，平沿，浅腹，内径 6.8、外径 9、深

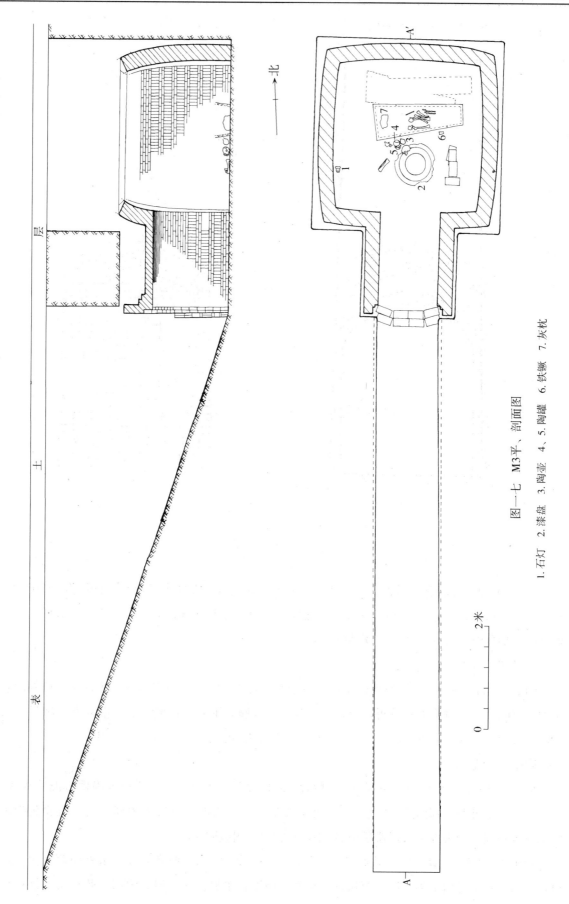

图一七　M3平、剖面图

1.石灯　2.漆盘　3.陶壶　4、5.陶罐　6.铁镢　7.灰枕

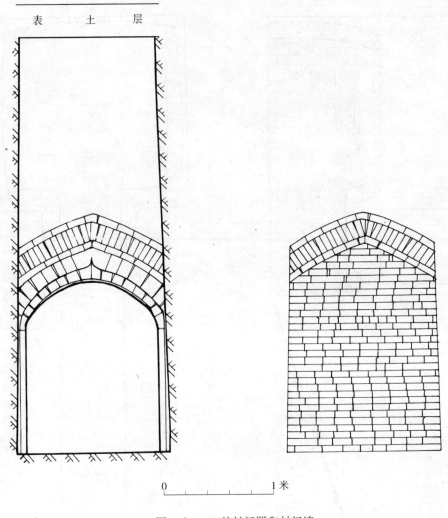

图一八　M3 的封门罩和封门墙

1.4 厘米。灯柄中部两侧向外凸出呈鼓状，最宽处 8.3 厘米，腹部中横穿两个直径为 1.8 厘米的圆孔。底部呈长方形状，尺寸为 6.2×5.4 厘米，底面中央有一个长方体插孔，宽 2.2、深 2.8 厘米。器物外表有许多烟炱痕迹（图一九：4，彩版七：4）。

　　2. 陶器　3 件。

　　陶壶　1 件（标本 M3：3）。口径 8.3、底径 5.6、腹径 12.2、高 14.3 厘米。位于棺外南侧。泥质灰陶。喇叭形口，宽平沿外下折，细束颈，圆肩，鼓腹，平底。颈部以弦纹带为框，施竖线暗纹，肩部饰弦纹两周，腹部施折线暗纹。器表施黑衣，加工粗糙（图一九：1，图版四：5）。

　　陶罐　2 件。

　　标本 M3：4，口径 9.8、底径 6.6、腹径 13.1、高 11.1 厘米。位于棺外南侧。泥质灰陶。盘口，方圆唇，口沿外侧中部内凹，短粗颈，鼓腹，平底。肩、腹部以弦纹带为框，滚印两股交错扭结的波状绚纹各一周。器表施黑衣，器形矮实（图一九：3，图版四：6）。

　　标本 M3：5，口径 12.3、底径 7.1、通高 17.8、腹径 17.5 厘米。位于棺外南侧。泥质灰陶。盘口，方唇，口沿外侧下部内凹，短粗颈，圆肩，鼓腹，平底。颈、肩、腹部以弦纹带为框，滚印连续

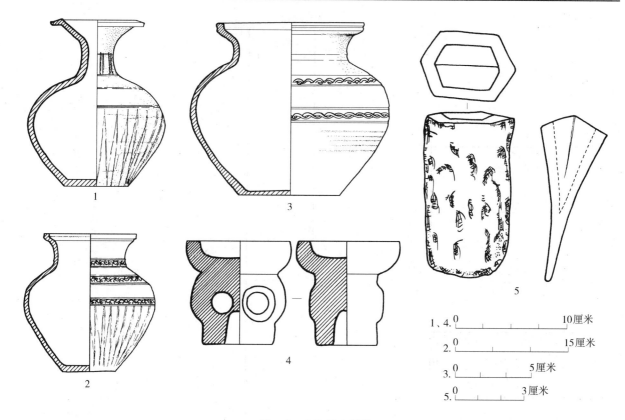

图一九　M3 出土器物

1. 陶壶（M3∶3）　2. 陶罐（M3∶5）　3. 陶罐（M3∶4）　4. 石灯（M3∶1）　5. 铁镢（M3∶6）

波状忍冬纹各一周，腹部施折线暗纹。器表施黑衣（图一九∶2，图版五∶1）。

3. 铁器　1件。为铁镢（标本 M3∶6）。高 7.1 厘米，位于棺外东南侧。上端平面呈六边形，宽 4.2 厘米，有銎以插柄。下端弧刃略残，宽 3.5 厘米。锈蚀严重（图一九∶5，图版五∶2）。

4. 漆器　1件。为圆形漆盘（标本 M3∶2）。位于棺外南侧中部。平面呈圆形，直径 83 厘米。

5. 灰枕　1件（标本 M3∶7）。位于棺内西侧。平面略呈长方形，长 27、宽 16 厘米。

三　M52

（一）墓葬形制

M52 为长方形斜坡底墓道砖砌双室墓，坐北朝南，方向 194 度，由墓道、甬道、墓室、耳室甬道、耳室五部分组成。南北长 24.66、东西宽 6.73、墓底距地表 5.9 米（图二○、二一，彩版八∶1）。

墓道在墓室之南，开口距地表深 0.4 米。墓道为长方形斜坡状，长 18、宽 1.1 米。墓道上口略窄于墓道底，北端距地表 5.9 米。内填五花土，质地疏松，未经夯打。斜坡平缓，坡度 19 度，接近封门 1 米处为平底。在墓道的回填土中发现墓铭砖一块，阴刻"平远将军"四字，字体为隶意楷书。侧面模印阳文"五"字样。

甬道位于墓道与墓室之间，平面呈长方形，长 2.6、宽 1.1、高 1.62 米。左右墙体最底部的一组采用三层丁砖错缝横砌和一层丁砖竖砌的筑法，另外三组采用两层丁砖错缝横砌和一层丁砖竖砌相间

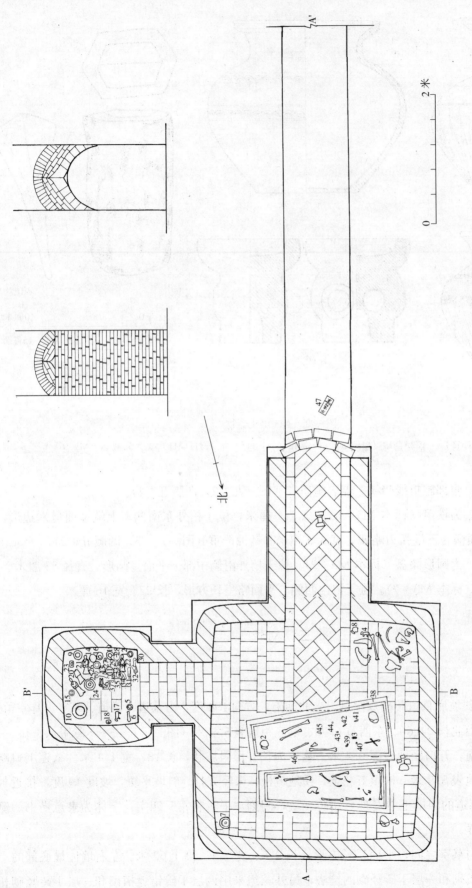

图二〇　M52 平面图及封门罩和封门墙

1. 石灯　2、5、8、10、26. 陶罐　3. 五铢钱 (8 枚)　4、6、29、30. 陶狗　7、9、24. 陶瓮　11. 釉陶罐　12. 陶壶　13、15. 陶井　14. 陶釜　16. 陶磨
17、33、34. 陶羊　18. 陶鸡　19. 陶灯盘　20～22. 女侍俑　23、25. 女舞俑　27、35. 陶鸡　28. 陶灶　31、32. 陶灯　36. 陶碓　37. 陶灶　38. 柚蒂叶铁棺
环 (4 枚)　39. 剪轮五铢 (3 枚)　40. 半两钱　41. 铜耳挖　42. 铜小刀　43. 铜铃　44. 料珠　45. 骨尺　46. 铁棺钉 (3 枚)　47. 墓铭砖

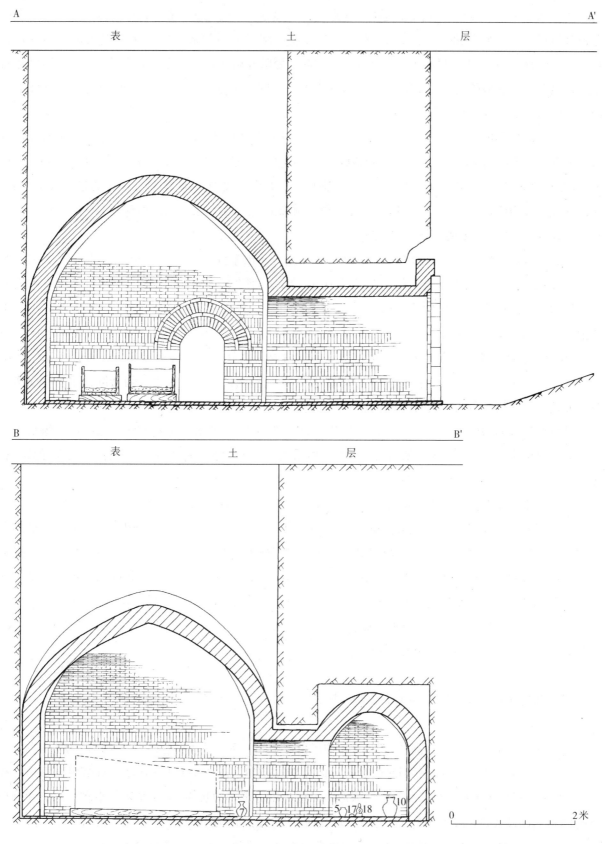

图二一　M52 剖面图

的筑法，砌至 1.12 米处，以顺砖错缝横砌起券，作拱形券顶，顶厚 0.3 米。甬道南口砌筑尖拱形多层券顶墓门罩，从墓底至顶部总高 2.26 米。墓门外设一堵弧形封门墙，以顺砖错缝平铺至顶部，高 1.9、里外双层厚 0.3 米。里层因在券顶内，故到起券处随券洞的圆弧填砖，将券洞封实。甬道沿左右墙体，纵向平铺铺地砖一行，向北延伸至墓室中部，中间平铺人字形条砖。甬道中间出土石灯 1 件（彩版九：1、2）。

墓室平面呈方形，砌筑于南北长 4.2、东西宽 4.18 米的方形土圹内。砖墓室内平面为弧边正方形，南北长 3.54、东西宽 3.54 米。四壁最底部的一组采用三层丁砖错缝横砌和一层丁砖竖砌的筑法，另外四组采用两层丁砖错缝横砌和一层丁砖竖砌相间的筑法，砌至 1.44 米处，以丁砖错缝横砌起券，向内加大叠涩内收，聚成四角攒尖顶，墓底至墓室顶部的空间高度为 3.26、顶壁厚 0.3 米。墓顶东北有一个长 0.6、宽 0.5 米的不规则形盗洞。

葬具为双棺，位于墓室中北部，呈东西向并排放置。棺呈前大后小的梯形状。北棺长 2.04、宽 0.47～0.71、残高 0.44 米；南棺长 2.29、宽 0.5～0.89、残高 0.38～0.46 米。棺底部铺大量木炭和石灰以防潮。南棺前挡和两侧板相对应的位置，装设有 4 件铁质棺环。两棺下均有木质棺床，形状也为前大后小的梯形，北棺床长 2.2、宽 0.54～0.84、高 0.09 米；南棺床长 2.4、宽 0.63～1.04、高 0.12 米。由于该墓被盗，人骨散乱不全，并弃于棺内外。部分人骨与兽骨混在一起被弃于墓室西南角，精致的铜小刀、铜耳挖、铜钱等小件随葬品皆出于墓室南棺内。一些随葬陶器散置于墓室西南角和东北角，墓底用条砖横纵相间错缝平铺。

耳室甬道平面为长方形，长 1.26、宽 0.70、拱形券顶高 1.18 米。左右墙体最底层的一组采用三层丁砖错缝横砌和一层丁砖竖砌的筑法，其它两组采用二层丁砖错缝横砌和一层丁砖竖砌相间的筑法，砌至 0.90 米处，以顺砖错缝横砌起券，作拱形券顶，顶厚 0.15 米。

耳室位于墓室东侧，与墓室相通。耳室平面呈弧边正方形，东西长 1.28、南北宽 1.28 米。四壁墙体最底层的一组采用三层丁砖错缝横砌和一层丁砖竖砌的筑法，其它两组采用两层丁砖错缝横砌和一层丁砖竖砌相间的筑法，砌至 0.90 米处，以丁砖错缝横砌起券，向内加大叠涩内收，聚成四角攒尖顶。墓底至墓室顶部空间高度为 1.68、顶壁厚 0.30 米。耳室与耳室甬道皆用条砖纵向错缝平铺。女俑、动物模型以及生活用具模型大多出土于耳室，全部是陶制品（彩版八：2，图版 32、33）。

砌筑墓室所用砖为青灰色长方形条砖，长 30、宽 15、厚 5 厘米。砖表有细绳纹，砖背素面无纹，一端均模印阳文"五"字（彩版九：3）。

（二）出土器物

出土器物共 61 件，按质地分有石、陶、铜、铁、骨、玉石器六种。分述如下。

1. 石器 1 件。

为石灯（标本 M52：1）。高 21.3 厘米。位于甬道中间。系一整块白色砂岩石制作，为实用器，由盘、柄、座三部分组成。灯盘呈圜底圆钵状，内径 9.6、外径 11.6、深 3.3 厘米。灯柄呈圆柱体，径 7.4、高 8.7 厘米。底座分两层，上层呈圆形，下层为正方形，边长为 10.5 厘米，平底。灯盘和灯柄雕造的斜痕比较规整，底座外表打磨光滑。灯盘内有明显的烟炱痕迹（图二三：1，彩版一〇：1）。

2. 陶器 36 件。其中生活器皿 18 件，动物模型 11 件，陶俑 6 件，墓铭砖 1 块。

陶罐 5 件。

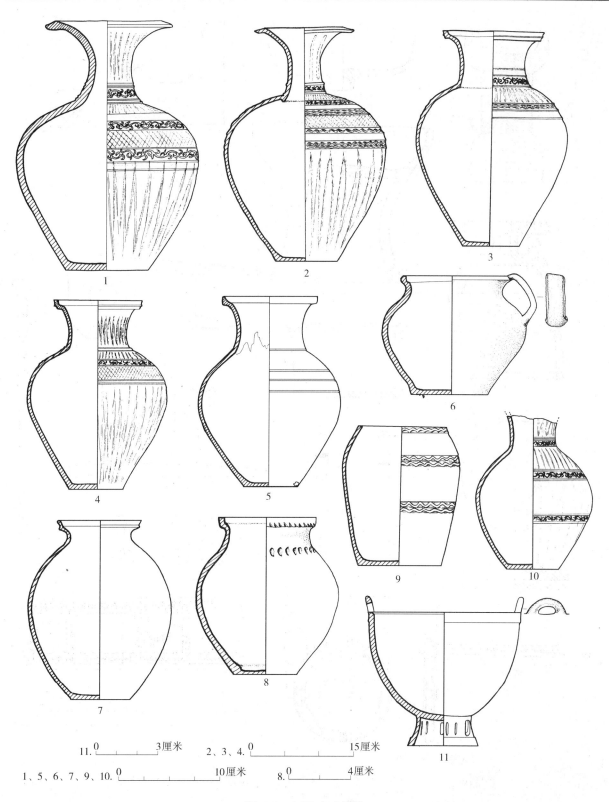

11. ⊢0————3厘米

2、3、4. ⊢0————————15厘米

1、5、6、7、9、10. ⊢0——————10厘米

8. ⊢0————4厘米

图二二　M52 出土器物

1. 陶壶（M52：7）　2. 陶壶（M52：9）　3. 陶罐（M52：10）　4. 陶罐（M52：8）

5. 釉陶罐（M52：11）　6. 陶罐（M52：2）　7. 陶罐（M52：26）　8. 陶罐（M52：5）

9. 陶瓮（M52：12）　10. 陶壶（M52：24）　11. 陶釜（M52：14）

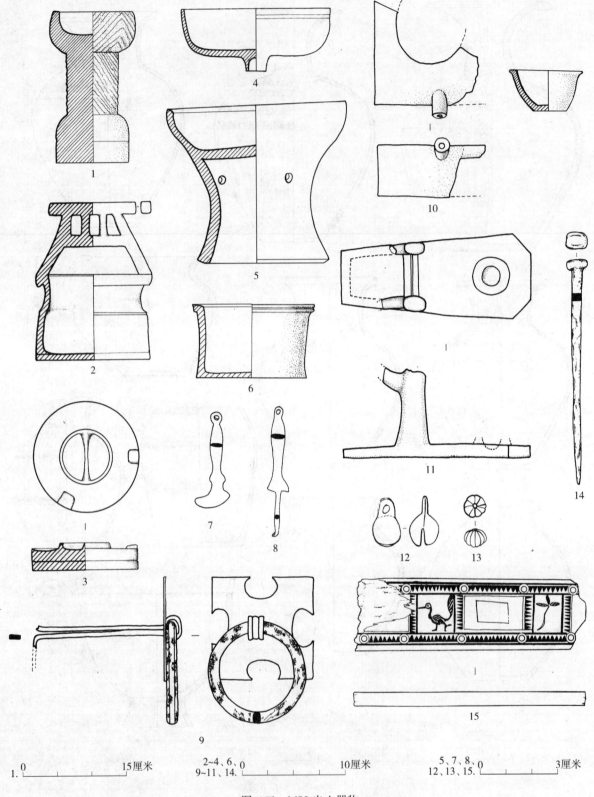

图二三　M52 出土器物

1. 石灯（M52：1）　2. 陶井（M52：15）　3. 陶磨（M52：16）　4. 陶灯盘（M52：19）　5. 陶灯（M52：28）　6. 陶井（M52：13）　7. 铜小刀（M52：41）　8. 铜耳挖（M52：42）　9. 柿蒂叶铁棺环（M52：38）　10. 陶灶（M52：37）　11. 陶碓（M52：36）　12. 铜铃（M52：43）　13. 料珠（M52：44）　14. 铁棺钉（M52：46）　15. 骨尺（M52：45）

标本 M52：2，口径 11.1、底径 7.6、腹径 14.4、通高 11.5 厘米。位于墓室南棺内。夹砂灰陶。侈口，方圆唇，束颈，圆腹，下腹部微曲，平底。口沿至肩部有一桥形手柄，器形矮实，素面无纹饰（图二二：6，图版五：3）。

标本 M52：5，口径 6.4、底径 4.1、腹径 9.3、高 10.2 厘米。位于耳室。夹砂灰陶。盘口，方唇，束颈，鼓腹，下腹部微曲，平底。口沿外缘下侧饰斜三角状压印纹一周，肩部饰不规则的箆点状戳刺纹一周，器形制作粗糙（图二二：8，图版五：4）。

标本 M52：8，口径 12.8、底径 8、腹径 20.5、高 27.2 厘米。位于墓室南部。泥质灰陶。盘口，方唇，口沿外侧下部内凹，短粗颈，圆肩，鼓腹，平底。肩部以弦纹带为框，滚印连续波状忍冬纹一周，颈部以弦纹带为底边施折线暗纹，肩、腹部以弦纹带为框，依次施竖线暗纹、斜线网状暗纹和折线暗纹。器物陶色纯正，制作规整（图二二：4，彩版一〇：2）。

标本 M52：10，口径 15.1、底径 8.6、腹径 22.5、高 30.9 厘米。位于耳室。泥质灰陶。盘口，方唇，口沿外侧上下双层内凹，短粗颈，圆腹，平底。颈下部以弦纹带为框，滚印连续波状忍冬纹一周，肩部以弦纹带为框，刻划数线细水波纹一周，腹部旋划弦纹一周，肩部施竖线暗纹。器物陶色纯正，制作规整（图二二：3，彩版一〇：3）。

标本 M52：26，口径 8.2、底径 5.6、腹径 13.9、高 17.6 厘米。位于耳室。泥质灰陶。盘口，圆唇，口沿外侧中部内凹，束颈，卵形腹，平底。器表布满了坯体在慢轮上转动时的痕迹，通体磨光（图二二：7，彩版一〇：4）。

釉陶罐　1 件（标本 M52：11）。口径 9.4、底径 5.3、腹径 14、高 18.2 厘米。位于耳室。泥质红陶。盘口，方唇，短粗颈，圆肩，鼓腹，平底。通体施酱色釉，口沿内施釉至颈下有流痕。底部残存支钉 3 个，支钉断面露胎。器物表面饰弦纹四周（图二二：5，彩版一一：1）。

陶壶　3 件。

标本 M52：7，口径 12.4、底径 8.1、腹径 17.8、高 23.8 厘米。位于墓室东北角。泥质灰陶。喇叭形口，宽平沿外下折，尖圆唇，细长颈，阔肩，下腹斜直，平底。颈下部、肩部、腹部以弦纹带为框，滚印连续波状忍冬纹各一周，器物表面依次施折线暗纹、竖线暗纹、斜线网状暗纹和折线暗纹。器物陶色纯正，制作规整（图二二：1，彩版一一：2）。

标本 M52：9，口径 14.7、底径 8.9、腹径 23.8、高 33.8 厘米。位于耳室。泥质灰陶。喇叭形口，宽平沿外下折，尖圆唇，细长颈，阔肩，下腹斜收，平底。颈、肩、腹部以凸弦纹带为框，分别滚印连续波状忍冬纹两周和刻划数线细水波纹三周，器物表面依次施粗竖线暗纹、短竖线暗纹、斜线网状暗纹和折线暗纹。器物陶色纯正，制作规整（图二二：2，彩版一一：3）。

标本 M52：24，口残，底径 4.9、腹径 11.6、残高 14.8 厘米。位于耳室。泥质灰陶。细颈，鼓腹，平底。颈部数线凹弦纹下滚印连续波状忍冬纹一周，肩部和腹部以凹弦纹为框，滚印连续波状忍冬纹各一周，器物表面依次施折线暗纹、竖线暗纹和折线暗纹（图二二：10，图版五：5）。

陶瓮　1 件（标本 M52：12）。口径 8.8、底径 8.2、腹径 11.7、高 13.3 厘米。位于耳室。泥质灰陶。敛口，方唇，溜肩，斜腹，平底。在口沿处刻划水波纹一周，肩、腹部以凹弦纹为框，用圆头状工具刻划上、下两层较粗的单线水波纹各一周（图二二：9，图版五：6）。

陶釜　1 件（标本 M52：14）。口径 7.65、底径 3.6、高 7.2 厘米。位于耳室。泥质灰陶。微侈，尖圆唇，口沿上置两个桥形双耳，深腹，圆形底，喇叭形高圈足。足部镂有 3 个长方形孔和 6 个竖条形孔。素面无纹饰（图二二：11，图版六：1）。

陶灯盘　1 件（标本 M52：19）。口径 14.6、残高 5.9 厘米。位于耳室。泥质灰陶。仅存灯盘。口微侈，圆唇，上腹部旋划凹弦纹两周，盘深 3.8 厘米。灯盘底部下连圆环状柄，直径 2.1、残高 1.3 厘米，可与灯座相套结（图二三：4，图版六：2）。

陶灯　1 件（标本 M52：28）。口径 8.9、底径 6.5、高 7.6 厘米。位于耳室。泥质灰陶。灯盘侈口，尖圆唇，浅腹，盘深 1.7 厘米。灯柄和灯座合为一体，呈喇叭形状，高圈足，上有圆形穿孔 3 个（图二三：5，图版六：3）。

陶井　2 件。

标本 M52：13，口径 12、底径 10.8、高 6.9 厘米。位于耳室。泥质灰陶。口微侈，折沿，圆唇，口沿外侧中部内凹。井筒呈圆柱体，平底。通体素面无纹饰（图二三：6，图版六：4）。

标本 M52：15，通高 14.7、底径 11.2 厘米。位于耳室。泥质红陶。由井栏和井筒两部分组成。井栏呈井字形，作镂空状，系手制后粘接于井筒之上。井筒呈圆柱体，高 8 厘米，口沿翻折，方圆唇，上部内凹，中部旋划凹弦纹一周，下部略宽。圆形井底系单独制作，后粘接于井筒之下，它的边缘先经慢轮修整，直径与井筒外壁底径相同，属于壁压底类型（图二三：2，彩版一一：4）。

陶磨　1 件（标本 M52：16）。直径 10.4 厘米。位于耳室。泥质灰陶。分上、下两扇，上扇正面有一高出台面的圆，直径 5.2 厘米，中间有一横档将其分隔。边上附有两个略呈方形的榫（一个已掉），以便推磨时插入磨棍进行上、下扇磨合。下扇的上面中心阴刻一圆，与上扇正面高出台面的圆相对应（图二三：3，图版六：5）。

陶碓　1 件（标本 M52：36）。长 18.3、宽 5.1～8 厘米。位于耳室。泥质灰陶。臼盘呈圆形，直径 1.8 厘米。底座平面呈梯形状，搁置长杆的附架只剩一侧，残高 8.4 厘米。器物残损严重（图二三：11）。

陶灶　1 件（标本 M52：37）。残长 10.4 厘米。位于耳室。泥质红陶。单眼灶，用以设置炊具釜。釜，泥质灰陶。口径 7.2、底径 3、高 3.8 厘米。侈口，方圆唇，斜腹，平底。灶的边沿处有一高出台面的斜向小圆柱体，表示烟囱（图二三：10）。

陶狗　4 件。造型类同。

标本 M52：4，长 15.7、高 9 厘米，位于墓室南部。胎灰色，手制而成。两目圆睁，嘴部前伸，双耳耷拉，前后腿皆捏塑成长方形立板，细泥条浮塑后尾（图二四：1，图版六：6）。

标本 M52：6，长 16.6、高 10 厘米。位于耳室。胎灰色，手制而成。尖嘴，缺耳，眼部雕刻简略，前后腿皆捏塑成长方形立板，阴刻线条表示后尾（图二四：2）。

标本 M52：29，长 18.8、高 10.4 厘米。位于耳室。胎灰色，手制而成。两目圆睁，嘴巴微张，长长的右耳耷拉在右眼眶上，前后腿皆捏塑成长方形立板。尾自然下弯（图二四：3，图版七：1）。

标本 M52：30，长 15.6、高 8.2 厘米。位于耳室。胎灰色，手制而成。尖嘴垂耳，体形瘦长，细泥条贴塑后尾（图二四：4）。

陶羊　3 件。

标本 M52：17，长 16.5、高 8.4 厘米。位于耳室。胎灰色，手制而成。体形肥壮，前后腿皆捏塑

图二四　M52 出土陶动物模型

1. 陶狗（M52：4）　2. 陶狗（M52：6）　3. 陶狗（M52：29）　4. 陶狗（M52：30）

5. 陶羊（M52：17）　6. 陶鸡（M52：35）　7. 陶猪（M52：31）　8. 陶猪（M52：32）

成长方形立板，尾失（图二四：5，图版七：2）。

标本 M52：33，残长 17.8、高 11.3 厘米。位于耳室。头部和后腿残失，细泥条贴塑羊尾。残损严重。

标本 M52：34，残长 18.4、高 9.5 厘米。位于耳室。胎灰色，手制而成。头部残失，残损严重。

陶鸡　2件。

标本 M52：27，残长 8.5、残高 10 厘米。位于耳室。胎灰色，手制而成。直立，圆形底座。头、尾均残失。

标本 M52：35，长 11.2、高 10.7 厘米。位于耳室。引颈伸首，鼓目前视，鸡腹下聚成圆形底座（图二四：6，图版七：3）。

陶猪　2件。造型类同。

标本 M52：31，长 16.4、高 10.1 厘米。位于耳室。胎灰色，手制而成。体形矮肥，前后腿皆捏塑成长方形立板，细泥条贴塑猪尾（图二四：7）。

标本 M52：32，长 16.7、高 10.2 厘米。位于耳室。胎灰色，手制而成。体形矮肥，正脊前部凸起以示鬃毛。前后腿皆捏塑成长方形立板，泥条贴塑短猪尾（图二四：8，图版七：4）。

女侍俑　4件。泥质灰陶。头部为双模合制，身体为手制而成，胳臂和双手另外捏塑，制成胎体之后组装成型。再对局部进行精雕细刻，然后装窑烧制。4件女侍俑均未加任何彩饰。

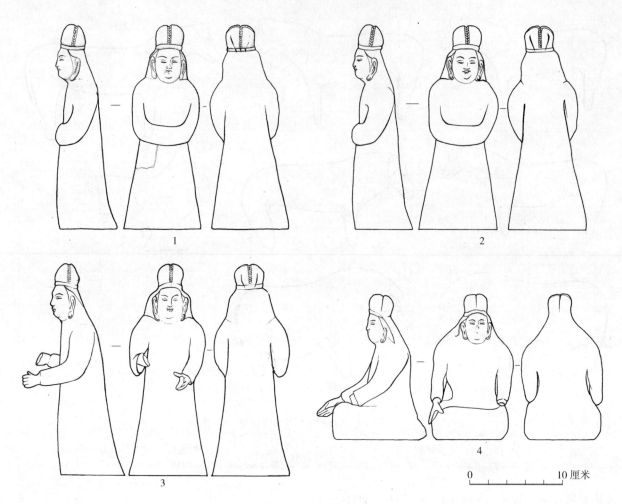

图二五　M52 出土陶女俑

1. 标本 M52：20　2. 标本 M52：22　3. 标本 M52：21　4. 标本 M52：18

　　标本 M52：18，高 15.4、宽 9 厘米。位于耳室。面目不清，眼部以下没有刻划。头戴垂裙风帽，上刻十字阴线。踑坐，用长裙掩盖腿和脚。胳膊细长，比例失调，右手平展置于腿前，左手失，胳膊与手相接处的圆榫暴露清楚。火候较低，加工粗糙（图二五：4，图版七：5）。

　　标本 M52：20，高 21.8、宽 8.6 厘米。位于耳室。脸部圆润，五官端正。头戴较高的风帽，帽上有"十"字形缝制的针线痕迹，似用四块面料或皮制品缝缀而成。帽与裙之间有较宽的扎带，帽下有过肩的垂裙，帽裙两侧向后翻卷，耳朵下端挂有圆形饰物。长衣曳地，双手袖于胸前（图二五：1，彩版一二：3 左）。

　　标本 M52：21，高 22.5、宽 8.8 厘米。位于耳室。脸部圆润，眉清目秀，面带微笑。头戴较高的风帽，帽上有"十"字形缝制的针线痕迹，似用四块面料或皮制品缝缀而成。帽与裙之间有较宽的扎带，帽下有过肩的垂裙，帽裙两侧向后翻卷，耳朵下端挂有圆形饰物。长衣曳地，左手伸开置于胸前，右手残（图二五：3，彩版一二：3 中）。

　　标本 M52：22，高 21.8、宽 8.6 厘米。位于耳室。脸部圆润，眉清目秀，面带微笑。头戴较高的风帽，帽上有"十"字形的针线痕迹，似用四块面料或皮制品缝缀而成。帽与裙之间有较宽的扎带，

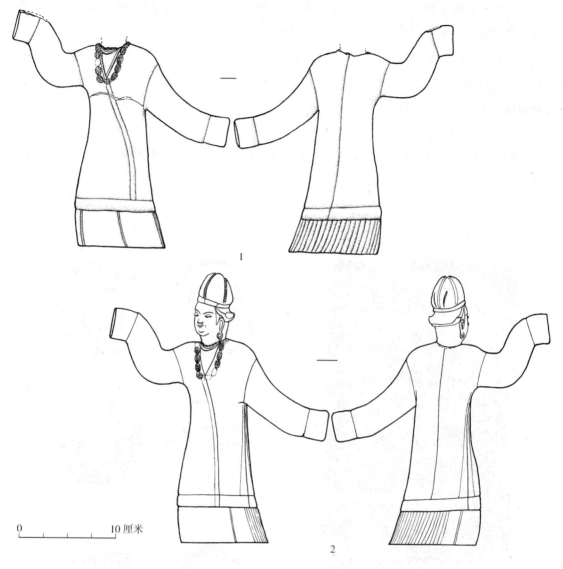

0　　　　　10 厘米

图二六　M52 出土陶女舞俑

1. 标本 M52：23　2. 标本 M52：25

帽下有过肩的垂裙，帽裙两侧向后翻卷，耳朵下端挂有圆形饰物。长衣曳地，双手袖于胸前（图二五：2，彩版一二：3 右）。

女舞俑　2 件。造型、服饰皆一致。泥质灰色，头和身双模合制，胳臂和双手另外捏塑，制成胎体之后组装成型。再对局部进行精雕细刻，然后装窑烧制。最后通体上一层黑色彩饰。

标本 M52：23，残高 23.6、宽 22.9 厘米。位于耳室。头部残无，项上佩戴饰物基本完整，裙上背后阴线所刻的褶线密集均匀。右手向前，将长袖舒展扬起；左手向后，将长袖尽情甩出（图二六：1）。

标本 M52：25，高 27.2、宽 22.9 厘米。位于耳室。眉清目秀，面带微笑，头戴长圆形的风帽，上有"十"字形整齐清晰的缝缀痕迹，帽与帽裙之间有较宽的扎带，垂帽裙很短，仅仅与耳朵的上部同高，且向上略翻。耳朵带有圆形饰物，项上佩戴有两串长短不同的璎珞饰物。里穿圆领内衣，外穿左衽交领窄袖长襦，襦长过膝，襦下有较宽的缘饰。襦背正中开缝，侧下摆处有数道褶线。女舞俑内着曳地多褶长裙，裙掩双脚。右手向前，将长袖舒展扬起；左手向后，将长袖尽情甩出，舞姿优美，堪称北魏平城时期陶塑艺术的杰作（图二六：2，彩版一二：1、2）。

墓铭砖　1块（标本 M52：47）。砖长30、宽15、厚5厘米，位于墓道的回填土中。发现时已断为两截，后粘接拼对。砖的表面和反面皆有不规则的细绳纹，上刻"平远将军"四字。字体为隶意楷书。砖侧面模印阳文"五"字样（图二七：1，彩版一三：1）。

3. 铜器 15 件。

小刀　1件（标本 M52：41）。长 4.5 厘米。位于墓室南棺内。系青铜制作，前部略呈钺形，有弧刃，刃宽 1.7 厘米，后有柄，柄部断面略呈椭圆形，尾部有环。造型小巧精致，重 2.25 克（图二三：7，彩版一三：4左上）。

耳挖　1件（标本 M52：42）。长 6.1 厘米，位于墓室南棺内。系青铜制作，前部细长，断面呈圆

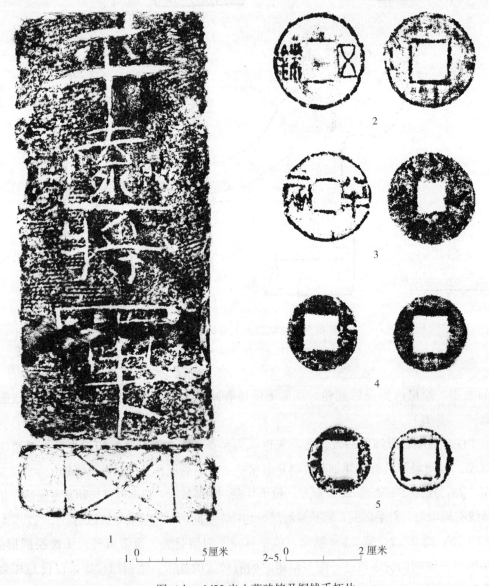

图二七　M52 出土墓砖铭及铜钱币拓片

1. 墓砖铭拓片（M52：47）　2. 五铢钱（M52：3）　3. 半两钱（M52：40）　4、5. 剪轮五铢（M52：39）

形，最低处有一向上翻卷的半圆形小勺，后有柄，柄部断面略呈椭圆形，尾部有环。造型小巧精致，重4.95克（图二三：8，彩版一三：4右上）。

铃　1件（标本M52：43）。高2.3厘米。位于墓室南棺内。铃近似圆形，直径约1.4厘米，上有小环钮，铃内有一小石块。重6.5克（图二三：12，彩版一三：4左下）。

五铢钱　8枚，造型一致。其中6件完整，2件残。标本M52：3，钱径2.5厘米，位于墓室南棺内。圆形方孔，穿宽1厘米，钱面自右向左篆书"五铢"两字。"五"字中间两笔弯曲，"铢"字的"金"字头呈三角形，字迹清晰而工整。单件重2.8克（图二七：2）。

剪轮五铢　3枚。标本M52：39，钱径1.9、穿宽1厘米，重1.4克，1枚；钱径1.6、穿宽1厘米、重1克，2枚。位于墓室南棺内。皆为圆形方孔，字迹不清，边部已被剪去（图二七：4、5）。

半两钱　1枚（标本M52：40）。钱径2.4、穿宽0.9厘米，位于墓室南棺内。钱面自右向左篆书"半两"二字，重2.4克（图二七：3，彩版一三：3）。

4. 铁器7件。

柿蒂叶棺环　4件。标本M52：38，位于墓室南棺的前挡板和两侧板。将一根铁条打成环状的鼻，套进铁棺环，通过柿蒂叶形铁片，钉入棺内，进入棺内的铁条两端再分开，固定成人字形。铁棺环由铁棍锻打而成，平面呈圆形，直径9.5厘米；柿蒂叶形铁片呈长方形，10×9.6厘米（图二三：9，图版七：6左）。

棺钉　3枚。标本M52：46，位于墓室南棺北侧板和后挡板。长21厘米，尾部呈尖状，锈蚀严重（图二三：14，图版七：6右）。

5. 玉石器　1件。为料珠1颗（标本M52：44）。直径1厘米，位于墓室南棺内。黑色，外表有八棱，中有圆形穿孔。重0.7克（图二三：13，彩版一三：4右下）。

6. 骨尺　1件（标本M52：45）。残长11.1、宽3.3、厚0.7厘米。位于墓室南棺内。骨制，正面上下两边有距离基本相等的双重小圆圈标记，小圆圈之间有锯齿状纹饰。骨尺中心部分以锯齿状纹饰为界格，雕刻花鸟等图案，背面无纹饰。残失严重（图二三：15，彩版一三：2）。

第四章　砖室墓 M2

（一）墓葬形制

M2 为长方形斜坡底墓道砖砌单室墓，坐北朝南，方向 200 度。由墓道、甬道、墓室三部分组成，南北总长 30.49、墓底距地表深 6.92 米（图二八，彩版一四：1）。

墓道

位于墓室南部，开口距现地表 0.30 米。墓道平面呈长方形，长 23.55 米，墓道上口略窄于墓道底，上口宽 1.10、底宽 1.14 米，北端距地表深 6.90 米。内填黄褐色五花土，质地疏松，未经夯打，含有大量白色料礓石结核和细小砂粒。墓道坡度平缓，斜坡底长 24.76 米，坡度 16 度。墓道两壁较为平整，局部可清晰地看到修整墓壁时留下的宽窄不等的工具印痕。宽 6～9 厘米。

墓门

砌于甬道南口，甬道拱顶上作内外两层叠涩尖拱形墓门罩，高 0.7 米，墓底距现存外层尖拱顶部 2.49 米。起券砖均用黄泥粘接（图三〇：左）。

内层紧贴甬道南口外两侧立面，用黄泥粘接立砖一层，接近券顶中央，两砖对称斜挑形成尖拱，叠压于甬道券顶上。内层高 0.16、宽 1.44 米，墓底距内层尖拱顶部高 1.95 米。从地面至 1.08 米处，紧贴内层立砖又用黄泥粘接立砖一层，起加固作用。

外层向前凸出 0.15 米。券顶上部叠压于甬道券顶和内层上，券顶下部与护墙相接。券砖依次为两层丁砖横砌、一层丁砖竖砌、两层丁砖横砌和一层顺砖单表，现存高度 0.54 米。护墙的筑法是沿内层外缘采用一层丁砖竖砌和两层丁砖横砌五组相间，镶砌于墓道北端东西两侧的生土槽内，高 1.3 米（图二九）。

封门墙

墓道和甬道之间设一道封门墙，高 1.9、宽 1.44、厚 0.30 米。砌法既有顺、丁砖平铺，又有丁砖竖立，因在墓门券洞内，故至起券处随券洞的弧度填砖，将券洞封实。甬道和墓室之间也设一道封门墙，宽 1.14、高 1.64、厚 0.30 米，砌法系一层顺砖平铺、一层丁砖竖立，二层顺砖平铺和二层丁砖竖立相间四组后，起券处随券洞弧度填砖，将券洞封实。因甬道南北的两道封门叠砌无隙，故甬道内未被扰动，只有薄薄一层淤土（图三〇，彩版一四：2）。

甬道

位于墓道与墓室之间，与墓室相通。平面呈长方形，长 2.68、宽 1.14 米，左右墙体采用两层丁砖错缝横砌和一层丁砖竖砌的筑法，共五组，砌至 1.22 米处以顺砖错缝横砌开始起券至顶部，单层拱形券顶，厚 0.15 米，顶部南高北低直线倾斜，高 1.70～1.64 米。起券砖用黄泥粘接，券顶砖外的缝隙用砖片或砂岩碎片填塞。甬道底部平铺人字形地砖一层。

墓圹

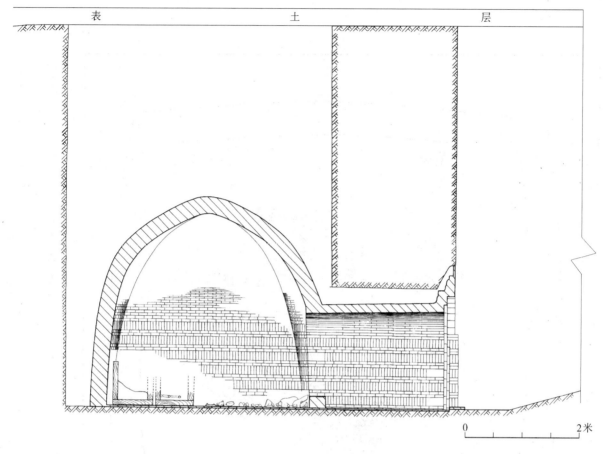

图二八 M2 纵剖面图

土圹略呈方形，南北长 4.66、东西宽 4.64～4.72 米。四壁平直，西南角有脚窝两行，西壁脚窝距土圹西南角 0.8、南壁脚窝距土圹西南角 0.7、两脚窝之间的间距为 1.1 米。

墓室

砌筑于方形土圹内。砖墓室内平面近弧边正方形，南北长 3.5、东西宽 3.53 米。四壁墙体采用两层丁砖错缝横砌和一层丁砖竖砌相间的筑法，共 6 组，砌至 1.46 米处丁砖错缝横砌起券，向内加大叠涩内收，聚成四角攒尖顶。最上部用 5 块上大下小的楔形砖，自上而下塞堵封顶。墓室的空间高度 3.36、墓顶厚 0.30、墓顶顶部距地表深 3.26、三者合一总高度为 6.92 米。

墓顶西北有一个 55×45 厘米的不规则形盗洞，甬道南北口的双重封门墙未拆且保存完好，说明了盗墓者是从墓室直接进入的。起券砖大多用黄泥粘接，砖外的缝隙用砖块或砂岩石块填塞。墓室底部错缝平铺人字形地砖一层。墓砖为青灰色长方形条砖，表面有细绳纹，砖背粗糙无纹，火候中等，硬度较差。规格有 30×14.5×5、30×16×5、30×15×5 厘米三种。

葬具

葬具为四棺。由于盗扰，棺木大多已散乱，相互叠压堆垒在一起。两具大棺位于墓室北部，呈东西向并列放置，根据残留的棺底痕迹，棺为前大后小的梯形状，死者头向西。两具小棺位于墓室东部呈南北向前后放置，根据残留的棺底痕迹，棺为前大后小的梯形状，死者头向南。

南侧大棺

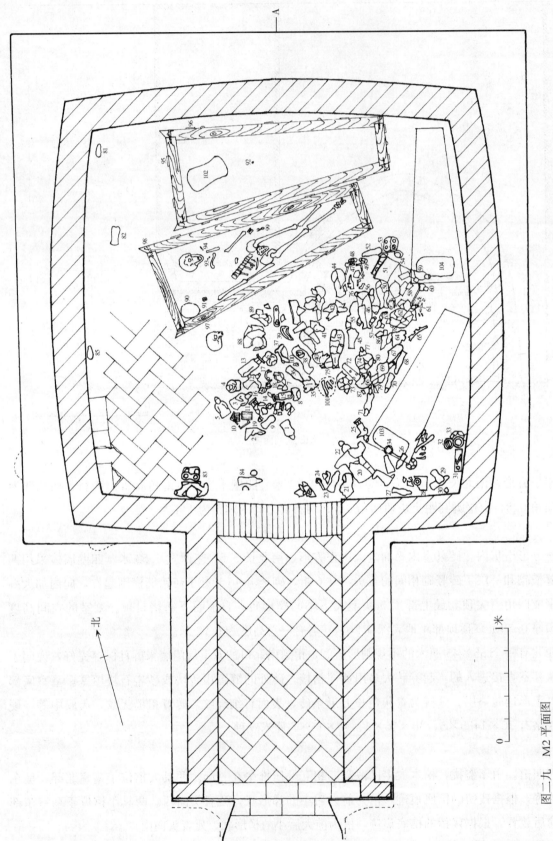

图二九　M2平面图

1~8. 女乐俑　9、23、26、27、29、36、49、53~57、59、60、82、84. 女侍俑　10. 曲足案　11、13~15、17、18、22、25、75. 杂技胡俑　19. 陶樽
20、83. 镇墓武士俑　21、64. 镇墓兽　24. 狗　28. 灶　31. 碓　32、33. 磨　34. 井　35、37、39. 骆驼　38. 驴　40~45. 马　46、50、67、79. 牛　47、58. 鳖甲车
30、48、52、61、68~71、76~78. 男侍俑　51、65. 卷棚车　62、63、88. 陶罐　72. 陶灯　73、86、87. 帐房　74. 盂　81. 羊　85. 猪　89. 陶盆　90. 铁镜　91. 五
铢钱　92. 大泉五十　93. 玛瑙珠　94. 水晶饰件　95. 鎏金铺首　96. 泡钉　97. 柿蒂棺环　98. 棺钉　99. 铁剪　100. 小俑　101. 漆盘　102~104. 灰枕

北

图三〇　M2 墓门罩（左）和封门墙（右）

木棺平面呈梯形，前大后小，长 2.02、宽 0.88~0.44 米，棺板厚 8 厘米，高度不明。棺底部铺设一层木炭防潮，木炭为黑色颗粒或粉末，较纯净。该棺前、后挡和两侧板相对应的位置存 4 件铁质棺环。

北侧大棺

木棺平面呈梯形，前大后小，长 2.01、宽 0.90~0.49 米，棺板厚 9 厘米。棺前高后低，前高 0.81、后高 0.43 米。棺底部铺设一层木炭防潮，木炭为黑色颗粒或粉末，较纯净。棺内头向一侧置一灰枕，形状为不规则长方形，长约 38、宽约 20 厘米。棺木前后挡板和两侧板相互对应的位置，分别用小铜钉装设有 10 件鎏金铺首。其中前后挡各并排装设两件，两侧板按一定间隔各装设 3 件。鎏金铺首之间按照一定规律装设泡钉，质地为铅锡，表面鎏金，用两个小铜钉固定于棺木表面。北棺的形状和结构保存较好，大体可以复原（彩版一五：1）。

北侧板倾斜立于墓室北壁，两侧板各由四块前斜后直的长板拼合，各木板间用细腰榫卯相接，侧板前部锯成抹角，与前后挡结合部开直角半凹槽，可使前后挡板与两侧板对缝拼合，后用棺钉固定，所用棺钉皆铁质。前挡高 0.76、宽 0.78 米，后挡高 0.36、宽 0.37 米，略呈长方形，分别由数块木板拼合，木板间用细腰榫卯相接。棺底板呈梯形，前大后小，长 1.75、前宽 0.82、后宽 0.45 米，因紧贴墓底，腐朽严重，木板之间拼合方法不详，但与前后挡板及两侧板的连接是仅用铁棺钉来固定的。

棺木未髹漆，棺表面裱有一层透明度很好的浅黄色丝织品，已朽蚀无痕迹，只能从棺外壁装设的铺首、泡钉与棺板结合处看到其局部的残留痕迹。推测棺木制作的顺序为：先将各棺板拼合好，再用棺钉将两侧板与前后挡板固定，然后将底板与之连在一起，形成棺身之后，再在棺身和棺盖表面裱一层丝织品，后装设铺首衔环及泡钉。最后将盖板盖在棺上，用棺钉固定。

南侧小棺　长1.4、宽0.46～0.23米。未见棺环，据棺钉上的木痕推测，棺板厚约5厘米。棺底部铺设一层木炭防潮，木炭为黑色颗粒或粉末，比较纯净。棺内头向一侧置一灰枕，形状为不规则长方形，长0.33、宽0.17厘米。

北侧小棺　长1.38、宽0.48～0.24米，未见棺环，据棺钉上的木痕推测，棺板厚约5厘米。棺底部铺设一层木炭防潮，木炭为黑色颗粒或粉末，比较纯净。棺内头向一侧置一灰枕，形状为不规则长方形，长0.33、宽0.17厘米。

骨架

南侧大棺骨架基本齐全，仰身直肢，头向西，经鉴定，死者为大于50岁的成年男性，身高约165.6厘米。北侧大棺的一具头骨离开原位散落于南棺的南侧，经鉴定，死者为大于50岁的成年女性。南侧小棺的骨骼多被弃于棺外，经鉴定，死者为3～4岁的幼儿，性别不明。北侧小棺的骨骼也被弃于棺外，经鉴定，死者为不大于2岁的幼儿，性别不明（详见附录二《大同雁北师院北魏墓群人骨鉴定》）。

随葬品

由于该墓被盗扰，使一些随葬品已离开原来的位置，大多随葬品残裂破损严重。镇墓武士俑2件和镇墓兽1件位于墓室的两侧入口处，生活用具模型碓、井、灶、磨4件、男女侍俑6件和陶质红狗1件位于墓室南侧和东南角，猪、羊、女侍俑各1件靠近墓室西壁，小件随葬品出土于棺内，棺环、泡钉位于棺上的各侧板，70余件随葬器物集中出土于墓室的前中部，包括陶质乐俑、舞俑、杂技俑、侍俑等人物俑，壶、罐、灯、帐房、车辆等生活用具模型和马、牛、驴、骆驼等动物模型，陶质随葬品之间有圆形漆盘1件，盘上放置了几段兽骨（彩版一五：2）。

（二）出土器物

经修复整理，M2出土器物达133件。按质料分主要是陶器，还有铅锡、铁、铜、玉石器、漆等。内容主要包括五大类：1、镇墓俑，有镇墓武士俑和镇墓兽两种4件。2、人物俑，有女乐俑、女舞俑、男侍俑、女侍俑、杂技胡俑、小俑6种48件。3、家禽家畜模型，有马、牛、驴、骆驼、羊、猪、狗7种17件。4、生活用具及车辆模型，有碓、井、灶、磨、壶、罐、瓮、樽、曲足案、灯、车辆、帐房12种19件。5、其它，有鎏金铺首、泡钉、柿蒂棺环、棺钉、铁镜、铁剪、五铢铜钱、大泉五十铜钱、玛瑙珠、水晶串饰、漆器、灰枕共12种45件。下面按器物内容的分类依次介绍。

1. 镇墓俑

镇墓武士俑2件。泥质灰陶。头、上身、下肢、手分别模制，再对局部进行精雕细刻，装窑焙烧成型后，再将4个部件插装组合而成。

标本M2：20，残高54、宽33厘米，位于墓室入口处东侧。武士俑头部已残失，后背项下塑一椭圆形卡，以防兜鍪掉落、移位或减轻兜鍪对头部的压力。左臂平伸，肘部以下全部残失，右臂弯曲高抬至颈部，手残失。身穿较长的铠甲，上绘有模糊不清的甲片墨线，腹、臀外凸。两腿分开站立，下着涂有红彩的高筒靴。左脚明显外撇，底座残（图三一：1，彩版一六：4）。

标本M2：83，通高68、宽30.8厘米，位于墓室入口处西侧。武士俑头戴兜鍪，正中插缨，双目圆睁，两眉弯曲，嘴阔唇厚，大鼻上掀，面部全部涂为红色，显得狰狞威猛。头部下端有圆形榫，插

1   2

3   4

3、4. 0 _____ 15 厘米   1、2. 0 _____ 20 厘米

图三一 M2 出土陶镇墓俑

1. 镇墓武士俑（M2：20） 2. 镇墓武士俑（M2：83） 3. 镇墓兽（M2：21） 4. 镇墓兽（M2：64）

入项中。武士俑后背项下塑一椭圆形卡，以防兜鍪掉落、移位或减轻兜鍪对头部的压力。左胳膊弯曲高抬，右臂向前弯曲，右手半握，虎口向上，原执物失落。身着较长的铠甲，上绘有模糊不清的甲片墨线，腹、臀外凸。两腿分开站立，下着涂有红彩的高筒靴，右脚明显外撇。椭圆形底座长 18、宽12.7、高 1.4 厘米。镇墓武士俑的造型粗犷夸张，是一件优秀的陶塑艺术品（图三一：2，彩版一六：1～3）。

镇墓兽 2 件。一件为人首兽身，另一件为兽首兽身。泥质灰陶。头和身双模合制，四肢和尾巴另外捏塑，制成胎体后组装成型，对局部精雕细刻，然后装窑烧制，最后进行彩绘。

人首兽身兽　标本 M2：21，长 40、通高 33.9 厘米，位于墓室入口处东侧。头部为人首，戴黑色圆帽，细眉小眼，高鼻大耳，嘴巴微张，脸面涂红。兽身与人首结合自然，颈背上有 4 个长 2.2～2.6、宽 0.4～0.6 厘米的长方形孔，原插有鬃鬣。马身，腹部中空，四肢直立，虎足。通体用细黑线勾描鱼鳞纹，并施重笔红彩。尾巴末稍分瓣盘绕于背上。长方形底座长 21.3、高 0.3 厘米。这件镇墓兽造型奇特，头、身、足部位和身上的纹饰图案分别取自人和不同的动物。人首面容安详，似在忠诚地履行镇守阴宅之职能（图三一：3，彩版一七：1、2）。

兽形兽　标本 M2：64，长 40、通高 31.2 厘米，位于墓室中部。形状为虎，其嘴巴大张，露出整排的牙齿，舌头涂红，两目圆睁，耳朵周边是绺绺卷曲的虎毛，作圆饼状。脊背正中从前到后有 4 个长 2.5、宽 0.5 的长方形孔，原插有鬃鬣。前腿站立、后腿蹲卧，腹部中空，尾巴末稍分瓣卷曲盘绕于虎身上。通身用红、黑、白三色勾描虎纹，颜色显得格外鲜亮。长方形底座长 27、宽 17、高 0.8 厘米（图三一：4，彩版一七：3）。

2. 人物俑

泥质灰陶，全部为彩绘陶俑。采用分模脱制（依部位不同分段模制）和双模合制（俑为前后两个半片身体，先利用半模制出前后片身体，再拼合粘接成一体），制成胎体之后组装成型，对局部再精雕细刻，然后装窑烧制。素陶烧成后，再经过彩绘，一般是以黑彩绘眉、眼、胡须，红彩涂脸、唇和手。

女乐俑　8 件。泥质灰陶。头和身双模合制，胳臂和双手另外捏塑，制成胎体之后组装成型，对局部精雕细刻，然后装窑烧制，最后进行通体彩绘。她们头部刻划多雷同，缺乏个性特征。面相丰满，细眉长眼，微带笑容，端庄大方，耳垂有圆形饰物。头戴黑色风帽，顶部有较深的"十"字形刻痕，似用四块布帛面料或皮制品缝缀而成，帽裙既长且宽，过肩许多，帽与裙之间有扎带一圈，帽裙两侧向后翻卷，帽的后部有"八"字形刻痕，表示在帽的后部扎带系结。女乐俑身着左衽斜领窄袖长襦，遮盖了下肢与双脚，斜领边饰和袖口均涂红色或白色，襦身描绘着图案不同的大朵彩色花卉。女乐俑穿戴鲜艳，神态怡然，使用不同的乐器跽坐奏乐，展示了北魏平城时期的群体奏乐场景。

标本 M2：1，高 19.6、宽 11.6 厘米，位于墓室中部。双手臂向左侧上举至肩，似为左把演奏横笛类乐器（图三二：1，彩版一八：1）。

标本 M2：2，高 19.8、宽 10.8 厘米，位于墓室中部。左手臂向前弯曲，手背向上，五指伸展，右手臂弯曲，小臂及手残断，似为演奏筝类乐器（图三二：2，彩版一八：2）。

标本 M2：3，高 20.5、宽 10.8 厘米，位于墓室中部。左手臂弯曲至腹，右手臂弯曲至胸，双手伸开呈上下斜对状，似为演奏箜篌（图三二：3，彩版一八：3）。

标本 M2：4，高 20.1、宽 10.4 厘米，位于墓室中部。双手臂弯曲抬起，右手平展，左手半握，左手外，右手内，似为演奏筚篥（图三二：4，彩版一八：4）。

标本 M2：5，高 20.6、宽 11 厘米，位于墓室中部。双手臂弯曲向前，左手残失，残断的右手向内略弯，似为演奏鼓类乐器（图三二：5，彩版一九：1）。

标本 M2：6，高 20.3、宽 10.6 厘米，位于墓室中部。双手臂弯曲抬起至嘴前方，左手外，右手内，双手紧靠，似为演奏胡笳（图三二：6，彩版一九：2）。

标本 M2：7，高 20.6、宽 12.3 厘米，位于墓室中部。左手臂弯曲向前，手心向上弯曲呈握状，

图三二　M2 出土陶女乐俑

1. 女乐俑（M2：1）　　2. 女乐俑（M2：2）　　3. 女乐俑（M2：3）

4. 女乐俑（M2：4）　　5. 女乐俑（M2：5）　　6. 女乐俑（M2：6）

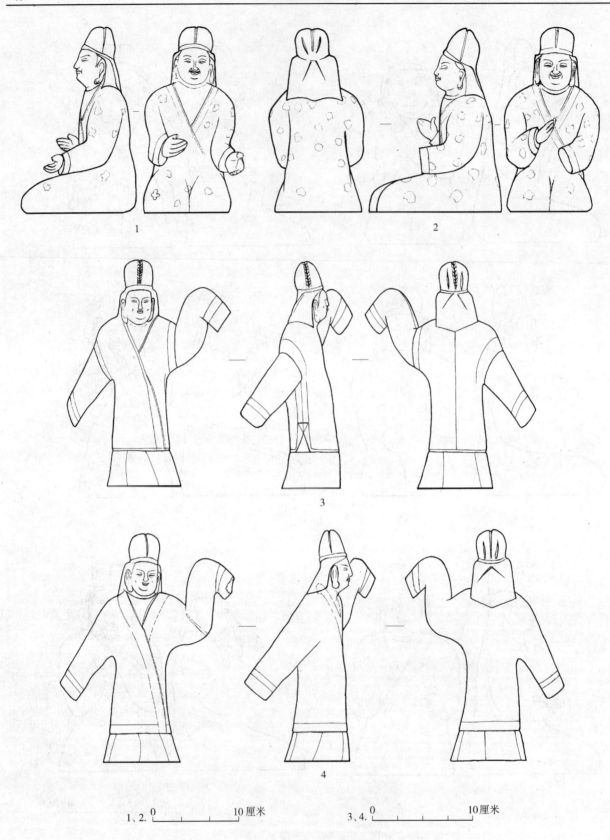

1、2. 0 ———————— 10厘米　　　3、4. 0 ———————— 10厘米

图三三　M2出土女陶乐舞俑

1. 女乐俑（M2：7）　2. 女乐俑（M2：8）　3. 女舞俑（M2：12）　4. 女舞俑（M2：16）

右手臂弯曲后缩，右手五指向里弯曲，似为演奏琵琶类乐器（图三三：1，彩版一九：3）。

标本 M2：8，高 20.2、宽 10.9 厘米，位于墓室中部。左手臂向前弯曲置于左腿上，左手残失，右手臂向前弯曲，右手平展至胸，上下斜对，似为演奏钹类乐器（图三三：2，彩版一九：4）。

女舞俑　2件。泥质灰陶。头和身双模合制，胳臂和双手另外捏塑，制成胎体之后组装成型，对局部精雕细刻，然后装窑烧制，最后通体彩绘。

标本 M2：12，高 22.1、宽 15.5 厘米，位于墓室中部。女舞俑面目圆润，眉清目秀，脸部向左偏扭，耳垂有圆形饰物。头戴黑色风帽，顶上有"十"字形似麦穗状的缝缀痕迹，清晰且匀称，似用四块面料或皮革缝缀而成，帽裙既长且宽，过肩许多，帽与帽裙之间有扎带一圈，帽裙后有"八"字形刻痕，表示在帽的后部扎带系结。上身穿白色长襦，外罩一件红色斜领左衽半袖，即上臂之半，长及膝下，侧摆有褶，最下端两侧开叉，袖边、斜领边、下摆处和背面正中，均阴刻细线条。白色宽长袖遮住了双手，袖口外有一圈宽黑色、里有一圈细白色边饰。下穿由三段红和三段白两色相间的曳地长裙，掩盖双脚。女舞俑左手在前，将长袖舒展扬起，右手在后，将长袖尽情甩开。此女舞俑所着的红色斜领左衽半袖服饰在师院墓群中是唯一的（图三三：3，彩版二〇：1、2）。

标本 M2：16，高 22.7、宽 20.4 厘米，位于墓室中部。五官端正，耳垂有圆形饰物。头戴黑色风帽，顶上有较深的"十"字形阴刻，似用四块面料或皮革缝制而成，帽裙既长且宽，过肩许多，帽与帽裙之间有扎带一周，帽裙后有"八"字形刻痕，表示在帽的后部扎带系结。她上穿左衽斜领窄袖长襦，长及膝下，斜领边缘涂红色，长襦下摆处红色边饰已不明显。袖口外有一圈宽黑色、里有一圈细白色边饰。下着由三段红和三段白两色相间的曳地长裙，掩盖双脚。左手在前，将长袖舒展扬起，右手在后，将长袖尽情甩开（图三三：4，彩版二〇：3、4）。

男侍俑　12件。泥质灰陶。双模合制，制成胎体之后组装成型，对局部精雕细刻，然后装窑烧制，最后通体彩绘，眉、眼涂黑，整个脸部及耳部均涂红彩。依衣服颜色的不同可分为红襦白边和白襦红边两式。

红襦白边俑　7件。标本 M2：48、52、61、69、70、77、80，服饰和造型基本一致。7件男侍俑的高度为 21.3～21.8 厘米，皆位于墓室中部。面部圆润丰满，表情自然，脸部涂红，耳垂有圆形饰物。头戴顶部略尖、向后聚圆的黑色风帽，帽与帽裙之间有扎带一周，帽裙垂至肩，两侧作迎风翻卷状，帽裙后面有"八"字形刻痕，表示在帽的后部扎带系结。上穿红色左衽窄袖长襦，襦长过膝，斜领，长襦下摆处均装饰为白色。袖口外有一圈细红色，里有一圈宽白色，两手袖于胸前，并有一圆孔直通袖的上下。下着窄腿白裤，上有数道红线，表示条纹，裤腿边装饰红色。分腿站立，脚穿黑鞋。

标本 M2：69，高 21.8 厘米，位于墓室中部。面部圆润丰满，脸部涂红，眉、眼局部涂黑，耳垂有圆形饰物，皆涂红彩。戴顶部略尖、后部聚圆的黑色风帽，前面有一较深的刻痕，帽裙垂至肩，两侧作迎风翻卷状，后面有"八"字形细褶，帽与帽裙之间有扎带一周，将帽与垂裙连为一体。男侍俑上穿红色左衽窄袖长襦，两手袖于胸前，并有一圆孔直通袖的上下。下着红条纹的窄腿白裤，分腿站立，脚穿黑鞋（图三四：1，彩版二一：1、2）。

白襦红边俑　5件。标本 M2：30、68、71、76、78，服饰和造型基本一致。5件男侍俑的高度为 20.8～22 厘米，皆位于墓室中部。他们面部圆润丰满，表情自然，脸部涂红，耳垂有圆形饰物。头戴顶部略尖、向后聚圆的黑色风帽，帽与帽裙之间有扎带一周，帽裙垂至肩，两侧作迎风翻卷状，垂裙

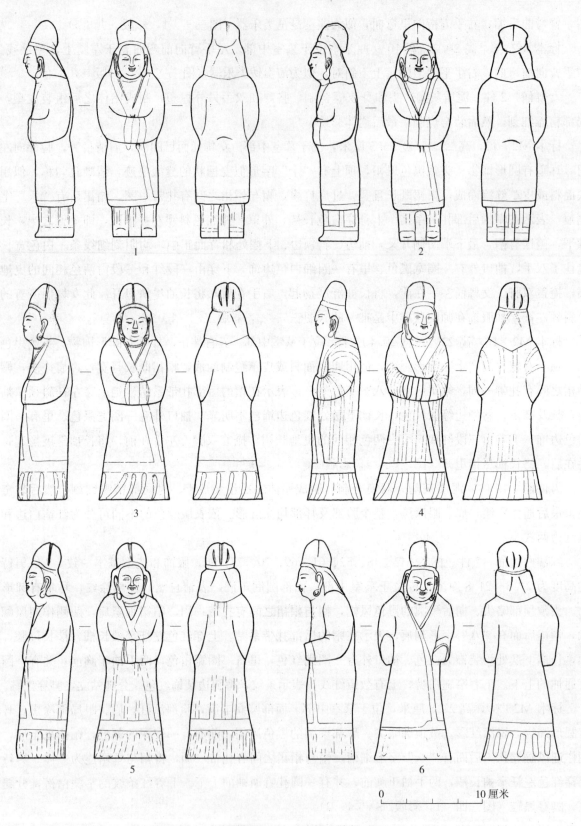

图三四　M2 出土陶男女侍俑

1. 男侍俑（M2：69）　2. 男侍俑（M2：71）　3. 女侍俑（M2：54）

4. 女侍俑（M2：29）　5. 女侍俑（M2：56）　6. 女侍俑（M2：9）

后有"八"字形或数道细褶的刻痕，表示在帽的后部扎带系结。男侍俑上穿白色左衽斜领窄袖长襦，襦长过膝，斜领、袖口、长襦下摆处均装饰为红色。两手袖于胸前，并有一圆孔直通袖的上下。下着窄腿白裤，上有数道红线，表示条纹，裤腿边装饰红色。分腿站立，脚穿黑鞋。

标本 M2：71，高 21.8 厘米。位于墓室中部。红色圆脸，耳垂有圆形饰物，全部涂红。黑色风帽头部略尖、向后聚圆，帽裙垂至肩部，帽与帽裙之间有扎带一周，帽裙后部有两道"八"字形的刻痕，表示在此扎带系结。上着白色左衽斜领窄袖长襦，下着红条纹的窄腿白裤，分腿站立，脚穿黑鞋（图三四：2，彩版二一：3）。

女侍俑　16 件。泥质灰陶。双模合制，制成胎体之后组装成型，对局部精雕细刻，然后装窑烧制，最后通体彩绘，眉、眼涂黑，依稀可辨个别女侍俑的额部、两颊、口唇涂有红色。依衣服颜色的不同可分为红襦白边和白襦红边两式。

红襦白边俑　7 件。标本 M2：26、36、49、53、54、59、60，均利用半模制出俑的前后单片，再拼合粘接在一起，故缺乏个性刻划，服饰和造型也基本一致。7 件红襦白边的女侍俑高度为 21.6～22.2 厘米，位于墓室中部。女侍俑脸部圆润，耳垂有圆形饰物。头戴垂裙黑色风帽，风帽上有较深的"十"字形刻痕，帽与帽裙之间有扎带一周，帽裙两侧向后翻卷，帽后有"八"字形或弧线的刻痕，表示在帽的后部扎带系结。女侍俑身穿斜领左衽窄袖红色长襦，襦长过膝，长襦素面无纹饰。里衣圆领涂红色，外衣斜领、袖口及长襦下摆处均为白色边饰。下着白色曳地长裙，掩盖双脚，裙上画数道红色竖线，表示红色条纹。双手袖于胸前。

标本 M2：54，高 21.8 厘米。位于墓室中部。脸部圆润，大耳下垂挂着圆形饰物。头戴黑色圆形风帽，上有较深的"十"字形刻痕，帽裙垂肩，绕冠有束带，帽裙后面有较深的两道短弧线刻痕和较浅的两道短"八"字形刻痕。女侍俑身穿斜领左衽窄袖红色长襦，下着红条纹的白色曳地长裙。双手袖于胸前（图三四：3，彩版二一：4）。

白襦红边俑　9 件。标本 M2：9、23、27、29、55、56、57、82、84，均利用半模制出俑的前后单片，再拼合粘接在一起。高 21.4～22.2 厘米，皆位于墓室中部。她们脸部圆润，面带微笑，耳垂有圆形饰物。头戴垂裙黑色风帽，上有"十"字形刻痕，帽与帽裙之间有扎带一周，帽裙两侧向后翻卷，帽后阴刻"八"字形线和两道短弧线，表示在帽的后部扎带系结。上穿左衽斜领窄袖白色长襦，其中两件明显饰黑色条纹，内衣圆领、长襦斜领、袖口和下摆处都有红色的边饰，袖口外有一圈白色，里有一圈红色边饰，8 件女俑两手袖于胸前，1 件女俑双臂向前弯曲，裙皆饰红色条纹。9 件女侍俑服饰和造型略有差异。

长襦饰黑色条纹、裙饰红色条纹俑　2 件。

标本 M2：29，高 22、宽 8 厘米。位于墓室前部。女侍俑长眉细眼，用墨线轻描，面相丰满，耳垂有圆形饰物。头戴垂裙黑色风帽，上有"十"字形刻痕，帽与帽裙之间有扎带一周，帽裙两侧向后翻卷，帽后阴刻短"八"字形线和两道弧线，表示在帽的后部扎带系结。女侍俑上穿左衽斜领窄袖白色长襦，襦上有数道长粗墨线描绘的线条，襦长过膝，内衣圆领、长襦斜领、袖口和下摆处都有红色的边饰。双手袖于胸前。下着白色曳地长裙，掩盖双脚，裙上画数道竖红线，表示红色条纹（图三四：4，彩版二二：2）。

标本 M2：56，高 21.6、宽 7.5 厘米。位于墓室中部。与标本 M2：29 服饰和造型基本一致，长襦上用粗墨线描绘的线条已不太清楚。下着白色曳地长裙，掩盖双脚，裙上画数道竖红线，表示红色条纹（图三四：5，彩版二二：1）。

长襦素面、裙饰红色条纹俑　7件。女侍俑模制而成，面目相似，动作有所差异。其中1件双臂弯曲，另6件双手袖于胸前。

标本M2：9，高22.1、宽8厘米。头微低，表情自然，上身穿斜领左衽窄袖白色长襦，襦长过膝，长襦斜领、袖口及下摆处均有红色的边饰，下着红条纹的白色曳地长裙。左臂弯曲向前伸，手已残失；右臂自肘部以下全部残失（图三四：6，彩版二二：4）。

标本M2：27，高22厘米。脸部圆润，额上和脸部仍有较清晰的局部涂红，上身穿斜领左衽窄袖白色长襦，襦长过膝，内衣圆领、长襦斜领、袖口及下摆处均有红色的边饰，下着红条纹的白色曳地长裙。双手袖于胸前（图三五：1，彩版二二：3）。

图三五　M2出土陶女侍俑、小俑
1. 女侍俑（M2：27）　2. 小俑（M2：100）

胡人俑　9件。泥质灰陶。头、身双模合制，四肢和手另外捏塑，制成胎体之后组装成型，对局部精雕细刻，然后装窑烧制，最后通体彩绘。胡俑深目高鼻，具有西域人种的典型特征。双腿分开与肩同宽，为立姿伎乐俑，身材比例匀称，形态栩栩如生。胡俑的姿势是表演杂技"缘橦"（即顶高竿）和演奏乐器时的动作，但高竿和乐器的模型均已不存。这是一组以杂技表演为主，旁有乐队伴奏的乐舞百戏组合。云冈石窟第38窟北魏浮雕有类似场面。

"缘橦"杂技俑　1组3件，由一胡俑和二童子组成。位于墓室中部。标本M2：13，为"缘橦"杂技（顶高竿）胡俑，高26.8厘米；标本M2：17，残长6.6厘米；M2：18，长10.4厘米，为缘橦杂技高竿上表演的两位童子俑。胡俑深目高鼻，面相丰满，脸部涂红。头戴黑色风帽，身着红色圆领窄袖长袍，袍身点缀着漂亮的白色花卉图案，圆领、袖口和长袍的下摆处均有红色边饰。腰系革带，

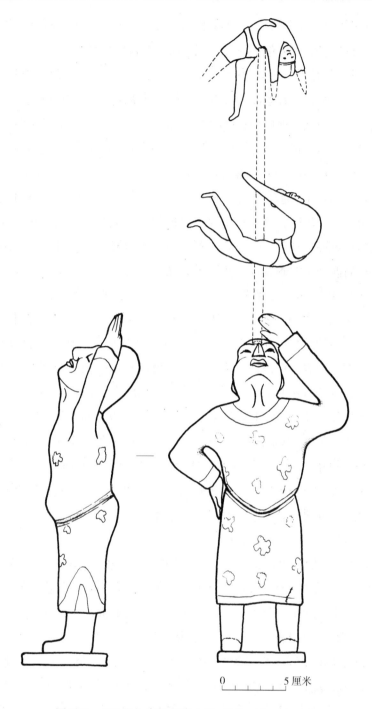

0　　　　5厘米

图三六　M2 出土陶杂技胡人俑（M2：13、17、18）

肚、臀外凸，袍边底部侧摆开叉。足蹬黑色高靴，双腿分开与肩同宽。底座长 7、宽 6.7 厘米。头高高的扬起，左臂向上弯曲，左手平伸斜置于额上扶竿，右臂弯曲，右手叉腰作支撑，双手里外涂红。额正中有一圆形孔，为顶橦之处。二童子原应处高竿之上，一童子腿夹竿，头和胳膊向后扬起，另一童子以竿顶腰，四肢下垂，同时作惊险的高空表演。两童子头戴黑色圆帽，上有中缝，全身涂为红色。上身穿红色小马甲，下身着黑色短裤，身材轻盈瘦小，动作舒展大方。出土时橦已朽无，无法知道它的高度。这是一组造型生动的"缘橦"杂技俑（图三六，彩版二三）。这种杂技汉代称作"寻橦"，南北朝时叫"缘橦"，唐代称为"缘竿"。M2中这组"缘橦"是由一位额上顶橦的胡俑和高竿上表演的二位童子共同完成的，再现了北魏首都平城百戏杂技演出的真实场景。

标本 M2：11，为立姿乐伎俑。通高 25.5、最宽处 11.6 厘米，位于墓室中部。深目高鼻，脸部涂红。头戴黑色风帽，帽裙较短，不及颈部。身着红色圆领窄袖长袍，上有白色勾划的团花图案，但由于水浸严重，已无法识别、圆领、袖口和长袍的下摆处均有白色边饰。腰系革带，肚、臀外凸，袍边底部侧摆开叉。双腿分开与肩同宽，脚穿黑色高靴，头向上扬起，两手里外涂红，平展举在头部两侧。底座长 6.9、宽 7.4 厘米（图三七：1，彩版二四：1）。

标本 M2：14，立姿乐伎俑。通高 27.2、宽 9.5 厘米，位于墓室中部。深目高鼻，脸部涂红。头戴黑色风帽，帽裙较短，不及颈部。身着红色圆领窄袖长袍，上有漂亮的白色团花图案。圆领、袖口和长袍的下摆处均有白色边饰。腰系革带，肚、臀外凸，袍边底部侧摆开叉。双腿分开与肩同宽，脚穿黑色高勒靴，双手臂向前举至左侧肩部，两手里外涂红，半握于嘴边，右手在里左手在外，似在吹奏横笛类的乐器。底座长 9.4、宽 8.2 厘米（图三七：6，彩版二四：2）。

标本 M2：15，立姿乐伎俑。通高 26.8、宽 9.1 厘米，位于墓室中部。深目高鼻，面带微笑，脸部涂红。头戴黑色风帽，帽裙较短，不及颈部。身着红色圆领窄袖长袍，上有漂亮的白色团花图案，圆领、袖口和长袍的下摆处均有红色边饰。腰系革带，臀向后凸，袍边底部侧摆开叉，双腿分开不及肩宽，脚穿黑色高勒靴，双手臂弯曲向前，两手里外涂红；自然平展伸于体前，手心向里，右手略高，似为演奏鼓类乐器。底座长 8.2、宽 7.4 厘米（图三七：5，彩版二四：3）。

标本 M2：22，立姿乐伎俑。残高 24.6、宽 7.8 厘米，位于墓室南部。深目高鼻，嘴巴大张，脸部涂红。头戴黑色风帽，帽裙较短，不及颈部。身着红色圆领窄袖长袍，上有漂亮的白色团花图案，圆领、袖口和长袍的下摆处均有白色边饰。腰系革带，肚、臀外凸，袍边底部侧摆开叉，双腿分开与肩同宽，脚穿黑色高勒靴，左臂自然下垂，右臂内弯上举，高及颈部，双手残失，嘴巴大张。脚与底座残失（图三七：4，彩版二五：1）。

标本 M2：25，立姿乐伎俑。通高 27.7、宽 12 厘米，位于墓室南部。深目高鼻，脸部涂红。头戴黑色风帽，帽裙较短，不及颈部。身着红色圆领窄袖长袍，上有漂亮的白色团花图案，由于水浸严重，已无法识别。圆领、袖口和长袍的下摆处均有白色边饰。腰系革带，肚、臀外凸，袍边底部侧摆开叉，双腿分开不及肩宽，脚穿黑色高勒靴，两臂向前弯曲，左手五指伸开，手心向上，右手半握，正在拨弦，似在托着曲颈琵琶之类的乐器演奏。底座长 6.8、宽 6.2 厘米（图三七：2，彩版二五：2）。

标本 M2：75，立姿乐伎俑。残高 25.2、宽 9 厘米，位于墓室中部。深目高鼻，头稍扬起，脸部涂红。头戴黑色风帽，帽裙较短，不及颈部。身着红色圆领窄袖长袍，上有漂亮的白色团花图案，由于水浸严重，已无法识别。圆领、袖口和长袍的下摆处均有红色边饰。腰系革带，肚、臀外凸，袍边底部侧摆开叉。双腿分开不及肩宽，脚穿黑色高勒靴，双手臂弯曲向前，两手里外涂红自然平展伸于胸前，手心向内，右手略高，似为演奏鼓类乐器。脚部和底座残失（图三七：3，彩版二五：3）。

小俑　1件（标本 M2：100）。泥质灰陶。手制而成，对局部进行精雕细刻之后装窑焙烧。高 6.4、最宽处 3.4 厘米，位于墓室中部。小俑面目圆润，五官端正。头戴圆形风帽，上有较深的"十"字形的刻痕，帽与帽裙之间有束带，帽裙两侧向后翻卷。上穿斜领左衽长襦，双臂自然放置于腹前，较宽的袖口下垂。作品只捏塑了人物的上半身，是师院墓群中比较特殊的一件人物俑（图三五：2，彩版二

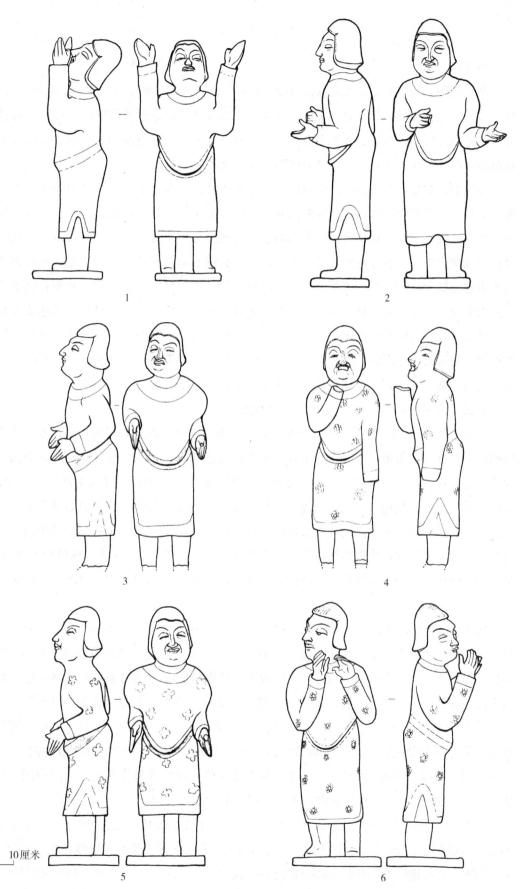

图三七
M2 出土
陶胡人俑

1. 标本 M2：11
2. 标本 M2：25
3. 标本 M2：75
4. 标本 M2：22
5. 标本 M2：15
6. 标本 M2：14

0   10厘米

五∶4)。

3. 家禽家畜模型

马7件。

泥质灰陶。头、身采用左右双模合制，双耳、腿、蹄部位和系带、辔铃、底座构件皆系单独捏塑，然后拼装组合粘接成一体，对局部精雕细刻之后装窑烧制，最后通体彩绘。底座为内低外高不规整长方形，待粘接好马腿再将底板上多余的部分切除。翻模之后进行细刻、烧制、彩绘等工序，制成马鞍和障泥，两者合在一起是一个单独的构件，设置在马身正中。

骏马曲颈伫立，辔鞍齐备，全身涂彩，骠健体壮。在陶马额上，左右两侧各三绺的鬃毛刻划的非常细腻整齐，其中两绺在直立马耳的前面，另外一绺从额中分股绕到直立马耳后边。眼的周围刻缕较深，使双目突暴而起，熠熠有神。脸部较长，鼻孔翕张，马嘴大张作嘶鸣状或者是嘴紧闭作静声状，鼻孔内和嘴巴皆涂红色。颈佩条带，下系较大的椭圆形彩色辔铃。马颈饰彩，并绘出漂亮的图案。马身正中置马鞍和障泥，鞍仿皮革制，鞍桥前高后低，障泥呈横长方形状，装配在鞍下马腹的两侧，用以遮挡尘土，似用较硬的材料制成，障泥上的图案各具特色。马的全身满绘黑色或红色的网状线，网线纵横交叉处部分绘有白色或红色小圆饼，可能模拟着金属泡饰。一匹马革带下悬垂倒置的"山"字形饰件。马尻有一小圆洞，应为插尾之处。连接鞍后的革带向后绕过马尻部的圆孔，应与固定鞍具有关。骏马四腿直立，蹄下有抹角长方形底座。七匹马可分两式。

Ⅰ式　张嘴，4匹。其中1匹红马，3匹黑马。

标本 M2∶40，长38.1、高31.5厘米，位于墓室中部。红马，黑色辔头，双耳直立，嘴巴大张作嘶鸣状。颈佩红色条带，下系红色辔铃。马脊施黑色彩底，作白色弧状轮廓线，中间有白、红两色相间描绘的几何图案，与马身平行共有七排。马背上置马鞍和障泥，马鞍为红色，障泥两侧图案相同，底色不同。障泥左侧遍涂红色，黑线作边框，周边是一圈红色忍冬纹，中心部分是花卉连续图案，桃形黑线作界格，每一个界格内绘一朵花，花瓣涂白，花蕊涂红。障泥右侧遍涂黑色，黑线作边框，周边是一圈红色忍冬纹，桃形界格内的花朵皆为花瓣白里透红，花蕊涂黑。胸带和后鞦带均用黑线勾描，呈长方形网格状。马蹄为灰色。底座长24、宽14.3、高1.8厘米（图三八∶1，彩版二六∶1、2，彩版二七∶2、3）。

标本 M2∶42，长33.5、高35.5厘米，位于墓室中部。黑马，黑色辔头，双耳残，嘴巴大张作嘶鸣状。颈佩红色条带，下系黑色辔铃。马脊饰红彩，上有白色点状团花图案。后鞦带用粗黑线勾描，呈长方形网格状。左前蹄向上奋起，下段残失。马腹与底座之间另塑一长方体立柱，以保证马体在底座上的稳固。马蹄为黑色。底座长21.6、宽15、高1.4厘米（图三九∶2，彩版二八∶1）。

标本 M2∶44，长33.3、高35.7厘米，位于墓室中部。黑马，双耳残，嘴巴大张作嘶鸣状。颈佩红色条带，下系黑色辔铃。马脊饰红色底彩，图案已模糊不清。后鞦带用黑线勾描，呈长方形网格状。右前蹄向上奋起，马腹与底座之间另塑一长方体立柱，以保证马体在底座上的稳固。马蹄为灰色。底座长21.8、宽12.8、高1.3厘米（图三九∶1，彩版二八∶2）。

标本 M2∶45，长37.5、高31.5厘米，位于墓室中部。黑马，红色辔头，双耳直立，嘴巴大张作嘶鸣状。颈佩黑色条带，下系黑色辔铃。马脊饰红色底彩，作黑色弧状轮廓线，中间有白色描绘的多排几何形图案。马鞍涂红色，障泥两侧斜线方格纹内绘有白色忍冬纹花卉图案。胸带和后鞦带均用红线勾描，

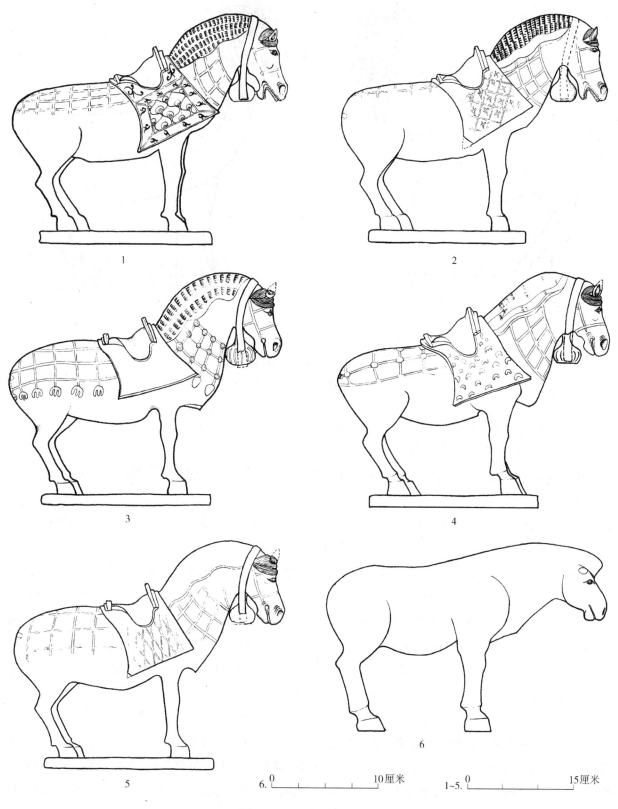

图三八　M2 出土陶马、驴

1. 马（M2∶40）　2. 马（M2∶45）　3. 马（M2∶43）

4. 马（M2∶66）　5. 马（M2∶41）　6. 驴（M2∶38）

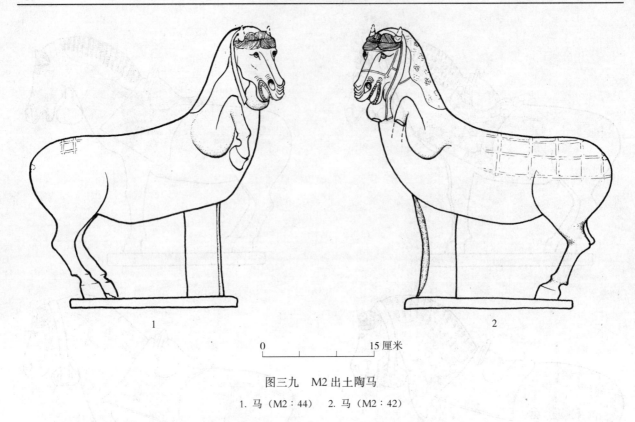

1　　　　　　　　　　　　　　　　　　　　　　　　2

图三九　M2 出土陶马

1. 马（M2：44）　2. 马（M2：42）

呈长方形网格状。马蹄为灰色。底座长 22.2、宽 14.5、高 1.8 厘米（图三八：2，彩版二七：1）。

　　Ⅱ式　闭嘴，3 匹。其中 1 匹红马，2 匹黑马。

　　标本 M2：41，长 37.6、高 31.3 厘米，位于墓室中部。黑马，黑色辔头，双耳残，闭嘴，嘴两侧有一圆孔贯穿，应有衔镳配置。颈佩红色条带，下系辔铃。马脊饰红色底彩，图案不清。红色马鞍，障泥上有红色斜线方格纹图案。胸带用黑线或红线勾描，后鞧带用黑线勾描，均呈长方形网格状。马蹄为黑色。底座长 23.7、宽 13.7、高 1.5 厘米（图三八：5，彩版二九：2）。

　　标本 M2：43，长 38、高 31.8 厘米，位于墓室中部。红马，黑色辔头，双耳残，闭嘴，嘴两侧有一圆孔贯穿，应有衔镳配置。马通身遍涂一层白衣，然后上红彩。颈佩红色条带，下系黑色辔铃，铃上有红色细条纹。马脊饰黑色彩底，细白色线作弧状轮廓，中间有白色描绘的多排几何形图案。马鞍上的前鞍桥较高，障泥上图案脱落严重。胸带用黑线描绘，纵横交错处有白色圆饼装饰，下悬白色桃形装饰。黑色后鞧带纵横交叉呈网格状，悬饰类似倒置"山"字形的漂亮图案。马蹄为灰色。底座长 23.7、宽 14.3、高 1.5 厘米（图三八：3，彩版二九：1）。

　　标本 M2：66，长 38.3、高 32.3 厘米，位于墓室中部。黑马，红色辔头，闭嘴，嘴两侧有一圆孔贯穿，应有衔镳配置。颈佩红色条带，下系黑色辔铃，铃上有红色细条纹。马脊饰黑色底彩，作较宽的白色弧状轮廓线，中间绘白色几何图案。红色马鞍，障泥上布满了月牙形红白两色图案。胸带和后鞧带均用红线勾描，呈长方形网格状，后鞧带纵横交错处有白色圆饼装饰。马蹄为灰色。底座长 23.9、宽 14.4、高 1.8 厘米（图三八：4，彩版三〇：1）。

　　牛 4 件。

　　泥质灰陶。左右双模合制，从头到尾的中缝即合模线已露间隙。耳、角、腿、蹄和底座皆系单独捏塑，然后拼装组合粘接成一体，对局部精雕细刻之后装窑烧制，先上一层白色陶衣，最后通体彩绘。待粘接好牛腿再将底板上多余的部分切除，底座呈内空外实的抹角长方形。

牛均曲颈伫立，笼套齐备，瞪目闭嘴，双角弯曲，鼻孔和嘴巴涂红。两犄角下钻有小孔，将单独制好的耳朵安插上去。肩部明显上隆，躯体深圆壮实，一副憨厚负重的样子。全身涂彩，满布黑色或红色的网状线，革带下全部悬垂金银制的饰件，形状有桃形或梨形。牛尻处有一插尾的小圆洞。四腿直立，蹄部分瓣。

标本 M2：46，长 31.3、高 23.3 厘米，位于墓室中部。头戴红色笼套，左耳残失，右耳完整，左犄角完整，右犄角上部略残。颈部涂红色底彩，图案已漫漶不清。红线勾划的网状纵横带布满全身，牛腹两侧下垂黑色桃形饰件。牛蹄为黑色。底座长 9.5、宽 11.4、高 1.5 厘米（图四〇：3，彩版三一：2）。

标本 M2：50，长 31.5、高 23.4 厘米，位于墓室中部。头戴黑色笼套，左耳残失，右耳完整，左犄角残断，右犄角完整。颈部涂红色底彩，轮廓线作弧形状，中间的图案已漫漶不清。红线勾划的网状纵横带布满全身，牛腹两侧下垂黑色梨形饰件。牛蹄为黑色。底座长 20.3、宽 11.3、高 0.9 厘米（图四〇：2，彩版三一：1）。

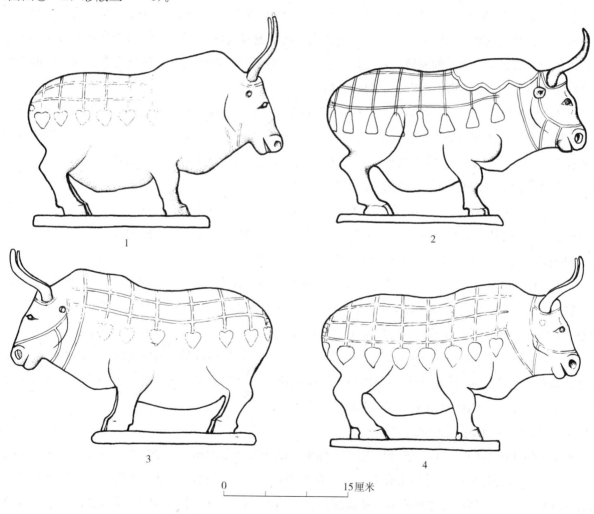

0 ————————— 15厘米

图四〇　M2 出土陶牛

1. 牛（M2：79）　　2. 牛（M2：50）　　3. 牛（M2：46）　　4. 牛（M2：67）

标本 M2∶67，长 31.2、高 23.1 厘米，位于墓室中部。头戴黑色笼套，双耳残失，两犄角弯曲自然、保存较好。黑线勾划的网状纵横带布满全身，牛腹两侧下垂白色桃形饰件。牛蹄为黑色。底座长 20.5、宽 11.6、高 1.2 厘米（图四〇∶4，彩版三二∶1）。

标本 M2∶79，长 31、高 24.9 厘米，位于墓室中部。头戴黑色笼套，两犄角弯曲自然，保存较好，双耳残失。颈部留有局部的红彩，牛身后半部残存黑线勾划的网状纵横带，牛腹两侧下垂白色桃形饰件。牛蹄为黑色。底座长 21.2、宽 12、高 1.4 厘米（图四〇∶1，彩版三二∶2）。

驴　1件（M2∶38）。长 26.3、高 17.2 厘米，位于墓室中部。泥质灰陶。头、身双模合制，制成胎体之后将四肢和其它部位组装成型，对局部精雕细刻，然后装窑焙烧。灰驴曲颈仁立，两目圆睁，鼻孔翕张，嘴巴紧闭，双耳残失，正脊的鬃毛下垂到驴额，通身素面无纹饰。四腿直立，无底座（图三八∶6，彩版三〇∶2）。

骆驼　2件。泥质灰陶。手制，拼装组合成型，对局部精雕细刻，然后装窑焙烧。骆驼是北方不可缺少的运输工具，既可驮物，又可骑乘，墓葬中共出土一立一卧两匹。雕刻细腻，比例适中，形象逼真，反映了北魏雕塑匠师深刻的观察能力和高超的工艺技巧。

标本 M2∶35、M2∶37（两个标本号为一件器物），通高 28.5、长 26.4 厘米，位于墓室中部。骆驼目睁耳竖、鼻孔翕张，嘴巴大张，作昂首引颈嘶鸣状。遍身先涂一层很薄的白彩作底，再在其上通体施以黑色，腹部略下垂，前驼峰向左扭摆，后驼峰向右扭摆，四腿直立，尾巴上翘。椭圆形的底座长 20.1、宽 12、高 0.7 厘米（图四一∶1，彩版三三∶1）。

标本 M2∶39，长 24.3、通高 14.9 厘米，位于墓室中部。驼首上昂，两目圆睁，张口欲鸣，双耳直立，驼身肥壮，腹部着地，前驼峰向右扭摆，后驼峰向左扭摆，一前一后、一右一左，刻划得十分细腻逼真，卧驼前腿跪伏，后腿弯曲，似欲起身站立，造型十分生动。椭圆形的底座长 22.2、宽 12.1、高 0.7 厘米（图四一∶2，彩版三三∶2）。

羊　1件（标本 M2∶81）。长 16.8、高 9.6 厘米，位于墓室西北角。泥质灰陶。手制而成。脸部只有轮廓，未刻划鼻、嘴。腹部下垂，体形肥壮，全身涂为黑色。前后腿皆捏塑成长方形立板，后有泥条捏塑粘附的尾巴（图四一∶4，图版八∶3）。

猪　1件（标本 M2∶85）。长 17.2、高 10.8 厘米，位于墓室西部。泥质灰陶。手制而成。眼小脸长，猪嘴外露两颗大獠牙并向上翘，双耳部分残失。腹部下垂，体形肥壮，全身涂为红色。前后腿皆捏塑成长方形立板，后腿较低。后有短泥条捏塑粘附的尾巴（图四一∶3，彩版三四∶1）。

狗　1件（标本 M2∶24）。长 17.4、通高 5.4 厘米，位于墓室南部。泥质灰陶。手制而成。歪头、瞪眼、张嘴，全身涂为红色，前腿向前弯曲、后腿蜷伏，尾巴向前甩至后腿旁。椭圆形的红色底座长 15.8、宽 5、高 0.7 厘米（图四一∶5，彩版三四∶2）。

4. 生活用具及车辆、帐房模型

碓　1件（标本 M2∶31）。长 20、宽 5.4 厘米，位于墓室东南角。泥质灰陶。碓底与长杆分件手制，然后装窑焙烧，成型后拼装组合在一起。碓底平面呈长方形状，一侧有圆形臼盘，臼盘外径 4、内径 3.4 厘米。另一侧有长方形凹槽，是脚踩长杆后端落下的地方。长杆搁置在附架的横档上，附架两侧最高处 14.2 厘米（图四三∶2，彩版三四∶3）。

井　1件（标本 M2∶34）。口径 11.9、底径 12.4、高 8.2 厘米，位于墓室南部偏东。泥质灰陶。

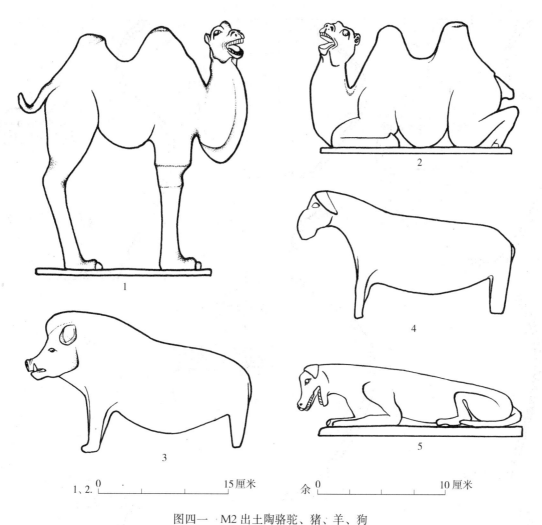

图四一　M2 出土陶骆驼、猪、羊、狗

1. 骆驼（M2：35）　　2. 骆驼（M2：39）　　3. 猪（M2：85）　　4. 羊（M2：81）　　5. 狗（M2：24）

宽平沿，方唇，口沿较厚。井身中空，呈圆柱体，井底略向外撇（图四二：7，彩版三四：5）。

灶　1件（标本 M2：28）。通长 18.7、宽 16.5 厘米，位于墓室南部。灶台平面呈长方形，有圆形火眼 1 个，上置釜、甑各一件。釜，泥质红陶。腹径 8、高 4.1 厘米。敛口，尖圆腹，圜底。甑，泥质红陶。口径 7.7、底径 3.3、腹径 6.5、高 3.9 厘米。敞口，斜腹，平底，内涂黑块表示甑孔。灶台一侧置"山"字形状的挡火板，高 13.2、宽 16.5 厘米，底部正中有拱形火门（图四二：9，彩版三四：4）。

磨　1件。泥质灰陶。由磨盘和磨台组成，位于墓室东南角。磨盘，标本 M2：32，直径 9.4 厘米。有一中心圆高出盘面 0.5、外径 7 厘米，有一横挡将此圆分成两半，上有两进料孔，谷物流进磨中，上下磨盘转动将谷物磨碎。磨盘边上有两长方形榫孔，长 1.2、宽 1 厘米，在此插入磨棍用以转动磨盘。磨台，标本 M2：33，高 9.4 厘米。台面呈盘形，敞口，圆唇，直径 14.6、盘深 2 厘米。台身呈圆柱体，直径 9 厘米。圆形磨底系单独制作，后粘接于磨台之下，它的边缘先经慢轮修整，直径与磨台底径相同，属于壁压底类型（图四二：8，彩版三四：6）。

陶罐　3件。

标本 M2：62，口径 12.7、底径 7.4、腹径 18.2、高 24.7 厘米，位于墓室中部。泥质灰陶。盘

图四二　M2 出土器物

1. 彩绘陶罐（M2：63）　2. 陶罐（M2：88）　3. 彩绘陶罐（M2：62）　4. 陶瓮（M2：89）　5. 彩绘陶壶（M2：74）
6. 陶樽（M2：19）　7. 井（M2：34）　8. 磨（M2：32~33）　9. 灶（M2：28）　10. 曲足案（M2：10）

口，圆唇，口沿外侧两层内凹，短粗颈，圆肩，鼓腹，平底。肩部以多线弦纹为框，滚印连续波状忍冬纹一周，颈部、肩部、腹部依次施折线暗纹、斜线网状暗纹和折线暗纹。器表通体装饰红色彩绘图案，以五道横向条带分区，颈部彩绘较大的横向忍冬纹局部，肩部彩绘竖向短粗条带，腹部彩绘莲瓣纹局部（图四二：3，彩版三五：3）。

标本 M2：63，口径 12.9、底径 6.7、腹径 18.1、高 23.5 厘米，位于墓室中部。泥质灰陶。盘口，圆唇，口沿外侧下层内凹，短粗颈，圆肩，鼓腹，平底。肩部以凹弦纹带为框，滚印连续波状忍冬纹一周。器形外表依次施折线暗纹、斜线网状暗纹、折线暗纹。器表通体装饰红色彩绘图案，以五道横向条带分区，颈部彩绘较粗的竖线，肩部彩绘双层的莲瓣纹，叶瓣肥硕隆起，瓣端呈尖状微微起翘，上腹部彩绘单个的忍冬纹，下腹部彩绘藤蔓相连的忍冬纹（图四二：1，彩版三五：1）。

标本 M2：88，口径 13.5、底径 11.8、腹径 26.3、高 22.5 厘米，位于墓室中部。泥质灰陶。微侈，折沿，尖圆唇，沿面内侧微凹，直矮领，圆肩，鼓腹，平底。领部、颈部、肩部和腹部分饰四组凹弦纹带，依次施竖线暗纹、斜线暗纹、斜线网状暗纹和长竖线暗纹。器表通体彩绘红色图案，由于水浸严重，纹饰不清（图四二：2，彩版三五：4）。

陶壶 1件（标本 M2：74）。口径 13.3、底径 7.6、腹径 20.3、高 28.2 厘米，位于墓室中部。泥质灰陶。喇叭形口，宽平沿外下折，尖圆唇，细长颈，圆肩，下腹斜收，平底。颈下部以弦纹带为底线，滚印两个三角相间倒置的连续三角纹一周，肩、腹部以弦纹带为框，滚印两个三角相间倒置的连续三角纹各两周，下腹部施折线暗纹。器表通体装饰红色彩绘图案，以六道横向条带分区，颈部彩绘倒立的细长三角形，肩部彩绘双层的莲瓣纹，叶瓣肥硕隆起，瓣端呈尖状微微起翘，腹部彩绘倒立的三角形，下腹部彩绘长藤蔓的忍冬纹图案（图四二：5，彩版三五：2）。

陶瓮 1件（标本 M2：89）。口径 10.2、底径 9.2、腹径 15、高 17.7 厘米，位于墓室中部。泥质灰陶。敛口，方唇，溜肩，卵形腹，平底。通体旋划五组凹弦纹带（图四二：4，彩版三五：5）。

陶樽 1件（标本 M2：19）。口径 7.6、底径 7、通高 4.5 厘米，位于墓室中部。泥质红陶。直口，圆唇，平底，下有三个小矮足。器表旋划凹弦纹四周。器内遍施红彩，器外遍施黑彩，残损严重（图四二：6，彩版三五：6）。

曲足案 1件（标本 M2：10）。通高 13.1 厘米，位于墓室中部。泥质灰陶。分件手制而成。曲足案的上面是一个带有缺口的红色长方形槽案，长 9.1、宽 8.7、案深 1.3 厘米。曲足案由面板、曲足和横拊三部分组成。面板呈长方形，长 8.5、宽 7.6、高 1.2 厘米，足为下施横拊的曲栅，各边五个，红、黑相间。横拊长 12.8、宽 9.2、高 0.7 厘米，两边侧阴刻数道短竖线，表示与曲栅相连（图四二：10，彩版三六：1）。

陶灯 1件（标本 M2：72）。通高 41 厘米，位于墓室中部。泥质灰陶。由盘、柱、底座、枝灯四部分组成。灯盘呈圆形，口径 16.2、盘深 4.8 厘米。微敛，方唇，平底。灯柱呈上细下粗状，高 23.5 厘米，插枝灯处的两排共阴刻四线凹弦纹。底座呈喇叭形状，从上到下共有三层，逐层增大，底部直径 20.5 厘米。枝灯共 8 个，小灯盘呈圆形，直径约 7、深约 2 厘米，小灯柄弯曲细长，分上下两排分别插入柱体，错落安置，颇显气派。M2 出土的这件陶制多枝灯是师院墓群中唯一的一件（图四三：1，彩版三六：2）。

车辆 4件。泥质灰陶。依车辆的不同部位分件模制，制成胎体之后组装成型，手捏或细刻局部，

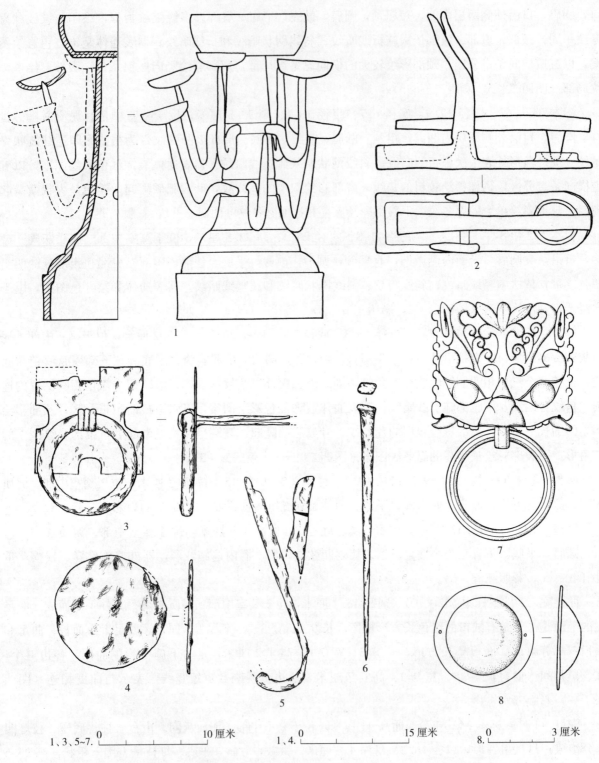

1、3、5~7. 0 _____ 10 厘米　　　1、4. 0 _____ 15 厘米　　　8. 0 ____ 3 厘米

图四三　M2 出土器物

1. 陶灯（M2：72）　2. 碓（M2：31）　3. 铁柿蒂棺环（M2：97）　4. 铁镜（M2：90）

5. 铁剪（M2：99）　6. 铁棺钉（M2：98）　7. 鎏金铺首（M2：95）　8. 泡钉（M2：96）

然后装窑焙烧，素陶车烧成后，再对车门和其它部位进行彩绘，车轱辘是单独的构件。四辆车分卷棚车和鳖甲车Ⅱ型。

Ⅰ型 卷棚车2辆。

标本 M2：51，长23.7、通高25.6厘米，位于墓室中部。车厢底板呈长方形，底板正前方两侧各有一直径1、深4.5厘米的圆孔，用以插辕杆驾牛。车厢呈长方体，高17.1、宽14.7厘米（不加凸出部分）。前舆长4.8、宽14.7厘米，是御者执杆驭牛之处。车顶长21.4、宽15.2～17.2厘米，前后高翘，中间低凹，后檐较之前檐更为伸长。车顶及车厢上部外表遍涂红色，顶上用黑线彩绘连续"回"字形图案，布满了整个车顶，厢体上部的两侧用黑线彩绘少许斜线方格纹。车厢两侧各开窗两个，窗下两侧凸出部位各有3孔，前、中孔是直径为1厘米的正圆孔，后孔是直径为1厘米的斜孔，前舆和前门框底部连接处也有两个斜孔，同为插杆竖幰之用，应为通幰牛车。厢体下部的两侧用墨线勾划四边框，中心图案是用较粗的黑线勾描黑龙各一条，形状大同小异。车厢前框两侧同顶部一样，装饰红底黑线连续回字纹图案，前框上方涂红色，白色竖线作间隔。前顶里壁涂白色，黑色竖线作间隔。车厢后框的上部涂红色，黑色竖线作间隔。后顶里壁涂白色，黑色竖线作间隔。车轮，泥质灰陶。遍施黑色。毂长5厘米，用以贯轴的毂孔靠车箱的一端直径4.8厘米，靠轴末的一端直径1.5厘米，轮有16幅，幅长3.6厘米，牙（车轮接地的轮圈）宽1.5～2厘米（图四四：1，彩版三六：3、彩版三七：1、2）。

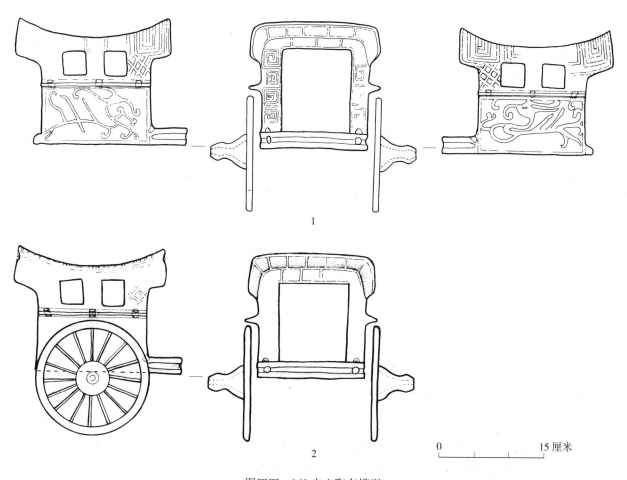

图四四 M2出土陶车模型
1. 卷棚车（M2：51） 2. 卷棚车（M2：65）

标本 M2∶65，长 23.4、通高 25.2 厘米，位于墓室中部。车厢呈长方体，高 17.7、宽 15 厘米（不加凸出部分）。车顶长 20.9、宽 15～17.7 厘米。车的形状与标本 M2∶51 基本一致，装饰的颜色和图案有所差异。车顶及厢体上部的两侧外表遍涂红色，顶上布满了白线彩绘的连续"回"字形图案，窗户周围残存一些白色斜线方格纹。车厢前框遍涂红色，两侧图案不清。前框上方涂红色，黑色竖线作间隔。前顶里壁涂白色，黑色竖线作间隔。车厢后框两侧同顶部一样，用白线彩绘连续"回"字形图案，后框上方和后顶里壁遍涂白色，黑色竖线作间隔（图四四∶2，彩版三六∶4）。

Ⅱ型　鳖甲车 2 辆。

标本 M2∶47，长 31.5、通高 29.1 厘米。位于墓室中部。车厢底板呈长方形，底板正前方两侧各有一直径为 1、深为 5 厘米的圆孔，用以插辕杆驾牛。底板中部有一宽约 4.7、高约 2 厘米的凹形槽，用以贯穿承轴。车厢呈长方体，高 21.8、宽 14.715.7 厘米（不加凸出部分）。前舆长 5.4、宽 14.7 厘米，是御者驭牛之处。车盖呈椭圆形，顶部隆起似鳖甲。四隅各有一根方形柱子，车厢两侧各开窗两个，有挑檐。窗下两侧凸出部位分别有 3 孔，前、中孔是直径为 1 厘米的正圆孔，后孔是直径为 1 厘米的斜孔，前舆和前门框底部连接处也有两个斜孔，同为插杆竖幰所用，应为通幰牛车。顶部和底板素面，其余的厢体外表均用黑色粗线条饰长方形图案，似错缝垒砌的砖墙。车厢后方开门两扇，里侧遍涂红色，用双重白线装饰四边框，白线之间描绘白色门钉。框内绘有门钉和铺首。门钉共八排，每排 5 个，画点非常随意，中心位置绘有白色兽面衔一圆环。外侧用双重黑线装饰四边框，框内又描绘两横两竖黑色线条。两门扇之间的底部有长方形门槛，大部分已残失。车厢后部突出的横木侧面阴刻双线，形成了一长方形框。车轮，泥质灰陶，遍施黑色。毂长 5 厘米，用以贯轴的毂孔靠车箱的一端直径 4.8、靠轴末的一端直径 1.5 厘米，轮有 16 辐，辐长 3.6 厘米，牙（车轮接地的轮圈）宽 1.5～2 厘米（图四五∶1，彩版三八∶1、2，彩版三九∶1）。

标本 M2∶58，长 30.2、通高 28.3 厘米。位于墓室中部。车厢呈长方体，高 21.4、宽 14.2～15.9 厘米。车辆的形状与标本 M2∶47 完全一致。顶部和底板素面，厢体上部的两侧皆饰粗黑线勾划的长方形连体图案，似错缝垒砌的砖墙，厢体下部的两侧皆饰粗黑线勾划的六边形连体图案。车厢后方开门两扇，里侧遍涂红色，用双重白线装饰四边框，白线之间描绘三角纹和点纹，框内绘有缠枝卷草纹图案，线条流畅，布局合理。门外侧用双重黑线装饰四边框，框内又描绘了横竖黑色线条。两门扇之间的底部有长方形门槛，残长 7.9、高 1.2 厘米（图四五∶2，彩版三九∶2，彩版四〇∶1～3）。

帐房　3 件。泥质灰陶，手制而成。制成胎体之后进行雕刻组装，然后装窑焙烧，素陶帐房烧成后，再对其表面进行彩绘。

方形帐房　2 件。

标本 M2∶73，面宽 23.4、进深 25.3、高 26.1 厘米，位于墓室中部。呈长方体，向上逐渐收分，顶部似用毡覆盖，中间有天窗两个。正壁的边缘全部用红色彩绘，中下部开门，门高 11.1、宽 5.6 厘米，门的底边和两侧边用红色彩绘，门楣向前突出且比门框宽，上面彩绘红色门簪 3 个。门楣上边有一水平红色彩绘线，上部有模糊不清的红色图案。门两侧各有一个长方形窗户，里面涂黑色，外面用红线涂框。帐房的两侧面各有一个长方形窗户，里面涂黑色，外面用红线涂框。后壁浮塑一条绳索，一端分叉固定，另一端穿过一圆环直通天窗，表示这条绳索的松紧可以随意调节，是控制天窗开启和闭合之用的（图四六，彩版四一∶1～3）。

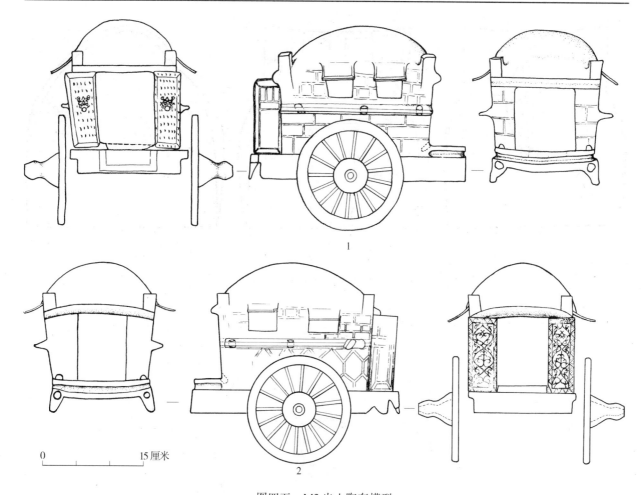

图四五 M2 出土陶车模型

1. 鳖甲车（M2∶47） 2. 鳖甲车（M2∶58）

标本 M2∶87，面宽 21.2、进深 23.1、高 26 厘米，位于墓室中部。形状与标本 M2∶73 完全一致。彩绘大多不存，只有门框左侧的红色彩绘线和黑色窗户依稀可辨（彩版四二∶1）。

圆形帐房 1 件（标本 M2∶86）。直径 24.6、高 18.2 厘米，位于墓室中部。由下部圆形的围壁和上部隆起的顶盖两部分组成，上下之间有凸棱一道。帐房底部呈圆形，直径 24.6 厘米，围壁高度 10.4 厘米。正中开门，宽 6.2、高 8 厘米，门楣向前突出且比门框宽，上有红色彩绘的两枚门簪，门框三边以及围壁的底边也用红色彩绘。用毡或其它织物覆盖在伞形支架上，形成了呈半球形的隆起顶盖，外表遍涂黑彩。顶部正中绘圆，外径 6.9 厘米。圆的外围有 13 条红线呈放射状下垂，围壁又绘 9 个花形挽结图案，示意多道绳索从上到下进行了全方位的绑缚固定（图四七，彩版四二∶2）。

5. 其它

鎏金铺首 10 件。铺首的大小和造型基本一致，全部位于北棺上的前后挡和两侧棺板。10 件合编一个号，即标本 M2∶95，通高 21.7 厘米。铸造，铅锡质，外表鎏金。图案为一镂空兽面，呈长方形，宽 13、高 11.5 厘米，高浮雕状。双目圆睁，两眉上卷，兽面头顶二犄角雕刻为花瓣状上扬内卷，额顶正中雕五瓣忍冬纹，两耳直立。高鼻，呈三角形状，牙齿露出，两下角有向外撇出的两颗獠牙，兽面两侧的边缘饰涡纹。兽面四角各有一小孔内贯铁钉，以固定在棺板上。鼻下有一钩与圆环相扣，衔

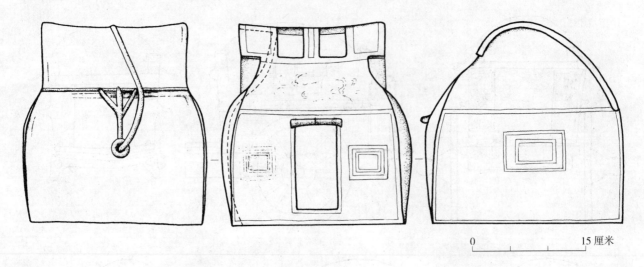

0　　　　　　　　15 厘米

图四六　M2 出土陶方形帐房（M2：73）后、前、侧

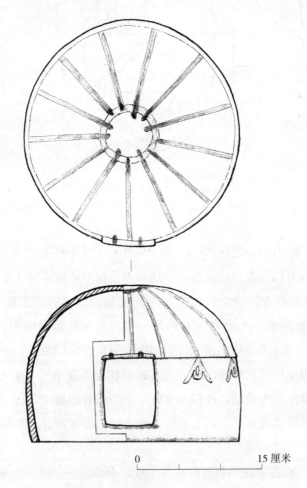

0　　　　　　15 厘米

图四七　M2 出土陶圆形帐房（M2：86）

环直径 10.3 厘米（图四三：7，彩版四三：1、2）。

泡钉　5 件。大小和造型基本一致，位于北棺的各侧棺板上。表面鎏金的泡钉 2 件，表面镀银的泡钉 3 件。5 件合编一个号，即标本 M2：96，直径 4.6 厘米。铅锡质，圆形，中间凸起半球形，直径 3.5 厘米，边沿窄平，宽 0.55 厘米，上有两个小孔贯钉，固定在棺木的外表，铜钉长 0.9 厘米（图四三：8，彩版四三：2）。

铁柿蒂棺环　4 件。大小和造型基本一致，位于南棺两侧棺板上。4 件合编一个号，即标本 M2：97，将一根铁条锻打成环状的鼻，套住铁棺环，通过柿蒂叶形铁片，钉入棺内，进入棺内的铁条再分成人字形状，铁环就牢牢固定在了葬具的外表。柿蒂叶形铁片略呈长方形，尺寸为 10×9.6 厘米，铁质棺环平面呈圆形，直径 9.5 厘米（图四三：3，图版八：1）。

棺钉　10 件。棺钉造型基本一致，长度 12～23.2 厘米，位于南、北棺木质葬具中。10 件合编一个号，即标本 M2：98，铁制，上方下尖，用于棺板之间的固定（图四三：6）。

铁镜　1 件（标本 M2：90）。直径 15.4 厘米，位于南棺内西南角。铁制，一面正中有钮，锈蚀严重（图四三：4，图版八：2）。

铁剪　1 件（标本 M2：99）。位于南棺内中部。铁制，残长 19.6 厘米，一侧只存剪刀上部（图四三：5）。

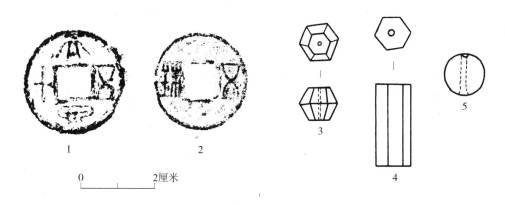

0   2厘米

图四八　M2 出土钱币拓片和饰件

1. 大泉五十（M2：92）　2. 五铢钱（M2：91）　3、4. 水晶饰件（M2：94）　5. 玛瑙珠（M2：93）

五铢钱　5 枚。位于南棺内西南部同一位置，5 枚合编一个号，即标本 M2：91，青铜制。其中 2 枚钱径 2.6、穿宽 1 厘米，单件重量 2.6 克；3 枚剪轮五铢，钱径 2.3、穿宽 0.6 厘米，单件重量 1.8 克。钱文不清，锈蚀严重（图四八：2）。

大泉五十　1 枚（标本 M2：92）。钱径 2.7、穿宽 1 厘米，位于北棺内中部。钱文篆书"大泉五十"，重量为 4.5 克（图四八：1，彩版四三：4）。

玛瑙珠　2 件（标本 M2：93）。直径分别为 1.1 和 1.3 厘米，位于南棺内头骨旁。圆珠状，中有一圆形穿孔，单件重量分别为 2.3 和 3 克（图四八：5，彩版四三：3）。

水晶饰件　2 件（标本 M2：94）。位于南棺内头骨旁。系白色水晶制。一件呈长六棱体形，中有圆形穿孔，长 2.1、径 1 厘米，重 3.2 克。另一件呈圆六棱体形，中有穿孔，径 1 厘米，重 1.6 克（图四八：3、4，彩版四三：3）。

漆盘　1 件（标本 M2：101）。位于墓室中部。平面呈圆形，直径为 16 厘米，盘内置兽骨。未采集。

　　灰枕　3 件（标本 M2：102）。位于北侧大棺西部。平面呈束腰长方形，长约 40、宽约 20 厘米；标本 M2：103，位于南侧小棺南部。形状为长方形，长 0.34、宽 0.16 厘米；标本 M2：104，位于北侧小棺南部。形状为长方形，长 0.36、宽 0.15 厘米。

第五章　砖室墓 M5

（一）墓葬形制

M5（宋绍祖夫妇墓）为长方形斜坡底墓道砖砌单室墓，坐北朝南，方向198度，墓葬全长37.57、墓底距地表深7.35米。主要由斜坡墓道、两个过洞、两个天井、拱形甬道和四角攒尖顶墓室五部分组成（图四九～五一，彩版四四、四五：1、2）。

斜坡墓道

斜坡墓道、两个过洞和两个天井三部分的长度合为30.11、斜坡底长31米，坡度14度。斜坡墓道位于墓室南部，开口距地表深0.30米。墓道平面呈长方形，墓道上口略窄于墓道底，北端上口宽1.02、底宽1.14米。内填黄褐色五花土，质地疏松，未经夯打，含有大量料礓石结核和细小砂粒。斜坡底长17.02米，坡度14度。墓道两壁平直，局部可清晰地看到修整墓壁时留下的工具痕迹，宽8厘米。

过洞和天井

距墓道最南端向北水平距离16.51米处，开始设置过洞和天井，由南向北排列的顺序是过洞1、天井1、过洞2、天井2，下面依次叙述。

过洞1　南北水平进深1.95米，与墓道同宽。顶为拱形土洞，约在1.3米高处起券，由南向北倾斜，与呈斜坡状的墓道底部平行。券顶塌毁严重，现存高度1.82～2.3米。内填五花土，质地疏松，未经夯打（彩版四六：1）。

天井1　开口距地表0.3米，表土层下即为天井。平面呈长方形，长4.14，宽1.03～1.14、深4.72～5.64米。上口略窄于底部，四壁平直，修造规整。天井南边东、西两壁对应有脚窝，呈半圆形，宽26～30、高16～18、深5～10、间距16～18厘米。最上的脚窝距地表50～57、最下的脚窝距天井底部高75～85厘米。两边的脚窝均留有踩踏痕迹。

过洞2　南北水平进深2.7米，与墓道同宽。顶为拱形土洞，约在1.4米高处起券，由南向北倾斜，与呈斜坡状的墓道底部平行。券顶塌毁严重，现存高度1.74米。内填五花土，质地疏松，未经夯打。填土中距墓底和西壁分别为60和40厘米处出土墓铭砖一块，砖平置，墓铭朝上，质地为青灰色长方形条砖，长30、宽15、厚5厘米。素面，无任何纹饰，其上阴刻"大代太和元年岁次丁/巳幽州刺史敦煌公敦/煌郡宋绍祖之枢"三行二十五字。字体介于隶楷之间，以隶书为主。字涂朱。

天井2　开口距地表0.3米，表土层下即为天井，平面呈长方形，长4.81、宽1.03～1.14、深6.25～7.25米。上口略窄于底部，四壁平直，局部可清晰地看到修整时留下的工具痕迹，宽8厘米。天井南边东、西两壁对应有脚窝，呈半圆形，宽30～32、高16～18、深9～13、间距约20厘米，最上脚窝距地表50～80、最下脚窝距天井底部高1.1～1.25米。两边的脚窝均留有踩踏痕迹。

墓门

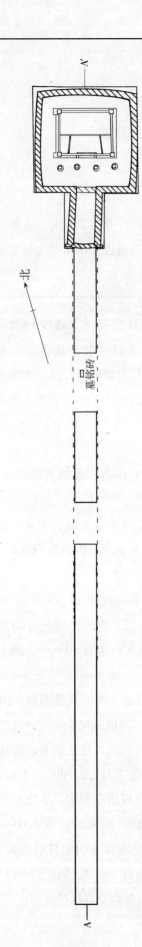

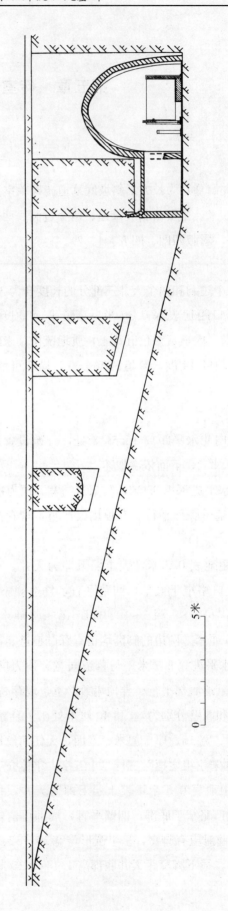

图四九　M5 平、剖面图

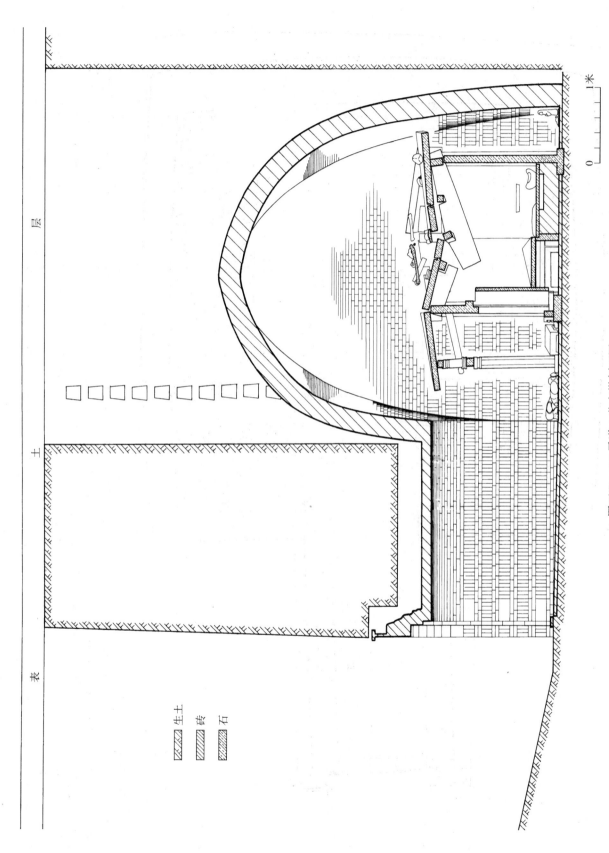

图五〇　M5甬道、墓室纵剖面图

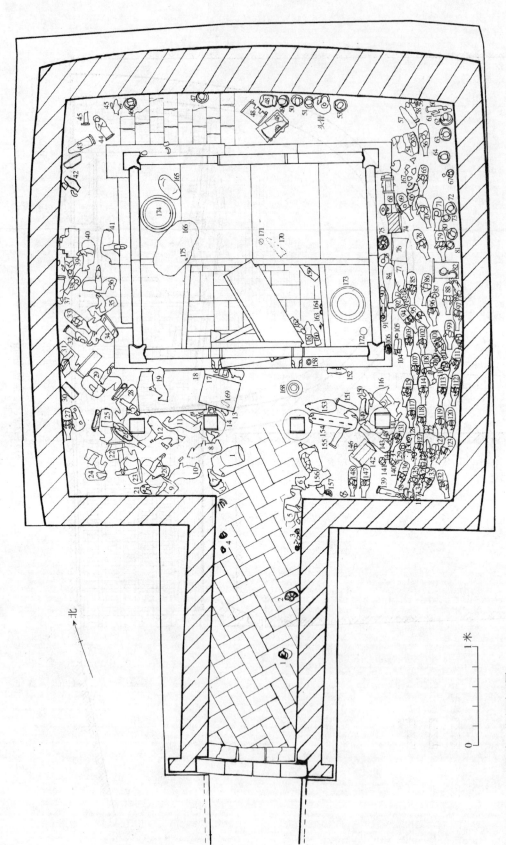

图五一 M5甬道、墓室平面图

1、156. 镇墓武士俑 2~4、75、106、157. 车轮 5、9、20、22~25、27~29、31、33~36、38、40、41、56、65、66、70、71、78、79、88. 甲骑具装俑 6、8、10~12、
19、26、84、116、121、143、149. 马 7、55、77、153、167. 牛 13、169. 狗 14、16. 马鞍 15、90. 羊 17. 供桌 18. 石板 21. 底座 30、32、37、39、42~44、46、47、
49~51、53、59、62~64、72、80. 仪仗俑 45、60、61、73、81、87、109、110、122、128、130、134、137~141、146. 披铠步兵俑 48、68、74、76、126、142. 陶车
54、85、86、94~97、99、100、102、103、107、108、111~115、117~120、123、124、127、131~133、135、136、147、148. 鸡冠俑 57、159~162、170. 女俑 58、67、125.
129、144、151、152、155. 男侍俑 69、145. 驴 82. 灶 83. 井 89、98、104、105. 琥珀饰件 172. 铁镜 173、174. 银质手镯 150. 铁器 154. 骆驼 镇墓兽
158、163、164. 小碟 165、166. 石灰枕 168. 陶罐 171、175、177. 漆盘 176. 磨 101、178. 墓铭砖 179. 镇墓兽

北

0   1 米

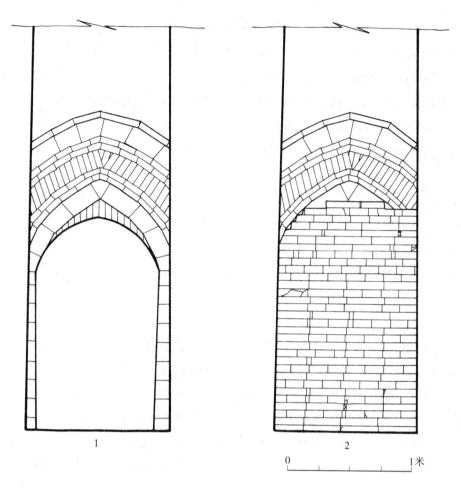

图五二 M5 墓门罩和封门墙立面图

1. M5 墓门罩立面图 2. M5 封门墙立面图

砌于甬道南口，甬道拱顶上作内外三层叠涩尖拱形墓门罩，高度 0.7、距墓底的总高度 2.51 米。起券砖均用黄泥粘接。

内层紧贴甬道南口外两侧立面，用黄泥粘接立砖一层，接近券顶中央，两砖对称斜挑形成尖拱，叠压于甬道券顶上。内层高 0.16、宽 1.26 米，墓底距内层尖拱顶部 1.98 米。砖的表面抹白灰，饰红色忍冬纹图案，但已漫漶不清。外层向前凸出 0.16 米。券顶上部叠压于甬道券顶及内层上，券顶下部与护墙相接。券砖依次为二层丁砖平砌、一层丁砖竖砌、二层丁砖平砌和一层顺砖单表，高 0.49 米。护墙的筑法是，采用二层丁砖横砌和一层丁砖竖砌相间上升，共五组，镶砌于墓道北端东西两侧的生土槽内，与甬道的立壁同高，墓底距外层尖拱顶部 2.47 米。第三层又向前凸出 0.05 米，平砌丁砖一层，高 0.05 米。墓底距第三层尖拱顶部 2.52 米（图五二：1）。

封门墙

墓门处设一道封门墙，略呈弧形。高 1.82、宽 0.96~1.21、厚 0.3 米，以一层顺砖和一层丁砖交替上升的方式错缝平铺。内层上部因在起券洞内，故到起券处随券洞弧度填砖，将券洞封实（图五二：2，彩版四六：2）。

甬道

位于墓门与墓室之间，与墓室相通。平面呈长方形，长2.85、宽0.96～0.90米（南宽北窄），高1.68～1.74米（南低北高）。左右墙体最底部的一组采用三层丁砖错缝横砌和一层丁砖竖砌的筑法，另外四组采用二层丁砖错缝横砌和一层丁砖竖砌相间的筑法，一、三、五组在甬道南端单表顺砖各一块、二、四组在甬道北端单表顺砖各一块。垒砌1.26米处，顺砖错缝横砌开始起券至顶部，单层拱形券顶，厚0.15米，甬道底部南高北低稍有倾斜。起券砖用黄泥粘接，券顶砖外的缝隙用砖片或砂岩碎片填塞。甬道底部平铺人字形地砖一层（彩版四六：3）。

墓圹

砖构墓室砌筑于土质墓圹内。墓圹的开口距地表0.3米，耕土层下即见墓圹内的填土。土圹平面略呈方形，南北长4.92、东西宽4.93米。四壁平直，修整时留下的工具痕迹宽0.11～0.15、底部距地表深7.35米。内填黄褐色五花土，土质疏松，未经夯打。墓圹西南角的西、南两侧留有两行脚窝，脚窝略呈梯形，宽20、高20～25、深10～15、上下间距约10厘米。两行脚窝距墓圹的西南角分别为0.3和0.4米。脚窝制作规整，留有踩踏的痕迹。

墓室

砌筑于方形土圹内。砖墓室内平面近弧边正方形，南北长4.01～4.05、东西宽4.04米，南北最长处4.13、东西最宽处4.24米。四壁墙体最底部的一组采用三层丁砖错缝横砌、一层丁砖竖砌的筑法，另外六组采用二层丁砖错缝横砌、一层丁砖竖砌相间的筑法，砌至1.82米处，丁砖横砌错缝平砌起券，逐渐加大叠涩内收，聚成四角攒尖顶，空隙处用修整过的小砖块塞紧。墓室的空间高度4.36、壁厚0.3、墓顶距地表深2.66米。墓顶东部有一不规则盗洞，南北长55、东西宽50厘米，墓室内积满了淤土。墓底铺地砖一层，墓室南部和东南部以人字形错缝平铺，椁室内空地位置采用双砖对缝纵横相间铺设，椁室外用剩余残砖随意铺设，很不整齐。此墓用砖均为青灰色长方形条砖，规格大体有29×14.5×4.5和30×15×5厘米两种。细绳纹单面砖数量颇多，硬度稍差，加工粗糙。在墓室中砖一般为干砌，只是在起券处用黄泥粘接。

骨架

墓室中央为细砂岩石质仿木结构带前廊的殿堂式石椁。椁室内石棺床上无木质葬具，也没有发现人骨。石棺床上西侧并排放置两个白色灰枕，北边的保存较好，形状为椭圆形，两端尖，微上翘，长30、宽16厘米；南边的保存较差，形状已呈不规则形，长62、宽38厘米。因该墓被严重盗扰，一颗头骨和大部分人骨被弃置于椁室顶部，另一颗头骨被弃置于墓室北侧，少量人骨弃置于甬道西侧，经鉴定为一男一女两个成年人的个体。各种迹象表明，被弃于椁室顶部的两具人骨即墓主人宋绍祖夫妇（图五三）。M5男性的骨骼保存相对较好。经鉴定，年龄为50～55岁或更大，颅后体骨粗大而长，身高约188.3厘米，其股骨在前后方向上的显著弯曲，暗示死者生前曾有过长期的骑马生活史。M5女性的骨骼保存相对较差。经鉴定，年龄为45～50岁或更大，身高约在151～154厘米之间（详见附录二《大同雁北师院北魏墓群人骨鉴定》）。

随葬品

该墓虽被盗扰，仍出土了大量陶质俑类随葬物，集中放置于石椁与墓室形成的迴廊中。从石椁墙体向四周测量，东边距墓室东壁86、南边距墓室南壁142、西边距墓室西壁78、北边距墓室北壁64厘

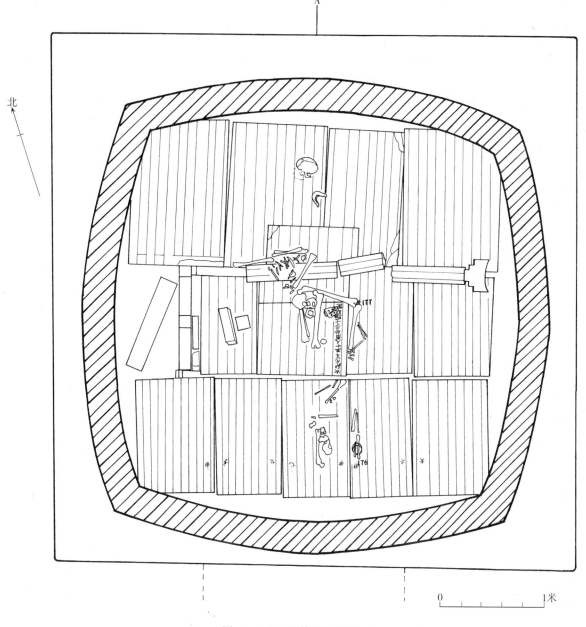

图五三　M5 石椁顶板平面图

米。镇墓武士俑守卫在墓门入口处的两侧；墓室东侧中、南部主要是头戴鸡冠形帽的骑马武士俑，北部主要是人马皆着铠甲的甲骑具装俑，队伍的边缘置庖厨模型碓、井、灶、磨和家畜模型猪、羊，精神抖擞的步兵和深目高鼻的胡人也间置其中，排列整齐且保存较好；西侧主要是人马皆着铠甲的甲骑具装俑，西南侧还有一些膘肥体壮的鞍马，放置稀疏但破损严重，北侧有墓主人乘坐的华美牛车，造型敦厚的仪仗俑背靠壁、面朝里，一直从东侧的北部经北侧排列到西侧；在石椁与墓室形成的迴廊中，轻骑兵与先导车前行，重骑兵与鞍马殿后，组成了一支声势浩大的出行队伍。石椁内出土了女侍俑 5 件、漆盘 2 件、铁镜等小件器物；石椁顶部出土了银镯 1 副和琥珀饰件 1 件（彩版四九、五〇）。

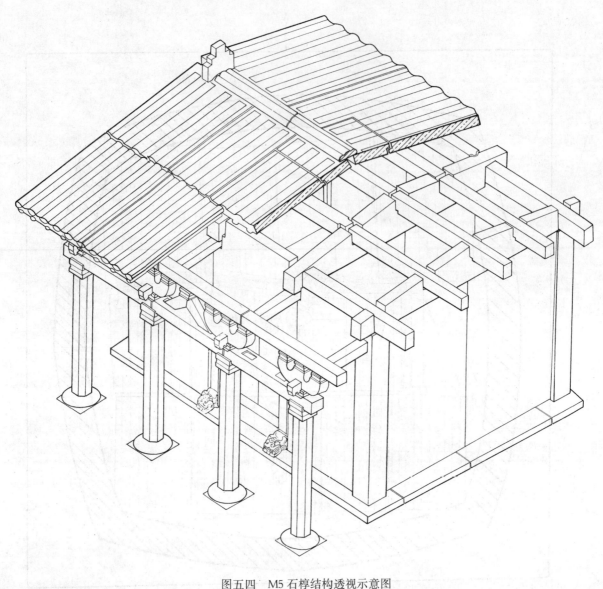

图五四　M5 石椁结构透视示意图

（二）葬具

1. 结构形制

M5 的葬具为一石椁，造型仿中国传统木构建筑，单檐悬山顶，前廊后室，面阔三间。平面略呈方形，位于墓室中央。其通面阔 2.52（廊柱中至廊柱中）、通进深 2.65 米（廊柱中至角柱中），铺地砖距鸱尾顶部高 2.28 米。砂岩石质，共用 109 块大小不等的构件拼装组合而成。下面分前廊、椁室、椁顶三部分叙述，各构件的尺寸、数量、形状详见本报告附表[1]（图五四～六一、彩版四七、四八、五一、五二）。

─────────────

〔1〕 本报告附表四《石椁构件尺寸登记表》详记了前廊和椁室各构件的尺寸；附表五《斗构件尺寸登记表》详记了柱头大斗、栌斗、一斗三升栱的齐心斗、一斗三升栱的散斗以及人字栱散斗的尺寸；附表六《石椁顶盖板尺寸登记表》详记了石椁顶部 16 块盖板（14 块大板、2 块小板）的尺寸；附表七《铺首、泡钉、莲花数量和形状统计表》详记了石椁外壁铺首、泡钉和莲花的数量以及形状；附表八《石椁铺首纹样和尺寸一览表》详记了石椁外壁 26 个铺首的纹样和尺寸。

图五五　M5 石椁结构示意图

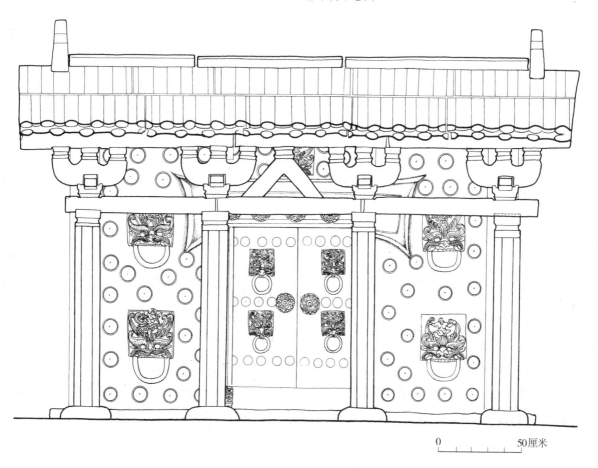

图五六　M5 石椁南壁正立面图

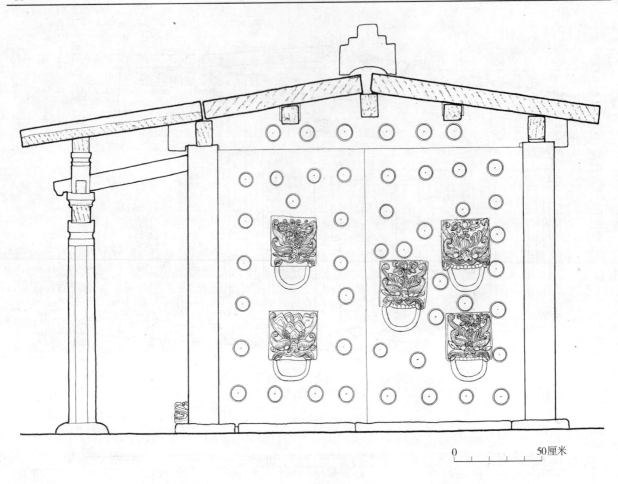

0　　　　　50厘米

图五七　M5 石椁东壁正立面图

（1）前廊

前廊面阔 252、进深 71 厘米。明间稍大，面阔 91 厘米，东、西次间面阔分别为 86 和 75 厘米，从铺地砖至檐枋上皮高 165 厘米〔1〕。覆盆式柱础上立八边形的廊柱，柱头大斗承横向额枋一道，额枋上设置一斗三升和人字栱，剳牵斜向穿过栱身的榫口，栱上又设置横向檐枋一道，上承顶板所雕刻的椽子和瓦垅。前廊共由 30 个石质构件拼装组合而成。

柱础　4 件。上圆下方覆盆式。方形基座的上皮与墓室铺地砖平齐，圆形覆盆全部露出地面，上面浮雕同向排列、首尾相衔的蟠龙，蟠龙之上为花瓣饱满的高浮雕覆莲，花瓣尖向下铺展，细部阴刻。顶部正中雕凿圆形榫口与廊柱下面的管脚榫相卯合。四件柱础雕刻内容的表现形式和繁简程度都有一定差异，东 3 雕刻繁缛细腻，东 1 次之，东 2 和东 4 雕刻简单粗糙。

东 1　方形基座边长 29～31、高 6.3 厘米。覆盆上部雕刻覆莲，外层分别用单层连接线和双层连接线装饰出莲叶和瓣尖，瓣尖向下铺展，莲瓣数目为 20 个。覆盆下部雕刻蟠龙，线条流畅。顶部正中所凿圆形榫口直径 9.5、深 5 厘米。柱础总高 13 厘米（图六二：1，彩版五三：1）。

东 2　方形基座边长 31～32、高 7 厘米。覆盆上部雕刻覆莲，外层用单层连接线装饰出莲叶和瓣

---

〔1〕　墓葬因年代太久的土压和水淤，所以石椁构件有许多移位、断裂现象，发掘时，东西次间的尺寸差别较大。

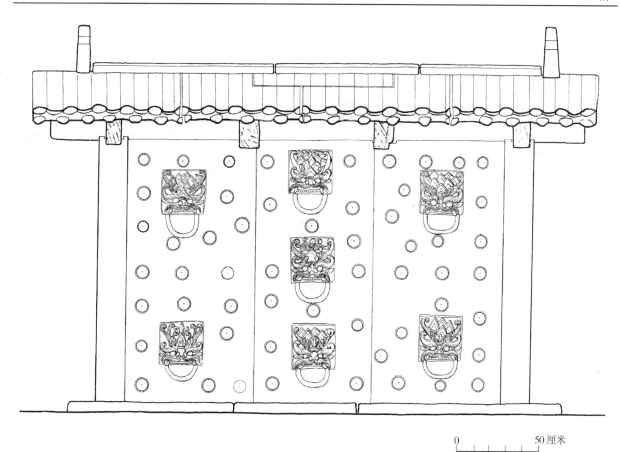

图五八　M5 石椁北壁正立面图

尖，瓣尖向下铺展，莲瓣数目为 20 个。覆盆下部雕刻蟠龙，构图简洁。顶部正中所凿圆形榫口直径 10、深 6.2 厘米。柱础总高为 12.5 厘米（图六二：2，彩版五三：2）。

东 3　方形基座边长 32～32.5、高 7 厘米。覆盆上部雕刻覆莲，外层用双层连接线装饰出莲叶和瓣尖，瓣尖向下铺展，莲瓣数目为 18 个。覆盆下部雕有三条蟠龙，同向排列、首尾相衔，较之其它三件柱础，鳞甲雕刻细腻，线条流畅。顶部正中所凿圆形榫口直径 10、深 5 厘米，柱础总高为 12.7 厘米（图六二：3，彩版五三：3）。

东 4　方形基座边长 29～30.5、高 5.8 厘米，覆盆上部雕刻覆莲，外层用单层连接线装饰出莲叶和瓣尖，瓣尖向下铺展，莲瓣数目为 24 个。覆盆下部雕刻蟠龙，构图简洁。顶部正中所凿圆形榫口直径 9、深 5.8 厘米，柱础总高为 11.5 厘米（图六二：4，彩版五三：4）。

廊柱　4 根。廊柱平面呈八角形，顶部雕凿成柱头大斗，上承横向额枋一道。廊柱以东 1 为例，柱身为八面体，柱身高 99、边长 6～6.9、柱径 15.5～16 厘米。斗上宽 15.5、下宽 15.5、上深 15.5、下深 15.5 厘米。斗高 9.8 厘米，其中耳、平、欹高度分别为 1、5.8、3 厘米。斗下刻皿板，高 3.8 厘米。柱身、斗、皿板三项高度之和为 112.6 厘米。柱身底部留出圆形管脚榫与柱础正中的圆形榫口相卯合，榫径 6.5、榫高 3.4 厘米。廊柱总高度为 116 厘米（图六三：2）。

额枋　3 根。柱头大斗上承横向额枋一道，长 283.5 厘米。从东到西三根的长度分别为 105、87.5、90 厘米，高 10～11、宽 13～13.8 厘米，额枋出头。每根之间用凸凹榫卯连接，交接处位于中

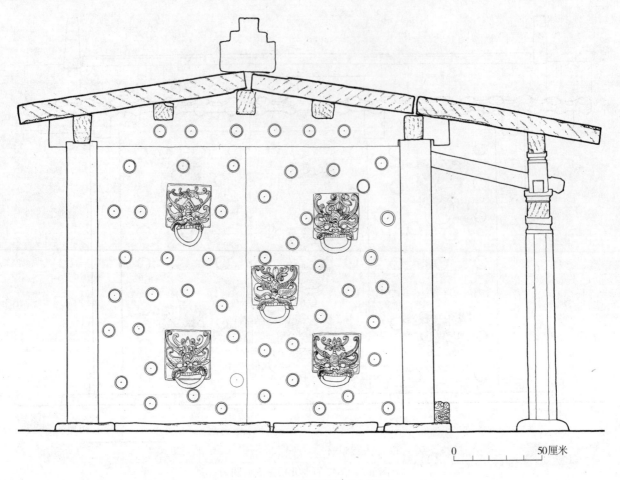

图五九　M5 石椁西壁正立面图

间两个柱头大斗上，稍有空隙，用白灰涂缝。额枋顶面与栌斗相结合的部位，先剔地后凿刻四处长条状的凸榫，和栌斗底面的长条状凹槽相互扣合，增加了栌斗的稳固性。额枋顶面又雕凿了三对长方形斜坡底的凹榫，明间和东、西次间各有一对，用以设置人字栱的下脚。在额枋的底部，与柱头大斗相接之处微凹。额枋正面绘有忍冬纹样（图六四，彩版五四、五五：1、2）。

　　一斗三升斗栱　斗和栱各 4 件。额枋之上柱头铺作置一斗三升斗栱，垂直承托檐枋。栌斗正面呈梯形，作抹边。以东 1 为例，上宽 16、下宽 14、上深 16.2、下深 14.7 厘米。斗面十字开口，形成四斗耳。斗高 7 厘米，其中耳、平、欹高度分别为 2、2.5、2.5 厘米，斗欹为内颤式。斗下置皿板，高 1.3 厘米，栌斗底部凿有略宽于额枋的长方形凹槽，卯合在额枋上，防止栌斗的移动。栱正面呈弓形，上部三个方形小斗与栱身同雕在一块石料上，中为齐心斗，两侧为散斗。以东 4 为例，栱身宽 45、高 22、厚 10.5～11 厘米。栱身正中下部开宽 8.9、高 7 厘米的长方形榫口，刻牵的头部穿过此孔置于栌斗之上。栱弯轮廓砍凿圆和不分瓣，卷杀刻有长方形凸起，宽 6 厘米。栱正面绘有忍冬纹样和张口吐舌的兽面。齐心斗正面呈梯形，作抹边。上宽 11、下宽 10.5、上深 11.4、下深 11 厘米。斗高 5.5 厘米，无耳，其中平、欹高度分别为 3.4、2.1 厘米，斗欹为内颤式。斗下置皿板，高 1.5 厘米。东散斗正面呈梯形，作抹边。上宽 10.5、下宽 10.3、上深 11、下深 10.4 厘米，斗高 6.5 厘米，无耳，平、欹的高度分别为 4.5 和 2 厘米，斗欹为内颤式。斗下置皿板，高度为 1.5 厘米。西散斗正面呈梯形，

图六〇　M5 石椁纵剖面图

图六一　M5 石椁横剖面图

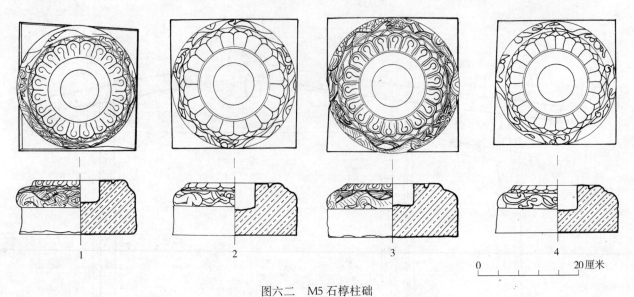

图六二　M5 石樘柱础

1. 柱础东 1　2. 柱础东 2　3. 柱础东 3　4. 柱础东 4

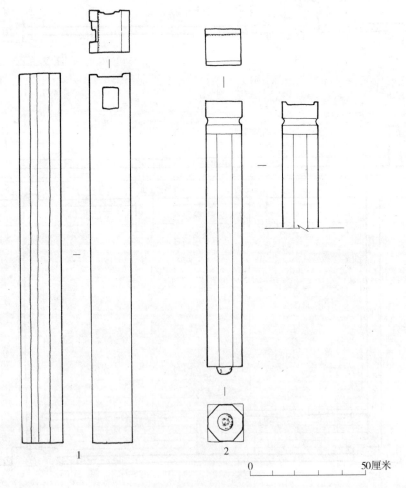

图六三　M5 石樘构件

1. 东南角柱　2. 廊柱东 1

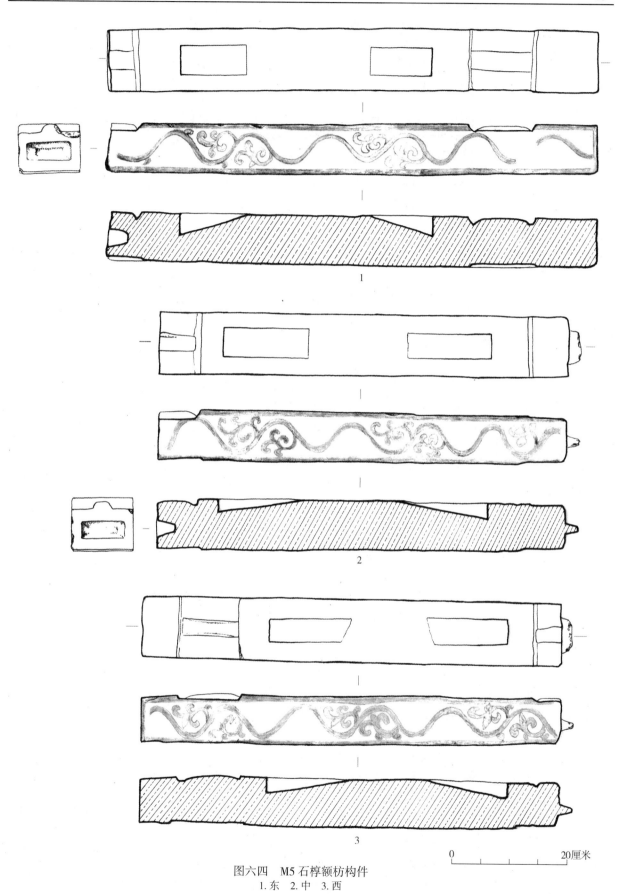

图六四　M5 石椁额枋构件
1.东　2.中　3.西

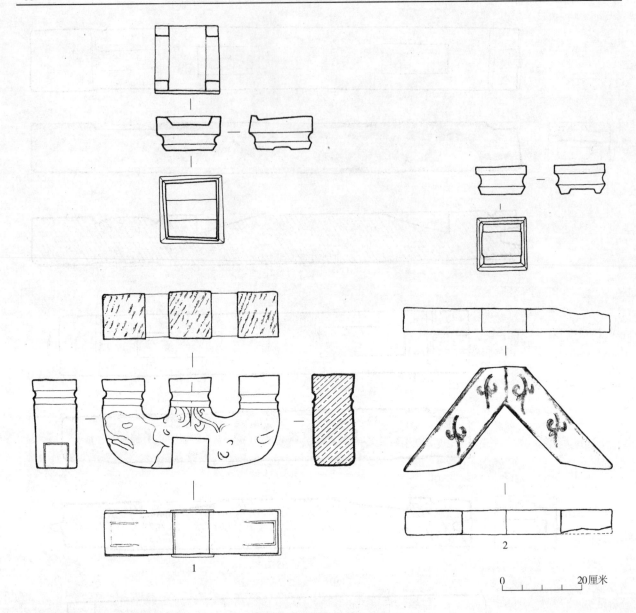

图六五　M5 石椁斗栱构件
1. 一斗三升斗栱　2. 人字形斗栱

作抹边。上宽 10.7、下宽 10.6、上深 11.4、下深 11 厘米。斗高 4.7 厘米，无耳，平、欹的高度分别为 3 和 1.7 厘米，斗欹为内颤式。斗下置皿板，高度为 1.6 厘米（图六五：1，彩版五五：3、4，彩版五六：1）。

　　人字形斗栱　4 件。明间的补间铺作为人字形栱，栱上置散斗，上承檐枋。人字栱系一块石头雕凿，上宽 11、脚宽 52、高 25 厘米，两根枋材呈直线，斜向对置而成，每根宽 9～12、厚 4.2～6 厘米。下脚置于两个长 17、宽 5.5、深 2.5 厘米的长方形榫口，人字栱正面绘有忍冬纹样。虽然东、西次间的额枋顶上也刻有与明间同样的人字栱落脚榫口，在墓室内也找到了两件人字形栱上的散斗，但未见配套的人字栱，估计当时工期紧迫没有全部完成，或者是在运输期间有所丢失。东次间东榫口长 14、宽 6、深 2.5 厘米，西榫口长 14.5、宽 6.5、深 2.5 厘米；西次间东榫口长 17、宽 5.5、深 2.5 厘米，西榫口长 17、宽 5、深 2.5 厘米。

明间人字形栱上的散斗正面呈梯形,作抹边。上宽 13、下宽 12.3、上深 13、下深 12 厘米。斗高 5 厘米,无耳,平、欹高度分别为 2、3 厘米,斗欹为内颤式。斗下置皿板,高 2 厘米,散斗顶部平面呈方形,底部作凹形长槽用以设置人字栱的上部(图六五:2,彩版五六:3)。

剳牵　4 根。平面呈长方形,从东到西每根的长度分别为 83.5、93.7、94.5、87.5 厘米,宽 7～8、高 7.7～9 厘米。东西两根剳牵的尾部插在角柱上端的方孔内,中间两根剳牵的尾部架在小壁板所开凿的凹槽上,剳牵前端穿过栱身中的方形榫口,位于栌斗上,露出蚂蚱状头部,起到了增加前廊稳固性的作用(图六六:4,彩版五五:5,彩版五六:2)。

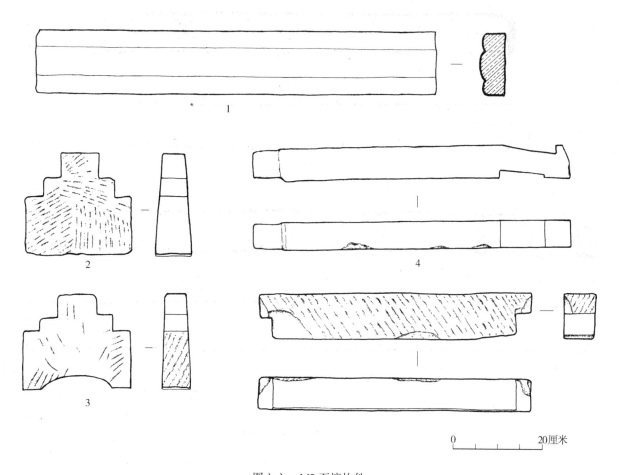

图六六　M5 石椁构件

1. 正脊　2、3. 鸱尾　4. 剳牵　5. 石门槛

檐枋　一斗三升斗栱和人字形斗栱之上置檐枋一道,长 330 厘米。三根石枋从东向西分别为 110、91.7、126.5 厘米,枋材高 7.7～9.5、宽 9～11 厘米。每根之间用凸凹榫卯相接,因用材尺寸不同,接点很随便地相交于斗栱之上,稍有空隙,用白灰涂缝。在檐枋下皮有数处微凹,用以设置栱上部的齐心斗和散斗。檐枋正面绘有忍冬纹样(图六七,彩版五五:6)。

(2)椁室

椁室以地栿为基础,竖立设置了 9 块大石板、1 块小石板和 4 根角柱,组合成了东西长 2.39、南

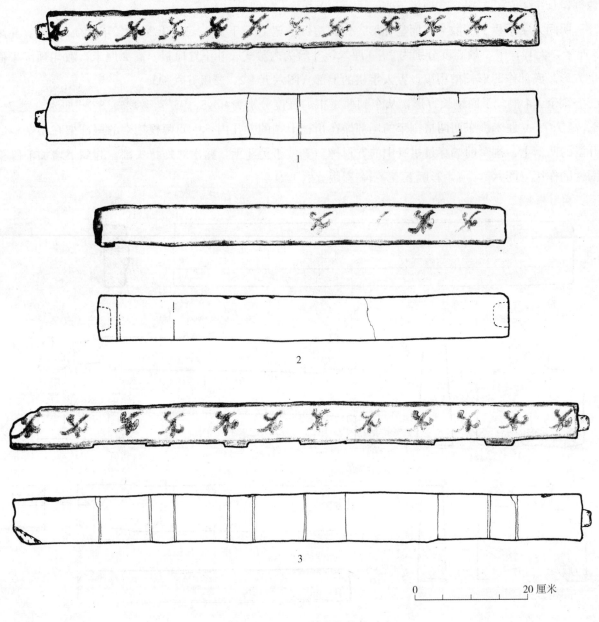

图六七　M5 石椁檐枋构件

1. 东　2. 中　3. 西

北宽 1.88、约 4.5 平方米的石椁空间。石椁内以垒砌的条砖为基础，东南部、中部、西南部设置了 4 块有雕刻图案的立板，又在上面铺设了 6 块素面的平板，组合成了平面呈倒置"凹"形的石棺床。椁室共用 39 块砂岩石构件拼装而成。

地栿　10 块。石板平面均呈长方形，组合在椁室底部四周，形成了一个长方形的石条基础，南边长 293、北边长 304、东边和西边均长 230 厘米。石板中间开凿了宽度与椁壁板厚度相同的长方形凹槽，四角开凿了与角柱平面相同的方形榫口，使雕凿齐整的椁壁板和角柱平稳地立于其上。10 块石板长 60～125、宽 32～38、高 12～15 厘米，加工粗糙，表面皆布满了凿痕（图六八）。

南栿东和南栿西石板的里侧皆有一个边长约 10 厘米的方形凹槽，是为了设置东、西棺床立板的南

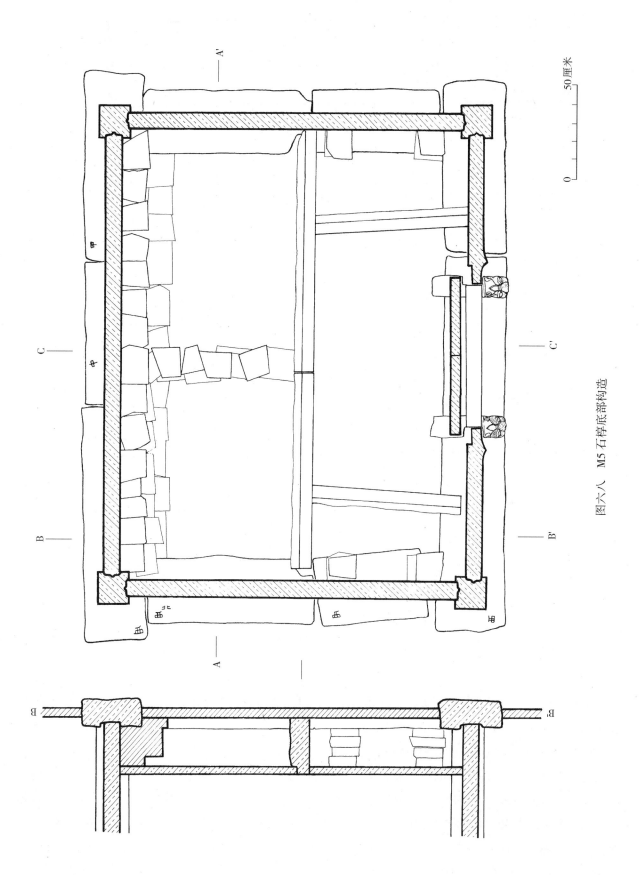

图六八　M5 石椁底部构造

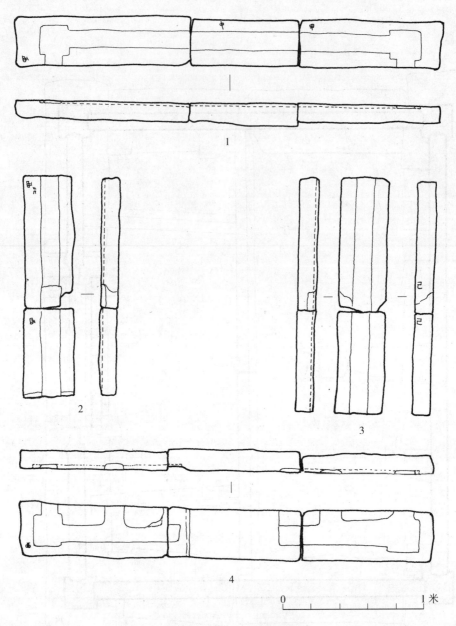

图六九　M5 石椁地栿构件

1. 北　2. 西　3. 东　4. 南

腿而凿；东栿南、东栿北两块石板相接处和西栿南、西栿北两块石板相接处里侧各有一个长 12、宽 10
厘米的长方形凹槽，是为了设置中部棺床立板的东、西腿而凿。经过精心处理，4 块棺床立板的底部
位于同一个平面，不致于有所倾斜（图六九，彩版五七：1）。

　　为了将事先雕凿好的石板排列有序，不致于放错位置，石板的表面和侧立面共凿有确定方位的文
字 9 个。南栿西石板的西南角凿有“西”字 1 个。西栿南石板的北部凿有“西”字 1 个；西栿北石板
的北部凿有“西”和“北”字各 1 个，“北”字的位置高一些。北栿西石板的西南角凿有“西”字 1
个，北栿中石板偏西处凿有“中”1 个，北栿东石板西部凿有“甲”字 1 个。东栿南、北石板外侧立
面凿有“己”字各 1 个（图七〇，彩版五七：2～6）。

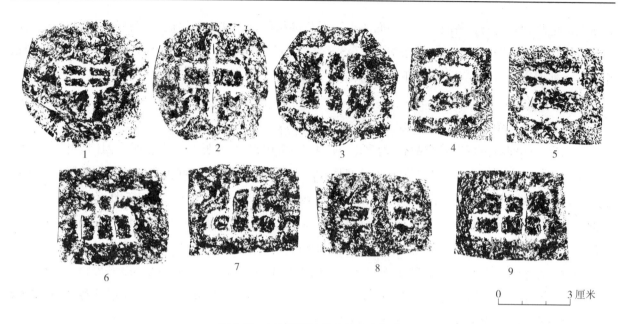

图七〇　M5 石椁地栿上的文字拓片

1. 北栿东 "甲" 字　2. 北栿中 "中" 字　3. 北栿西 "西" 字　4. 东栿北 "己" 字　5. 东栿南 "己" 字

6. 南栿西 "西" 字　7. 西栿南 "西" 字　8. 西栿北 "北" 字　9. 西栿北 "西" 字

角柱　4 根。平面基本呈方形，边长 18、高 156.2～157.3 厘米。角柱凿雕规矩平直，竖立设置在地栿四角的方形榫口凹槽内。角柱内向的两侧面各有一条竖向的凹槽，宽度 4.2～9 厘米，与椁壁板凸榫卯合。四根角柱的顶部开槽，宽约 11 厘米，南北向架设三角形石梁，东西向架设石榑枋。东南和西南两角柱立面上方雕有长方形孔洞，宽 7.5、高 9、深 10 厘米，用以设置劄牵的尾部（图六三：1，彩版五六：5、6）。

壁板　10 块。其中南壁正中上部有小壁板 1 块，东、西、南三壁各有大壁板 2 块，北壁有大壁板 3 块。

小壁板呈扁长方形状，位于南壁正中双门扇上。上宽 72.6、下宽 93.2、高 66、厚 9 厘米，只有底部即安装门扇上轴眼处向后凸出部位厚达 16 厘米。凸出部位东西两侧凿刻了安装门扇的上轴眼，直径为 6 厘米。小壁板顶部东、西两侧各留有两个长方形槽口，上部设置中间两件三角形石梁的南端，下部为中间两根劄牵的末尾插处。正面雕刻铺首 1 枚，兽面阔嘴下没有衔环；铺首两侧雕刻泡钉 10 枚，有沿有钉；其中的两枚泡钉因雕凿槽口而损坏，仅残存部分。小石板与相邻的两块大石板长方条凸凹暗榫卯合组成了门楣和门框，门楣的中心部分表现在小石板上，门楣内雕刻出古朴简洁的莲花门簪 5 枚，从东向西直径分别为 11.8、12.8、12.8、12.5、12 厘米。东 1、东 3、东 5 莲花形制一样，东 2 和东 4 莲花是另一种形制，莲花瓣间隔性的涂红彩，出土时颜色仍然很鲜艳。门簪下阴刻两线表示门框的上部（彩版五八：1、2）。

大壁板呈长方形状，9 块宽大的壁板竖立在地栿的凹槽中，高 154～157、宽 72～91、厚 9～11 厘米。相邻的壁板用长条形的凸凹榫卯合，在底部用尖圆形或方形的凸凹榫卯合。与角柱相邻的壁板插入角柱内侧的竖向凹槽，使其稳固。

南壁两块大石板较之其它壁板又有其特殊性。它的中下部宽于上部，宽出部分代表门框的两侧。

石板上部里侧有竖向的长条凹榫，与中间的小石板凸榫相卯合，这样就组成了完整的门楣和门框。门楣呈燕尾状，中间窄，两头宽，最长处为 1.43、最高处为 0.43 米，周边均涂斜道红彩。门框里周边涂红彩，外周边涂斜道红彩。门框下面置门槛（图七一）。

9 块宽大的石椁板外壁共雕刻铺首 21 个，兽面下衔半圆环；泡钉 189 枚，有沿有钉。椁室内东、西、北壁有绘画（图七二～七四，彩版五九：1、2，彩版六〇：1）。

石门扇　明间雕凿可以开合的石门两扇，宽 42、高 102、厚 6 厘米。发掘时，西门扇仍在原处，东门扇已倒至椁内。西扇门的上下门轴均呈圆柱状，上门轴穿在小石椁壁板背面的石刻轴眼内，下门轴置于西侧虎头门枕石的轴窝内。东扇门的右上方残缺长方形一角，宽 5、高 7.5 厘米，角内有长条凹槽宽 2 厘米，估计这是工匠在加工上门轴时失手损坏，又重新补救所作，但现场未发现对应的凸榫构件。下门轴呈圆柱形，置于东侧虎头门枕石的轴窝内。

门扇中雕刻莲花门环座，东门直径 11.8、西门直径 11 厘米，中心有穿孔，很不规整，直径约为 2.2 厘米，贯穿门的里外，孔内仍残留铁锈，说明原有铁质门环。每扇门有高浮雕铺首各 2 枚，阔嘴下面衔全圆环；门钉各 3 排 14 枚，雕饰不规整（图七五，彩版六〇：2）。

石门槛　呈长条状，长 75.4、宽 9、高 12.5 厘米，表面雕凿光滑，无纹饰，上部两侧略长部位伸进南壁大石椁壁板门框的下面（图六六：5）。

虎头门枕石　呈长条状，长度均为 40.5 厘米，位于门槛的左右。前部采用圆雕技法雕刻老虎的头部，后部雕刻似刀把形。老虎双目眦裂圆睁，阔嘴鼓腮，大口怒张，舌头外吐，露出整齐的门牙和尖利的獠牙，卷曲的须毛用细阴线刻划，两侧饰一对尖圆耳，额头雕出一莲瓣形状，兽首涂红、黑彩，东、西门枕石虎头高度分别为 10.5 和 10 厘米。刀把形所凿去的部位，正是垂直门框底部的支承处。刀把形的握柄处宽 6、高 4.5～6.3 厘米，略低于后部刀身处，是横放门槛端头的位置。刀身部位宽 11.1～11.4、高 5.8～6.7 厘米，上凿轴窝，轴窝平面呈不规则的长方形，深约 2 厘米，是支承门扇转动的下门轴所在之处（图七六，彩版六一：1、2）。

棺床　椁室内设石棺床，由 4 块雕饰精美的立板和 6 块不太规整的平板组成，平板下以条砖为基础。石棺床整体平面呈上下倒置的"凹"字形，凹进部分呈梯形状，南宽 143、北宽 133、南北长 84 厘米。设置石棺床的顺序是先在铺地砖上面垒砌基础，后在铺地砖上面安置 4 块立板，最后将平板铺好，两端分别搭在砖基础上和立板凹槽内。石棺床高 29.8～31.6 厘米，面积约 3.34 平方米（图七七）。

椁室内，中北部的砖基础为"T"字型。东西向的砖基础长 239、宽 26、高 25 厘米，上下至少四层，叠涩式；南北向的砖基础长 94、宽 17、高 25 厘米，设置在条砖基础之上的北面 4 块平板，南端皆搭在棺床正立板里侧的凹槽上，北端搭在东西向的砖基础上，中间有南北向的砖基础作支撑。西南棺床下的砖基础有两个，靠着石椁内壁，用砖堆砌垒高，石板东端搭在西棺床立板内壁的凹槽内，西端搭在砖基础上。东南棺床下的砖基础与平板也采用了西南同样的做法。北、西、东三面的砖基础所用的砖皆不是整块，质量不高，用泥垒砌。发掘时，揭开棺床平板，下面全部为淤土，标本 M5：170 女俑和 M5：171 琥珀饰件均出土于棺床平板下的淤土中，因此判断棺床平板下面原来应该是空的，只是盗扰移动了文物的位置，岁月太久积满了淤土。

棺床立板共有 4 块，按其位置称东南、中东、中西、西南四立板。四立板表面均雕刻有精美的图案，所采用的雕刻技法为剔地隐起浅浮雕，忍冬纹、水波纹、兽面、动物和花卉纹样的平面高度都没

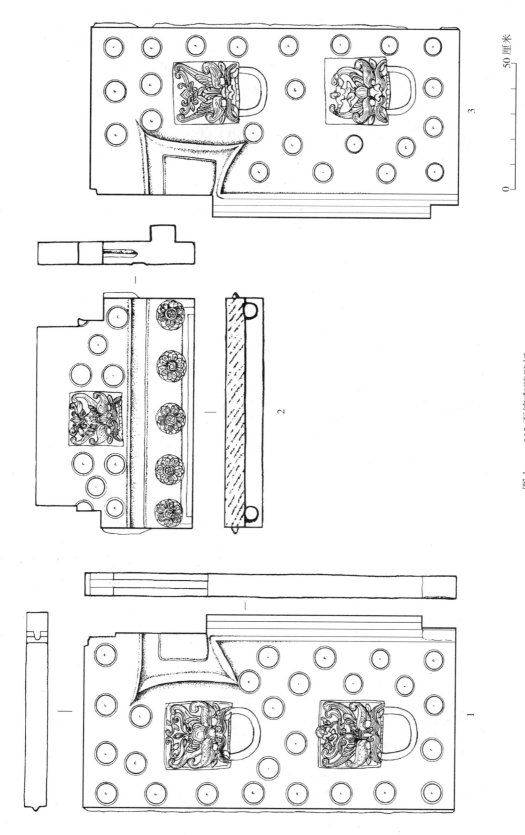

图七一　M5 石椁南壁壁板
1. 西板　2. 中板　3. 东板

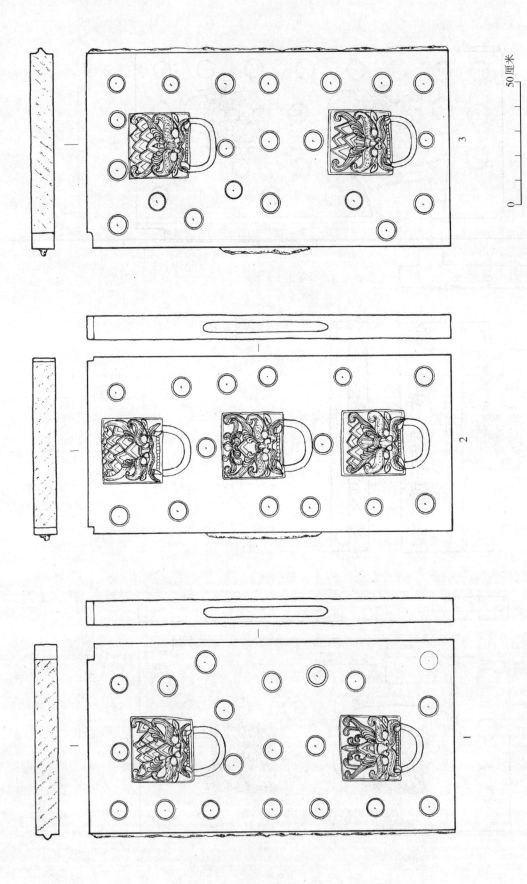

图七二 M5 石椁北壁壁板
1. 东板 2. 中板 3. 西板

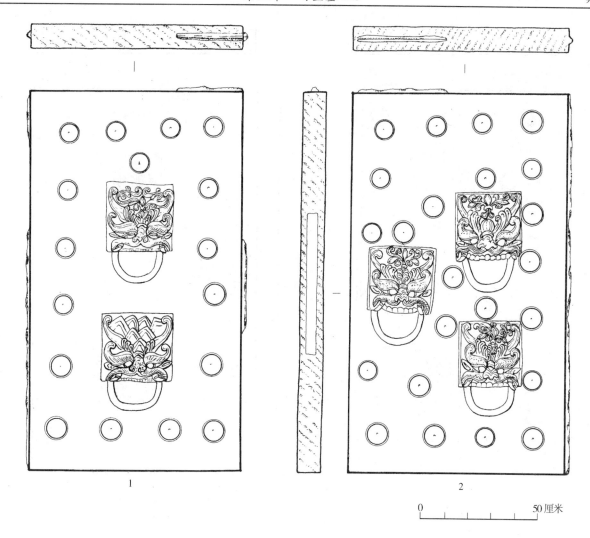

图七三　M5 石椁东壁壁板
1. 南板　2. 北板

有超过边框的高度。忍冬纹和水波纹是四块立板共同的图案，忍冬纹呈连续波状，一侧伸出一瓣忍冬
叶，另一侧伸出两瓣忍冬叶，叶瓣肥钝而叶头弯卷；数线水波纹以中间的旋涡为界，分向两边对称翻
卷，并且向两侧下部延续。忍冬纹饰带和数线水波纹饰带连续迴转、浑然一体，只是各立板的腿部雕
刻纹样差异较大。背后素面无纹饰，上缘有凹槽，石棺床平板的一端搭建在此。

　　东南立板长 84、高 29.6～31.6、厚 9.5～11 厘米。上部为高约 5.5 厘米的素面带，中部雕刻了高
约 5.7～6.5 厘米的一条连续波状忍冬纹带，忍冬纹带下是高约 1.3 厘米的素面界框条，中下部为曲线
流畅的数线水波纹带，南腿刻划界格，打磨光滑，没有雕刻任何图案，北腿在高 18.3、宽 8 厘米的界
格内雕饰繁缛的忍冬纹样（图七八：1、七九，彩版六三：1）。

　　中东和中西立板组合成了一个整体，长 232、高 30、厚 6.5～11.2 厘米。两块立板之间用凸凹榫
卯相接，缝隙用白灰涂抹。上部为高约 4.8 厘米的素面带，中部雕刻了高约 5.6 厘米的一条连续波状
忍冬纹带，忍冬纹带下是高约 1.4 厘米的联珠纹界框条，中下部雕饰了曲线流畅的水波纹带，在水波
纹带东西两侧宽约 1 厘米的界框条上，同样布满了数量颇多、小巧玲珑的联珠。中东立板的西腿部在

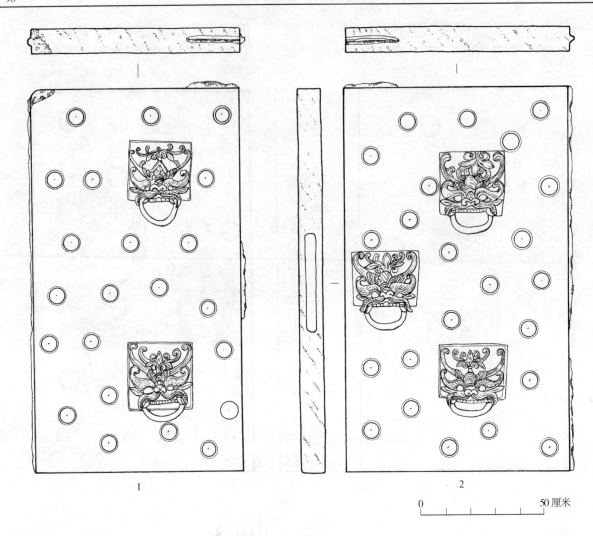

图七四　M5 石椁西壁壁板

1. 北板　2. 南板

四周减地的方格内雕有兽面，方格边长为 17 厘米。兽面双目眦裂，粗眉隆起，宽鼻，尖耳，嘴巴大张，露出整排的牙齿和两枚大獠牙。两长角弯曲向上，内侧有忍冬纹样。图案上阴刻许多细线条，所表现的兽面细腻逼真。中东立板的东腿部和中西立板的西腿部表面打磨光滑，刻画出界框，无图案（图八〇：1、2，彩版六二：1~3）。

西南立板长 81、高 30、厚 7.2~11.3 厘米。上部为高约 5.6 厘米的素面带，中部雕刻了高约 5 厘米的一条连续波状的忍冬纹带，忍冬纹带下是高约 1.2 厘米的素面界框条，中下部为曲线流畅的数线水波纹带，南腿部打磨光滑，刻划界格，没有雕刻任何图案；北腿部雕刻一只似虎的动物，前腿弯、后腿蹲，虎背上站立着一只尖嘴猴，身体前倾并抓住老虎的双耳，它们的顶上有一片巨大的芭蕉叶（图七八：2、八一，彩版六三：2）。

平板即棺床顶面石板，共有六块，按其位置称东南、东北、中东、中西、西北、西南六平板，石板加工非常粗糙，厚薄不匀，但表面较平，正反均无图案。六块平板宽度 40~74、厚 4~6 厘米，东南和西南两平板长度为 81.5~83.5，东北、中东、中西、西北四平板位于正北，长度为 96~98 厘米。

图七五　M5 石椁门扇

1. 西扇　2. 东扇

从揭开墓室的顶部，距底部高度为 4.4 米的空间范围内，全部积满了淤土，先清理石椁顶、后揭取石梁架，直到石棺床平板暴露，始终未见任何木头痕迹，这表明，宋绍祖夫妇的尸体是直接陈放在石棺床上，无其他木质葬具。石棺床的西部有两个石灰枕，平面为椭圆形，两端尖，微上翘，南面的石灰枕因盗扰严重失去了原来的形状。由于早年盗扰，骨架已从这里移至椁顶板上及椁室外。石灰枕直接陈放在石棺床平板上，也同样说明这里没有任何木质葬具。

（3）椁顶

在石椁壁板的顶上，设置了四横六纵的仿木梁架网状结构，上面承托着雕刻仿木椽子和瓦垄的顶板，形成了两面坡式的悬山顶。顶部正中有长脊，长脊两侧置鸱尾，椁顶部分共由 40 个构件拼装组合而成。

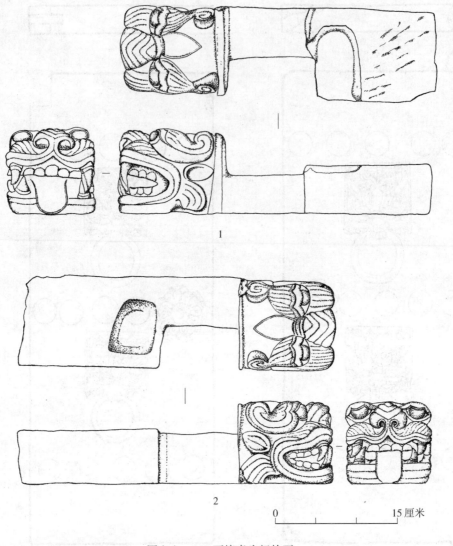

图七六　M5 石椁虎头门枕石
1. 西门枕石　2. 东门枕石

三角形石梁　4件。四件三角形石梁，南北向的置于角柱和石椁壁板顶上，位置与前廊檐柱相对应。石梁基本呈三角形状，用材粗大，雕造规整，并依照自身坡度凿出用以承托石槫的方形榫口，省出叉手或蜀柱，以致梁材较大、屋顶平缓（彩版六四：1）。

东、西两件三角形石梁置于角柱和石椁壁板顶上，梁头伸出，形制、大小基本一致。东三角形石梁长234、高14.4～31、厚10厘米，顶上凿出五个宽约12厘米的方形榫口，用于承托石槫，榫口之间的间距为36～40厘米。石梁底部有长102、宽4厘米的细长条凹槽，与东壁两块壁板顶上的凸榫相卯合。内侧有一墨书"東"字，是工匠们为确定方位有意标识。西三角形石梁长233、高14.3～33.3、厚11厘米，同东三角形石梁一样，顶上凿出五个宽约12厘米的方形榫口，用以承托石槫，榫口之间的间距为36～40厘米，石梁底部有长102、宽4厘米的细长条凹槽，与西壁两块壁板顶上的凸榫相卯合。东、西两件三角形石梁外壁均雕饰6个有沿有钉的泡钉（图八二：1，彩版六四：3、5）。

中间两件三角形石梁置于前后石椁壁板顶上，中间凌空架置。东2三角形石梁长225、高16～

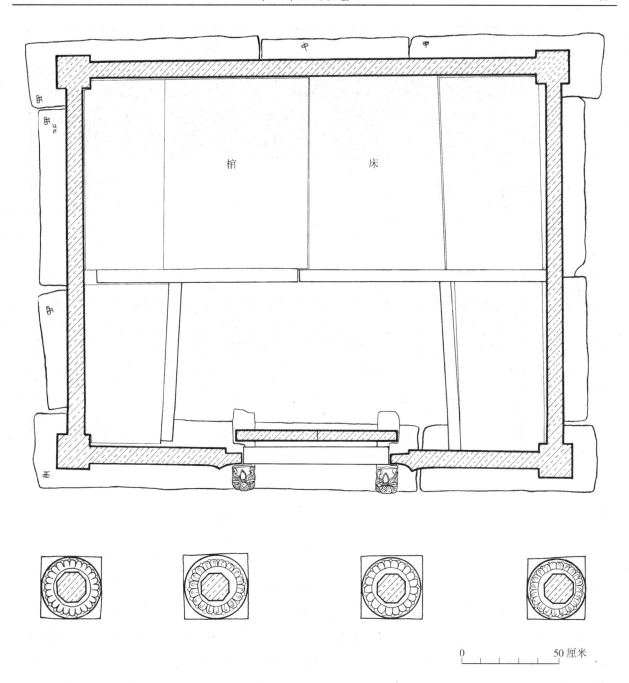

图七七　M5 石樽棺床平面

33.4、厚 13 厘米，东 3 三角形石梁长 223、高 17.5～33.5、厚 13 厘米，顶上均凿出三个宽约 12 厘米的方形榫口，间距分别为 33 和 37 厘米，用以承托长方形石樽。两件石梁南端底部皆有宽 11.5、高 2.5 厘米的凹槽，北端底部也有宽 11.5、高 2.5 厘米的凹槽，用以卯合石樽顶部。两件石梁北端内侧均有宽为 5 厘米的凹槽，是北檐枋中间的石枋与梁架的榫卯之处（图八二：2，彩版六四：4、6）。

　　石樽〔1〕 15 根。东西向的六道樽由三角形石梁的榫口承托，形成了十分牢固、稳定的四横六纵

――――――

〔1〕　樽，本是木构名称，它是屋面基层下的承重条木，多为圆形截面，这里的石枋截面虽然是方形的，但与木樽所起的作用是一致的，我们借用木构名称，称为石樽。

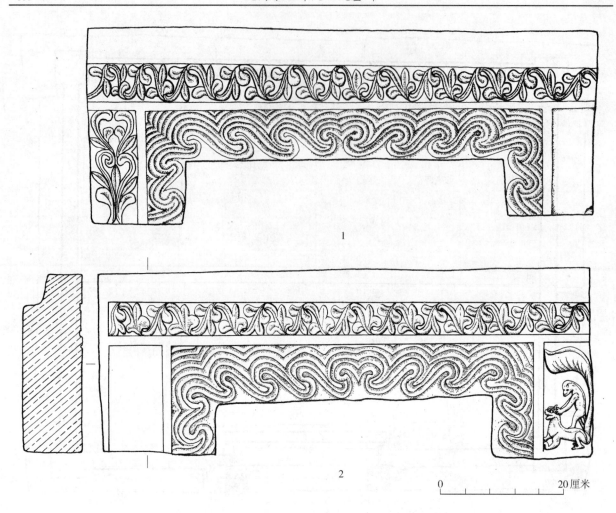

图七八　M5 石椁棺床东南、西南立面

1. 石棺床东南立板立面图　2. 石棺床西南立板立面图

网状梁架结构。石椽共有六道，从南至北的第一道由前廊斗栱上承的檐枋代替，第二道由下平槫南的两根石枋和椁室南壁正中上方的小石椽壁板组合而成，上平槫南、脊槫、上平槫北每道石椽均由三根平面呈长方形的石枋相接而成，第六道石椽即北檐枋，则由 4 根石枋相接而成，最西边的两根东长48、西长 70 厘米。第二道至第六道的石枋材共有 15 根，中间的 4 根较短，长度在 71～87 厘米之间，两侧的略长，长度在 112～124 厘米之间。枋端大多为垂直断面，均直接搭在石椽的方形榫口内。但有2 根石枋有不同的做法，可能是因为石料操作难度较大而致。如上平槫（南）中，石枋较粗，只得将两端雕凿成"凸"形，才能搭进方形榫口，只有北檐枋中石枋两端与梁架的结合点是较小的榫卯咬合，东 2 和东 3 三角形石梁北部均有凹槽。相连接的石枋东西两侧超出椽壁30.5～39.5 厘米，因外露凌空，故多有断落，承托着仿木建筑的瓦作屋顶，构成了悬山（图八三、八四：1，彩版六四：2）。

顶板　16 块。石质椽顶为仿瓦结构的两面坡式悬山顶，由于墓葬被严重的盗扰和年久泥土的挤压，石板已经发生了程度不同的位移和掉落，按照复原尺寸，椽顶前出檐30～32（以檐枋外壁为界）、后出檐25～27 厘米（以角柱外壁为界），两侧均出际。

顶部三排石板共有 16 块，每块石板之间呈"Z"字形卯合相接。南排有 5 块大板，南端置于前廊

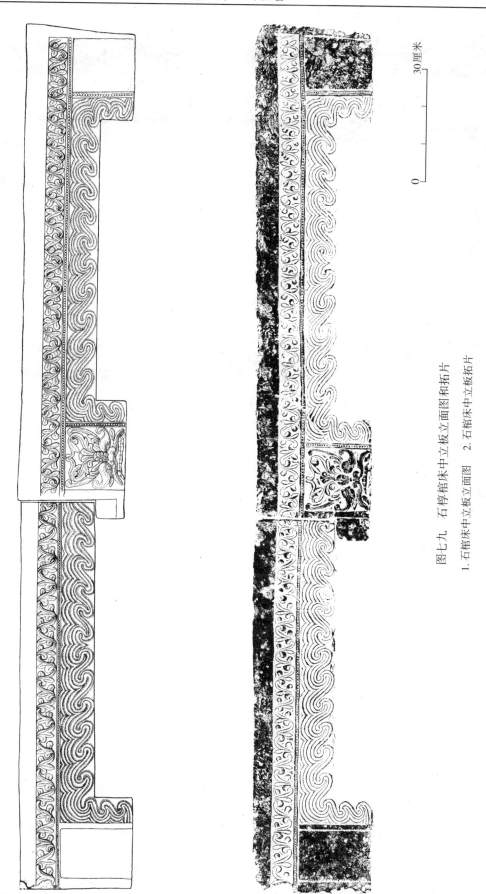

图七九　石棺床中立板立面图和拓片

1. 石棺床中立板立面图　2. 石棺床中立板拓片

0　　　　　10厘米

图八〇　M5 石椁棺床东南立面拓片

0　　　　　10厘米

图八一　M5 石椁棺床西南立面拓片

檐枋上，北端置于椁室前壁正中小长方形石椁壁板以及下平槫的两根石枋上，南边长度为 334 厘米。中排有 5 块大板和 1 块小板，南端置于椁室前壁正中小长方形石椁壁板以及下平槫的两根石枋上，北端置于脊槫上，中间有上平槫南的石枋作支撑。北排有 4 块大板和 1 块小板，南端置于脊槫上，北端置于椁室北檐枋上，中间有上平槫北的石枋作支撑，后排椁顶北边长度为 344 厘米。

中排小石板东西长 83.5、南北宽 28 厘米，北排小石板东西长 85.5、南北宽 39 厘米。是建筑上的天窗之意，还是表示其它意义的葬俗，我们期待着更多的实物资料出现，才能得出较为正确的结论。

石椁顶部雕刻成仿木结构的古建筑瓦面形式。凸出部分为筒瓦（横断面为半圆形），逐块衔接构成了盖瓦垄，最前端安置圆形瓦当。在北魏定都平城时期，遗址中所出土的瓦当图案有兽头、莲花、文字、化生童子等。石板顶部所用雕刻的筒瓦直径 7.2～8、间距 14.5～18 厘米。凹进部分为板瓦（横断面小于半圆）逐块重叠构成了底瓦垄，板瓦的宽度 7～8、间距 15～20 厘米。石板顶部南、中、北

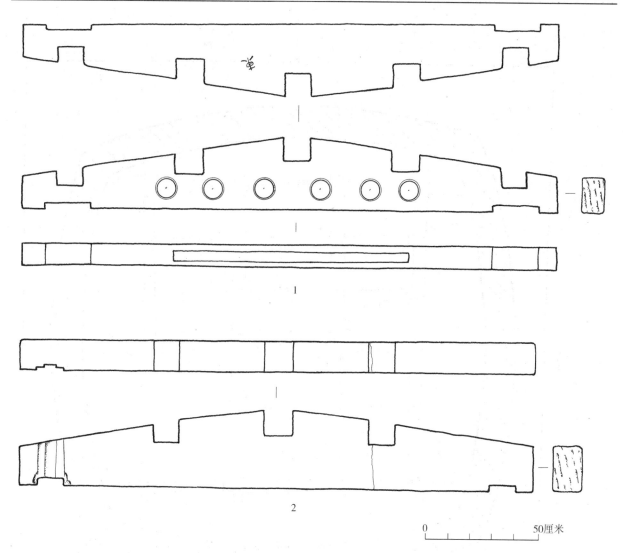

图八二　M5 石椁三角形石梁

1. 三角形石梁东 1 构件图　　2. 三角形石梁东 2 构件图

三排盖瓦垅的数目分别为 22、22、20 个，底瓦垅的数目分别为 21、21、19 个。瓦件之下雕刻着仿木结构截面为圆形的木椽，以承托屋顶荷载，所雕椽子简单稀疏，椽径 7～8、椽子的间距为 15～20 厘米，石板顶部南北两排石板所雕椽子的数目分别为 20、21 个。石质构件间的缝隙用白灰抹匀（图八四：2）。

椁顶中排中间石板东侧第一条底瓦垅处，阴刻文字"太和元年五十人用公三千盐豉卅斛"15 字（图八六）。前面的 14 字雕刻在大石板上，只有"斛"1 字雕刻在小石板上。字体介于隶楷之间，但写得不规范，似出自工匠之手，如其中"盐"字，仅有繁体"鹽"字的上半部，又和"豉"字紧挨在一起，细察才能分别开。仅仅 15 字，却传达了北魏墓葬工程量、工期以及其它有关方面的诸多信息，弥足珍贵。石椁的底瓦垅处另刻有"六""丑""乙"各 2 字，"子""申"各 1 字（图八五，彩版六五：1）。

椁顶顶部散乱地堆弃了一些人骨架，部分骨骼见于墓室北部和甬道西侧。经测量和鉴定，可确认

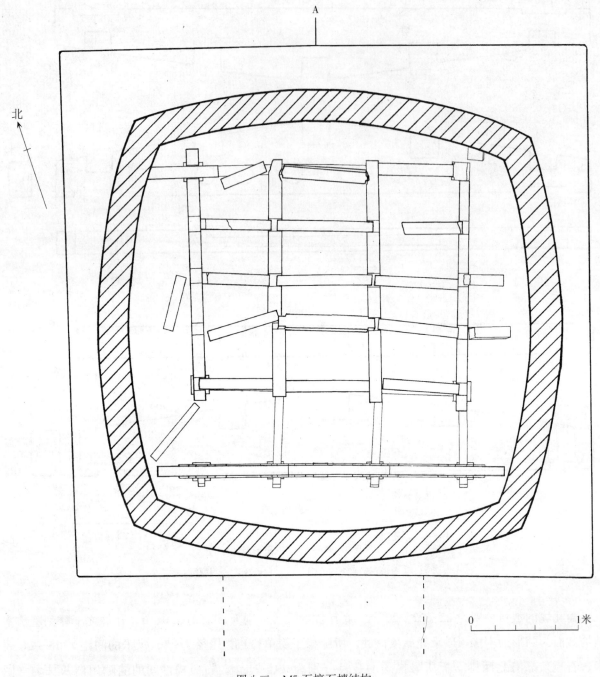

图八三　M5 石椁石榇结构

为两个成年个体，北侧为男性，南侧为女性。根据棺床西侧发现的两个石灰枕推测，散乱骨架当是墓主人宋绍祖夫妇。因墓葬被盗扰，骨架弃于石椁顶部，后因渗水作用，部分骨架散见于墓室前后。南排椁顶板上从东数第 2 块有两个银质手镯（标本 M5∶176），套在两段上肢骨上；中排椁顶板上从东数第 2 块有 1 个琥珀饰件（标本 M5∶177），位于两段下肢骨的夹角之间。

正脊　3 根。作瓦条脊，下二上一。从东至西长度分别为 110、87.2、75、宽 16.5～17.5、高 6～7.5 厘米，没有卯合相接（图六六∶1）。

鸱尾　2 件。呈山字型，位于正脊两端，它与正脊不是顺着同一方向，而是相垂直。东鸱尾宽

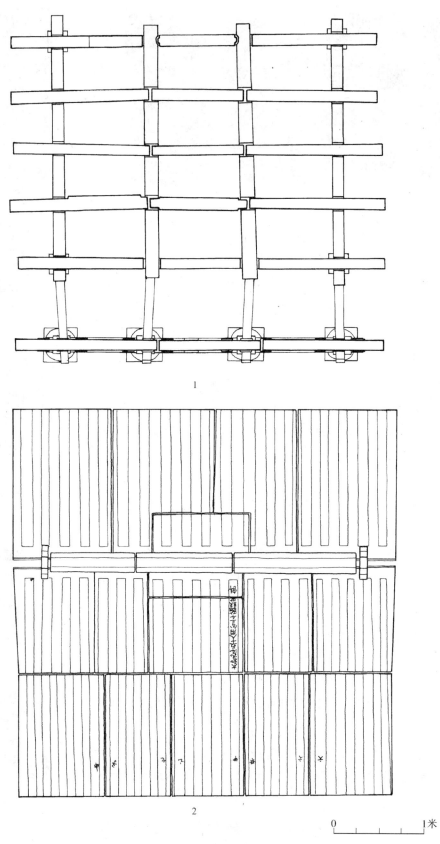

1

2

图八四　M5 石椁石槫和槫顶石板复原
1. 石槫复原图　　2. 槫顶石板复原图

0　　　　　　　1米

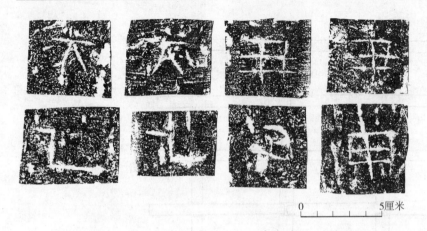

图八五　M5 石椁顶板上的文字拓片

32.6、高 27.7、厚 6.6～8.5 厘米，弧底；西鸱尾宽 32、高 30、厚 6.5～11 厘米，平底。这样的鸱尾形状和方向在北魏定都平城时期还没有同类型的遗物发现（图六六：2、3，彩版五六：4）。

2. 铺首　泡钉　莲花

M5 石椁外壁和棺床错落有致地雕饰了造型各异的铺首 27 个，石椁外壁还按照一定的间隔装饰了泡钉 239 枚和莲花 7 朵，这些特殊的装饰手法，可能为了驱避鬼魅，以保卫墓主人在冥间的安宁，同时显示墓葬的豪华和壮观，体现墓主人尊贵的身份（图八七～九八）。

（1）铺首

铺首本是衔门环的底座，但 M5 石椁壁上的众多浮雕铺首大都并不在门环的位置，显然也不具有衔门环的作用。而似乎更像是一种装饰图案。铺首共有 27 个，从分布位置看，椁室外壁雕饰铺首 26 个，棺床中东立板腿部雕饰铺首 1 个；从衔环情况看，兽首衔圆形环的铺首 4 个，兽首衔半圆形环的 21 个，兽首无环的 2 个；从雕饰内容看，兽角之间雕饰人物纹样的铺首 2 个，花卉纹样的铺首 17 个，博山纹样的铺首 8 个。大同地区所出土的北魏时期的木质葬具上的铺首图案有人物和花卉纹样，唯独不见博山纹样，但与 1963 年中国科学院工作队所发掘的汉魏洛阳城南部一号房址瓦当上的兽面纹以及云冈第七窟和第八窟龛楣上所雕饰的铺首极其相似。前者兽角之间由 9 个三角形组成，后者由 3 个三角形组成，证明 M5 石椁外壁所雕饰的博山图案并非是孤立的。人物、花卉、博山三种纹样所雕饰的内容相互之间虽然有些接近，但没有完全一致的（彩版六六～七二）。

这些铺首以面目狰狞、威猛霸悍的兽面，雕刻于四周减地的凸起方形（或近似方形）的石面上，双目圆睁或眦裂外突，尖圆耳直立，宽鼻隆起，两眉和两角均对称弯曲，并阴刻线条和戳刺点纹，嘴巴大张，露出整排的

图八六　M5 石椁顶板上的"太和元年"文字题记拓片

图八七

M5 石椁南壁

西椁板拓片

0 ├─┼─┼─┤ 20厘米

图八八
M5 石椁南壁
东椁板拓片

0　　　　　　　20厘米

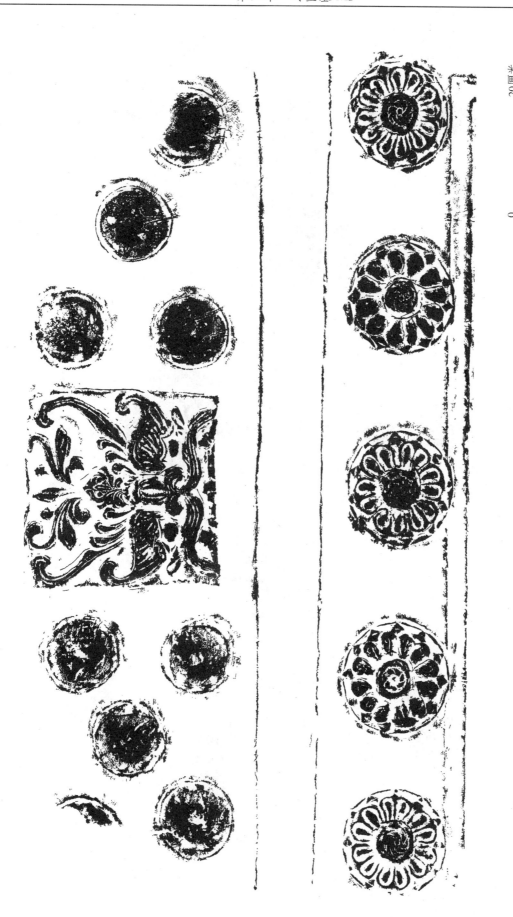

图八九　M5 石椁南壁中帮板拓片

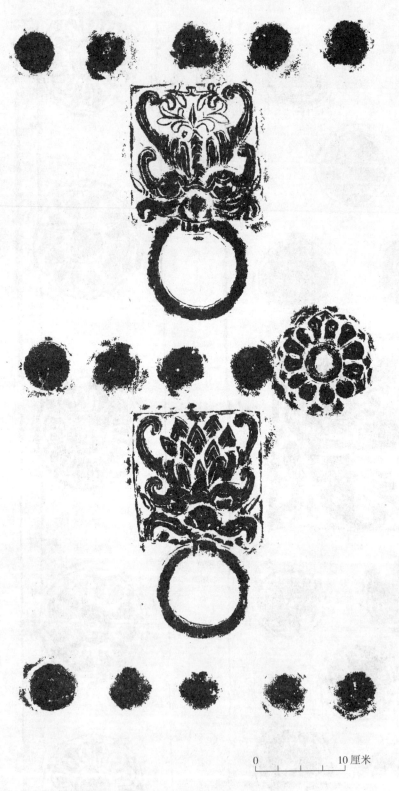

0　　　　　　10厘米

图九〇　M5 石椁西门扇拓片

图九一 M5 石椁东门扇拓片

图九二

M5 石椁东壁

南椁板拓片

0　　　　　　　20厘米

图九三

M5 石椁东壁

北椁板拓片

0　　　　　　　　20厘米

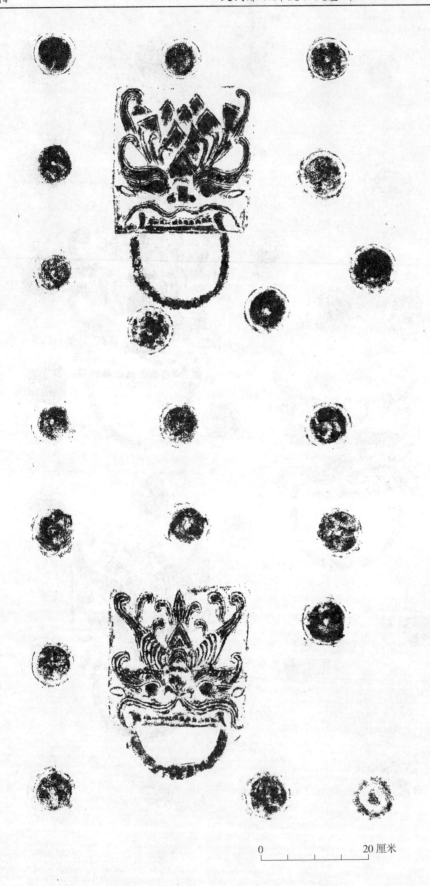

图九四
M5 石椁北壁
东椁板拓片

0　　　　　　　　　20厘米

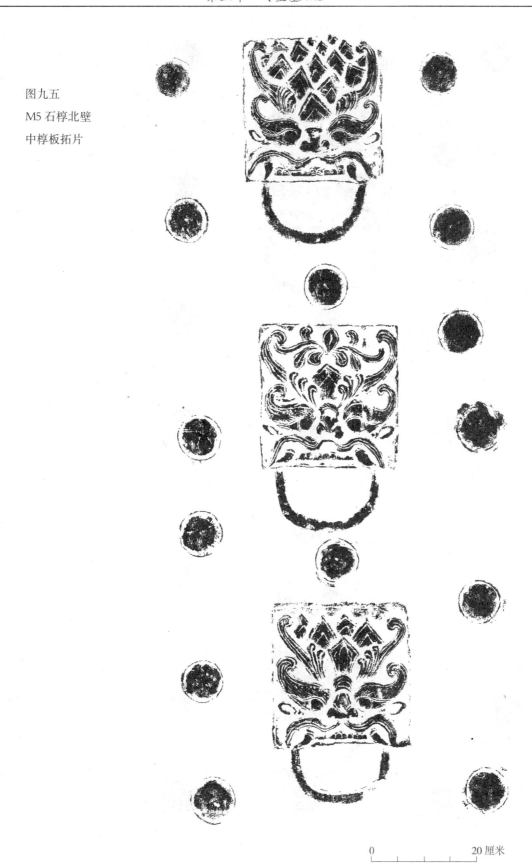

图九五
M5 石椁北壁
中椁板拓片

0 ⌐⌐⌐⌐ 20厘米

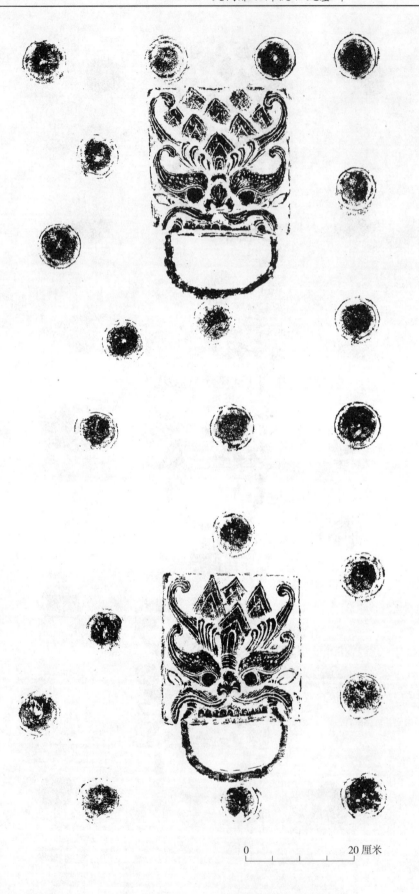

图九六
M5 石椁北壁
西椁板拓片

0　　　　　　　　　20厘米

图九七

M5 石椁西壁

北椁板拓片

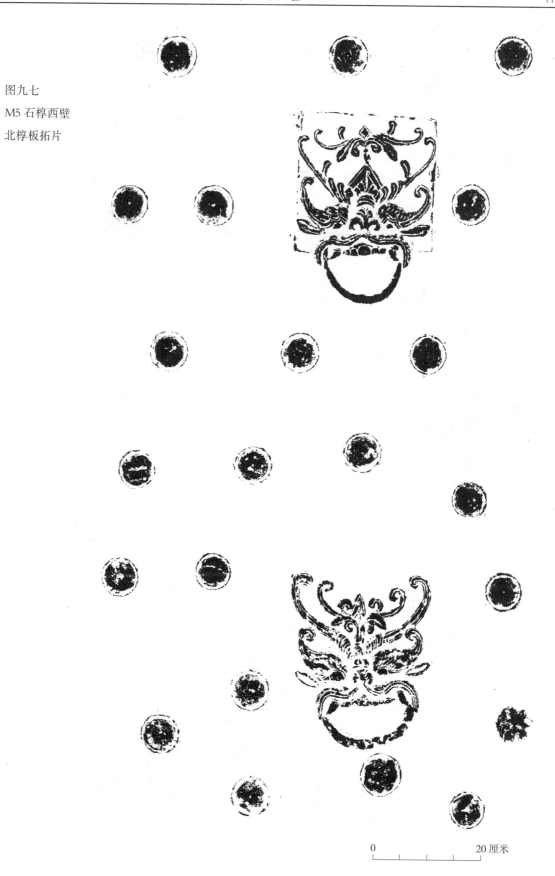

0   20 厘米

图九八
M5 石椁西壁
南椁板拓片

0 ⊢————————⊣ 20厘米

牙齿和外撇的尖利獠牙。将兽面形象表现得细腻而威猛。

铺首的雕刻技法继承了汉画像石的传统，采用了剔地平面浅浮雕结合阴线刻的手法，使物象凸起，然后用阴线、戳刺纹表现细部特征，线条简洁流畅、技法高超娴熟。铺首雕刻完毕之后，上施红、白、黑彩绘，方形石面和兽首的大部分涂红色，牙齿涂白色，眼睛涂黑色。众多铺首的雕刻，使这个仿木建筑的特殊葬具充满一种浪漫、神秘的色彩，表现了北魏平城时期别具一格的艺术特征和时代风貌。

南壁小长方形石榫壁板雕刻一兽首，上宽下宽和高均为22厘米，呈方形，兽两角之间雕刻着肥嫩的忍冬纹花卉，阔嘴下没有衔环（彩版六六：4）。两门扇在三排门钉之间雕饰铺首4个，兽首鼻下有钮，衔圆形环，上排两个兽首双角内均饰忍冬花纹样，下排两个兽首双角内均饰三角形组成的博山纹样，部分三角形是红色的（彩版六七）。南壁西榫板下面兽首双角内饰一朵盛开的忍冬花，上面雕刻一人，头饰圆形背光，左腿向内弯曲，左脚侧立于花上，右腿向后弯曲，右膝顶在花上，飘带缠绕于臂膀之间，动作大方，舒展飘逸（彩版六六：1、3）。南壁石榫板下面兽首双角内雕刻一人，体态健硕，胸部丰满，左腿向内弯曲，左脚稳稳地踏在兽额上，右腿向外弯曲，右膝顶在兽额上，双手紧握住兽角，构图比例适中，形象生动可爱（彩版六八：2、4）。

东壁南板雕饰铺首2个，北板雕饰铺首3个，西壁正好相反，南板雕饰铺首3个，北板雕饰2枚；东壁铺首两角之间雕饰的纹样，有4个忍冬和1个博山，博山铺首由6个三角形组成（彩版六八：3，彩版六九：1～4）。

北壁东板雕饰铺首2个，上为博山，由9个三角形组成，下为忍冬；中板雕饰铺首3个，上为博山，由14个三角形组成，中为忍冬，下为博山，由5个三角形组成；北壁西板雕饰铺首2枚，上为博山，由7个三角形组成，下为博山，由3个三角形组成，石榫板雕凿的不太规整，铺首的质量略逊色于南壁和东壁（彩版七〇：1～4，彩版七一：1～3）。

西壁雕刻的铺首稀疏且浅薄，通高最高为34.1厘米；东壁雕刻的铺首敦实且深厚，通高最低为38.5厘米，西壁兽首两角之间雕饰的纹样全部是忍冬，东、西两壁铺首从造型、工艺以及整体效果来对比，差别很大，应是不同的工匠所为（图九九～一二四，彩版七一：4，彩版七二：1～4）。

（2）泡钉

在大同地区北魏墓群中，木棺的外壁发现的泡钉数量颇多，呈半球状，外圈有沿，中空有钉，依次排列在铺首周围，主要起装饰作用，质料一般有铜、铅、鎏金几种，用圆帽中心的大钉或边沿数枚小钉直接钉入棺板，予以固定。M5石榫外壁就是采用了木质葬具中的装饰做法，共雕刻239枚泡钉，其中榫壁板上的211枚大多有沿，门扇上的28枚泡钉大多无沿。东壁、南壁泡钉的直径较大，一般在8.2～10.4厘米之间，北壁次之，一般在7.1～9厘米之间，西壁最小，一般在6.4～7.8厘米之间。细细观察，石榫四壁及东、西三角形石梁所雕饰的有沿泡钉的圆心位置，均有一个小圆点，应是表示钉入葬具中的钉子所在之处。两个门扇各有3排14枚门钉，不太规整。无沿，个别有钉。门楣上的泡钉，兽面装饰的两侧每边原有5枚泡钉，只在凿刻石板凹槽时，将其边缘的两枚破坏，现只残存泡钉的部分。

（3）莲花

石榫外壁共雕刻7朵莲花，其中5朵莲花作为南壁门上方的5个门簪，直径11.8～12.8厘米，另外2朵莲花位于两扇门板拉手的位置，东花直径11.7，西花直径11厘米。7朵莲花共有两种形制，第

0　　5厘米

图九九　M5 石椁南壁西椁板上铺首拓片

0　　5厘米

图一〇〇　M5 石椁南壁西椁板下铺首拓片

一种是门簪第一、三、五枚（从东至西），雕刻于四周减地后凸出的圆形石面上，外边是十二条弧线组成的错落有致的双层莲叶，高出莲叶面用环绕的弧线在每个莲瓣内刻划出肥硕的双瓣，中间的同心圆内饰涡弦纹，中央有一小圆圈。第二种是门簪的第二、四枚和门扇上的两朵莲花，外边用单层连接弧装饰出莲叶，并雕饰出 12 片肥厚的花瓣，中间的同心圆内同样饰涡弦纹，中央有一小圆圈。门扇上的莲花形式与门簪上的第二种形制大致相同，中间只有不太规整的圆形穿孔，直径 2.2 厘米，内残留铁锈痕，推测原装有铁门环，现已不存（图一二五～一三一，彩版七三：1～3）。

南北朝时期，随着佛教的传播，莲花纹样大量地出现在我国佛教艺术中，云冈石窟第九窟前室北壁和第 10 窟前室北壁、后室南壁上所雕刻的门簪均以莲花为基础，

0　　5厘米

图一〇一　M5 石椁南壁中椁板铺首拓片

添加化生童子等题材，显得富丽繁缛，而 M5 石椁外壁的门簪莲花，较之更为写实。

3. 文字　纹样　壁画

（1）文字

0 5厘米

图一〇二 M5 石椁西门扇上铺首拓片

0 5厘米

图一〇三 M5 石椁西门扇下铺首拓片

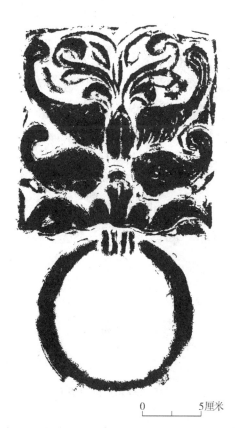

0 5厘米

图一〇四 M5 石椁东门扇上铺首拓片

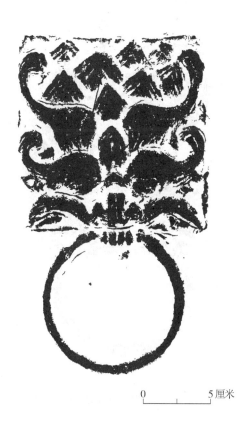

0 5厘米

图一〇五 M5 石椁东门扇下铺首拓片

图一〇六　M5 石椁南壁东椁板上铺首拓片

图一〇七　M5 石椁南壁东椁板下铺首拓片

图一〇八　M5 石椁东壁南椁板上铺首拓片

图一〇九　M5 石椁东壁南椁板下铺首拓片

0　　　5厘米

图一一〇　M5 石椁东壁北椁板上铺首拓片

0　　　5厘米

图一一一　M5 石椁东壁北椁板中铺首拓片

0　　　5厘米

图一一二　M5 石椁东壁北椁板下铺首拓片

0　　　5厘米

图一一三　M5 石椁北壁东椁板上铺首拓片

图一一四　M5 石椁北壁东椁板下铺首拓片

图一一五　M5 石椁北壁中椁板上铺首拓片

图一一六　M5 石椁北壁中椁板中铺首拓片

图一一七　M5 石椁北壁中椁板下铺首拓片

图一一八 M5 石椁北壁西椁板上铺首拓片

图一一九 M5 石椁北壁西椁板下铺首拓片

图一二〇 M5 石椁西壁北椁板上铺首拓片

图一二一 M5 石椁西壁北椁板下铺首拓片

0 ⊢———┤ 5厘米

0 ⊢———┤ 5厘米

图一二二　M5 石椁西壁南椁板上铺首拓片

图一二三　M5 石椁西壁南椁板中铺首拓片

0 ⊢———┤ 5厘米

图一二四　M5 石椁西壁南椁板下铺首拓片

石椁共有文字 14 处，共计 33 字。其中东侧三角形石梁 1 处 1 字，地栿 8 处 9 字，石椁顶板 5 处 23 字。零散文字的内容主要是表示方位，有"东、西、北、中、甲、己、六、丑、乙、子、申"18 个字（个别字重复出现），工匠意在石椁拼装时，防止因构件相同发生紊乱而刻写下这些文字。可知从设计、雕凿到安装，事前每一步都有十分精密的安排和计划。石椁顶部还有一处非常重要的题记，共 15 字，字体介于隶楷常用字体之间，似出自工匠之手。题记真实地记录了当时工程的情况，在以往的考古发掘中是十分罕见的。

东侧三角形石梁里壁墨书"东"，已漫漶不清。

地栿共凿刻 8 处 9 字。其中南栿西、西栿南、西栿北、北栿西表面各刻有 1 个"西"字；西栿北表面刻有 1 个"北"字，与西栿北表面所刻的"西"字相邻；北栿中表面刻有 1 个"中"字，北栿东表面刻有 1 个"甲"字，东栿南北侧面各刻有 1 个"己"字。

石椁顶部共凿刻 5 处 23 字。第一块（以下均从东数）西边刻有"六"字，第二块东边相应也刻有"六"字，字体略有不同，第二块西边刻有"丑"字，第三块东边也相应刻有"丑"字；第三块西边刻有"乙"字，第四块东边也相应刻有"乙"字，以上三处对应的均是相同文字，第四块西边刻有"子"字，第五块东边相应刻有"申"字。

石椁题记一处："太和元年五十人用公三千盐豉卅斛"，共计 15 字，刻在石椁顶板中排中间石板东侧第一条瓦垅处。这应该是关于修建此墓葬工程情况的简单记录，内容有四个方面：一，具体准确地

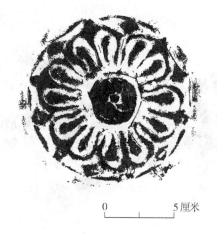

图一二五　M5 石椁门簪莲花东 1 拓片

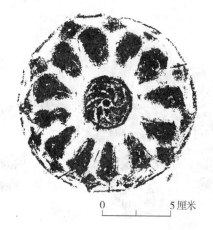

图一二六　M5 石椁门簪莲花东 2 拓片

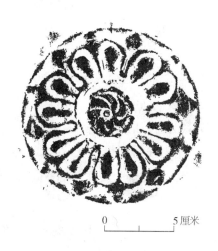

图一二七　M5 石椁门簪莲花东 3 拓片

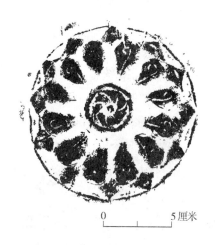

图一二八　M5 石椁门簪莲花东 4 拓片

说明年代为太和元年（477 年）；二，记载了参加该项工程的工匠人数计五十人；三，记载了整个工程的工作量，即用公（工）三千；四，说明了工程期间人们常用的生活品盐豉共用了三十斛。总之，这是一条关于北魏墓葬量和工期的题记（详见附录一《北魏宋绍祖墓出土砖铭题记考释》）

（2）纹样

椁室前廊的额枋、檐枋、一斗三升栱、人字栱和砖雕墓门罩以及棺床的四块立板，均彩绘或雕刻忍冬花纹样。彩绘所采用的艺术手法程序是先用墨线打底稿，然后用朱线勾边，最后填色。额枋四周边框涂红色，其间以波线为骨架，波谷间同饰盛开的忍冬花，一上一下，富有动感，波线和花瓣均涂彩。檐枋四周边框涂红色，其间仍以波线为骨架，波谷间用三瓣忍冬花来串联，花瓣涂红色。波线已不清楚，也未涂色。一斗三升栱表立面先用墨线勾勒出底样，然后装饰忍冬纹样。东 4 栱的底样墨线至今仍然非常清晰，上至齐心斗顶部、下至方孔上部的一道竖墨线将栱一分为二，忍冬花瓣肥嫩弯曲、随意排列，左边涂红色右边未涂色。栱弯两侧对称有红色图案，判断为一动物的头部，右侧已漫漶不清。人字栱斜向对置的枋材用红色涂框（上顶和下脚除外），内绘波状忍冬花纹样，每根枋材上有两朵三瓣忍冬花，涂红色，中间用短波线连接，已不清楚，也未涂色。棺床的四块立板表面雕刻长达 393 厘

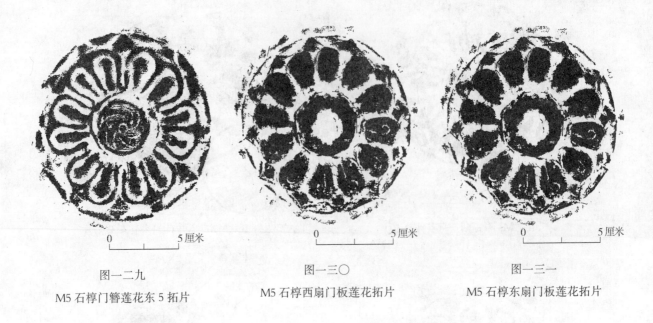

图一二九　　　　　　　　　　图一三〇　　　　　　　　　　图一三一

M5 石椁门簪莲花东 5 拓片　　　M5 石椁西扇门板莲花拓片　　　M5 石椁东扇门板莲花拓片

米的波状连续式的忍冬花纹带，所采用的艺术手法是将肥嫩饱满的忍冬花排成有序的、连缀的、波动的一种相当单纯的图案。剔地隐起浅浮雕，纹样的高度没有超出边框高度。

　　忍冬纹，是以忍冬花为题材的装饰纹样，也是南北朝时期最为流行的植物花纹，自十六国至隋唐，经历了由简洁到繁满，由生涩到成熟，由外来因素借鉴到民族化完成的过程。M5 中的忍冬花纹样构图和线条是简练、浑朴的，这种浑然天成的装饰，与为了装饰而肆意雕饰的表现风格是截然不同的。

　　（3）壁画

　　壁画集中在石椁内侧东、北、西三壁壁面上。石椁内壁石板常年受到潮湿淤泥的腐蚀，表面浸出大量碱性结晶，致使壁画表面漫漶不清，剥落严重。东壁保存极差，可能是因石材差异所致。只是西壁两块石板和北壁正中一块石板保存的壁画比较完整，面积约 1.5 平方米。

　　北、西、东三壁的壁画作于石椁内壁下部。绘画技法是先用墨线勾勒出图案，然后局部施红彩，内容主要有舞蹈、奏乐人物。

　　北壁正中石椁板宽约 72 厘米，绘有两位男性奏乐人物。左边一位，头戴冠，眉、眼、鼻、嘴、髭均用墨线勾画，眼眶和嘴唇的周围涂红彩。脸呈方圆，笑容可掬，身着斜领长袍，衣服上的褶皱颇多，线条很流畅、领、袖、袍三边均涂红彩。席地而坐，腿上置一古琴，左臂向前，手指伸开，右手弯曲，正在弹拨琴弦。右边一位，头戴冠，眉、眼、鼻、嘴、髭均用墨线勾画，眼眶和嘴唇的周围涂红彩。脸呈方圆，神情怡然，身着右衽斜领长袍，袍上间隔涂红彩，与左边一位坐姿一样，左腿向前伸去，右腿弯曲，穿黑鞋，将阮咸置于胸前正在弹拨，乐器柄长而直，底盘直径 13.5 厘米。两位奏乐者面对相视。右边奏乐者头部右侧有一椭圆图案，应为灯盘的局部（图一三二，彩版七四：1、2）。

　　西壁两块石椁板宽约 176 厘米，上画五位人物。南面的一块石椁板画有三位手舞足蹈的男性人物，均身着斜领长袍，涂有红彩，头上戴有三个花瓣样的装饰，三位人物由后至前从跪坐到直立逐渐增高。南面的一位嘴上有八字胡，口唇涂朱，两腿跪坐，长袍涂红彩，他左手拿响铃一类的乐器，右手向后挥动，高 31 厘米；中间一位右手于肩部拿响铃一类的乐器，左手向前挥动，袍下摆边和裤的下部涂红

图一三二　M5 石椁北壁椁板内侧壁画摹本

图一三三　M5 石椁西壁椁板内侧壁画摹本（南）

彩，高 33 厘米；北边的一位左手拿响铃一类的乐器，右手向后挥动，与南面那位人物的动作非常相似，长袍的许多部位也同样涂红彩，高 38 厘米。后两者的动作似舞蹈或疾步。画面的最北边是一立灯，灯通高 32 厘米，灯柄中有莲花装饰，灯盘呈圆形，直径 5.7 厘米（图一三三）。北面的一块石椁板上画两位男性人物，上面一位身着斜领长袍，袍上许多部位涂红彩，头上戴有三个花瓣样的装饰，嘴巴大张，右手四指弯曲，只有小拇指竖立，左手张开挥动，似乎在腾空舞蹈；地上躺有一戴冠的人物，仰面朝上，身着长袍，袍上许多部位涂红彩（图一三四，彩版七五：1、2）。

图一二四　M5 石椁西壁椁板内侧壁画摹本（北）

东壁石椁的两块石板也绘有壁画，但已漫漶不清。

壁画中的人物衣饰形态极富汉晋特征，画师之笔法也颇为流畅娴熟，绘画中的奏乐场面或源自南朝，与当时广泛流传的"竹林七贤"题材有关。惜画面没有全部辨清。

（三）出土器物

经修复整理，M5 出土器物达 174 件。按质料分，主要是陶器，还有银、铁、石、琥珀、漆器、石灰等。主要包括五大类：1. 镇墓俑，有镇墓武士俑和镇墓兽两种 3 件；2. 人物俑，造型各异、种类繁多，有甲骑具装俑、鸡冠帽武士俑、仪仗俑、披铠步兵俑、男侍俑、女侍俑、胡俑七种 113 件；3. 家禽家畜模型，有马（包括不配套的马鞍）、牛、驴、骆驼、猪、羊、狗七种 27 件；4. 生活用具及车辆模型，有碓、井、灶、磨、罐、车辆六种 11 件；5. 其它，有墓铭砖、供桌、手镯、琥珀饰件、料珠、铁镜、铁器、小碟、石板、漆器、石灰枕十一种 20 件。以下分类依次介绍。

1. 镇墓俑

镇墓武士俑　2 件。泥质灰陶。头、身分别模制，对局部进行精雕细刻后入窑焙烧，独立成型后彩绘，然后插装组合而成。头部下端做圆形榫插入躯干，手、下肢均已残失。

标本 M5：1，残高 47.3、残宽 28.6 厘米，位于墓室入口处西侧，头的位置已被扰乱，弃于甬道。武士头戴兜鍪，正中有插缨的圆孔，兜鍪两侧长不及肩，并紧贴武士的面颊。后背项下塑一椭圆形卡，

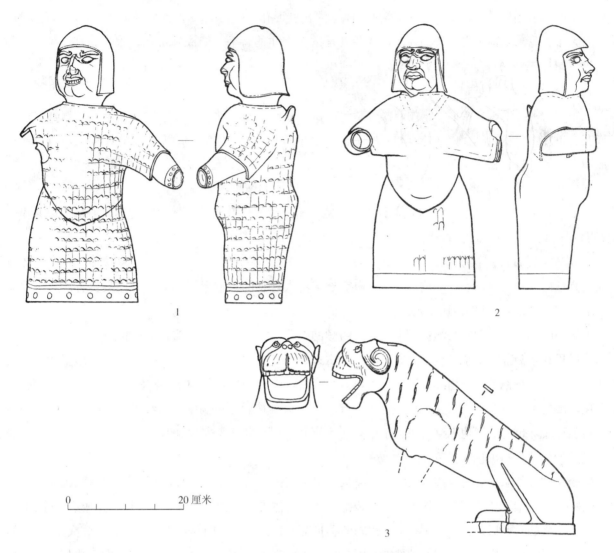

图一三五　M5 出土陶镇墓武士俑和镇墓兽

1. 镇墓武士俑（M5：1）　2. 镇墓武士俑（M5：156）　3. 镇墓兽（M5：154）

以防兜鍪掉落、移位或减轻兜鍪对头部的压力。脸形方正，面部涂红，眼珠鼓突，双眉粗壮隆起，高鼻略残，嘴阔唇厚，白色牙齿整排地露在外面紧压下嘴唇。身着铠甲，腰束革带，铠甲由红、黑两线勾描的长方形甲片编缀而成，下部边缘饰有红彩和小圆圈一周。左臂伸张，右臂已残，肩有披膊，下肘部涂宽 3.5 厘米的红彩，袖口处有一周小圆圈。肚、臀外凸（图一三五：1，彩版七六：1）。

标本 M5：156，残高 45.1、残宽 28.2 厘米，位于墓室入口处东侧。武士头戴兜鍪，兜鍪两侧下部略向后翻卷。后背项下塑一椭圆形卡，以防兜鍪掉落、移位或减轻兜鍪对头部的压力。脸形方正，全部涂红，眼珠鼓突，双眉粗壮隆起，鼻子硕大，嘴阔唇厚，紧抿双唇。左臂平张，下臂和手已残失，右臂弯曲，手已失，肩有披膊，周边有红彩。身上勾划的铠甲多已剥蚀不清，下部边缘涂有一圈红彩。肚、臀外凸（图一三五：2，彩版七六：2）。

镇墓兽　1件（标本 M5：154）。长 43、高 33 厘米，位于墓室南侧。泥质灰陶。造型为一只老虎，头、身双模合制，然后与下肢捏合在一起烧制。腹部中空，前腿缺，后腿作蹲卧状，有椭圆形底座。

脊背正中从前到后排列四个长 1.6、宽 0.6 厘米的长方形孔，应为插鬃毛之处。圆眼鼓起，鼻孔上翘，嘴巴大张，露出上面一排整齐的牙齿，耳朵处是绺绺卷曲的兽毛，塑成圆饼状。兽身施红、黑彩，勾虎纹（图一三五：3，彩版七六：3）。

　　2. 人物俑

　　全部为泥质灰陶彩绘俑。采用双模合制（俑模为前后或左右两个半片，先利用半模制出俑的前后或左右单片，再拼合粘接成一体）和分模脱制（依部位不同分段模制）的方法制成胎体之后进行组装成型，对局部进行精雕细刻，然后装窑焙烧。素陶俑烧成后，再经过彩绘，一般是以黑彩绘眉、眼、胡须，红彩涂脸、唇和手。

　　甲骑具装俑　26 件。甲指人铠，具装指马铠，骑兵和战马都披铠甲称为甲骑具装。墓葬中共出土 26 件甲骑具装彩绘陶俑，主要分置在墓室西侧和东侧北部。

　　战马的头部和躯干为左右半模合制，马腿、马蹄及底座另外制做，然后拼合粘接为一体，马尾系模制修整后，粘接在马后尻部位。底座为内空外实不太规整的长方形，待粘接好马腿再将底板上多余的部分切除。装窑焙烧后通体彩绘。战马颈微曲，头稍低，戴有仿金属制成的面帘。面帘由额至鼻是一条居中的平脊，向左右两侧扩展出适合马两颊的弧形护板，遮护住马头，上面留有让马眼睛可外视的圆形目孔，额部顶上塑有三个微向前倾的花瓣式装饰。战马全身披挂由红黑两色长方形甲片编缀而成的具装铠，马铠下缘均用红彩涂出宽缘，上有黑色斜线勾划的图案，表明装有较宽的帛毛织物包边，以免坚硬的甲片磨损马的肌肤。战马的项上有彩饰，马身鞍后涂有椭圆形的红彩，一部分用红、黑线勾划菱形纹，也有的素地无纹，图案正中有一小圆孔，以插寄生。马尾短而粗，自然下垂，末稍处分叉。马腿和马蹄为黑色或灰色。

　　骑兵的头部系前后范合模制成，上半身也为单独制做，双腿附在马的躯干上左右半模合制，胳膊、手和脚另外捏塑，然后拼合粘接为一体。装窑焙烧后通体彩绘。骑兵头戴兜鍪，顶部正中有一小圆孔，应为插缨之处。颈后捏塑一椭圆形卡，以防兜鍪掉落、移位或减轻兜鍪对头部的压力。骑兵全身披铠，自肘部以上收口，应为筒袖铠，袖口有一圈红色缘饰。26 件骑兵皆为左手牵缰绳，右手执兵器，双臂前伸或高抬，双手半握或曲握。俑体空心，背部扁平。两腿自然下垂，脚穿鞋，两脚与马身平行或呈一定的角度。骑兵在马背上有不同方向和不同程度的偏扭，依此分四型。

　　Ⅰ型 8 件。骑兵骑在马背上，双目注视前方（M5：5、23、25、34、36、78、79、88）。

　　标本 M5：34，长 33、通高 31.5 厘米，位于墓室西侧中部。骑兵两目平视，左手牵缰，右臂曲肘，手平伸于胸前，右手指残失。底座长 27.5、宽 16、高 1.5 厘米（图一三六：1，彩版七七：1）。

　　标本 M5：78，长 34.2、通高 31.1 厘米，位于墓室东侧中部。骑兵脸部涂红，两目直视前方，左手半握牵缰，右手半握执物。马前腿中间加一小柱，使战马更显稳健。马身鞍后涂有椭圆形的红彩，用黑色勾划菱形纹，图案正中有一小圆孔，以插寄生。底座长 28、宽 15.2、高 2 厘米（图一三六：2，彩版七七：2）。

　　标本 M5：79，长 32.4、通高 30.5 厘米，位于墓室东侧中部。骑兵两眼平视，脸部涂红色，昂首挺胸。左手紧贴马颈处半握牵缰，右臂自然弯曲，右手曲握，拇指残失。左脚与马身平行，右脚略向外撇。人、马身上遍涂一层黑衣，长方形铠甲片较清晰。底座残长 20.5、宽 14.9、高 1.5 厘米（图一三六：3，彩版七七：3）。

图一三六
M5 出土陶甲骑具装俑

1. 甲骑具装俑
　（ M5：34）

2. 甲骑具装俑
　（ M5：78）

3. 甲骑具装俑
　（ M5：79）

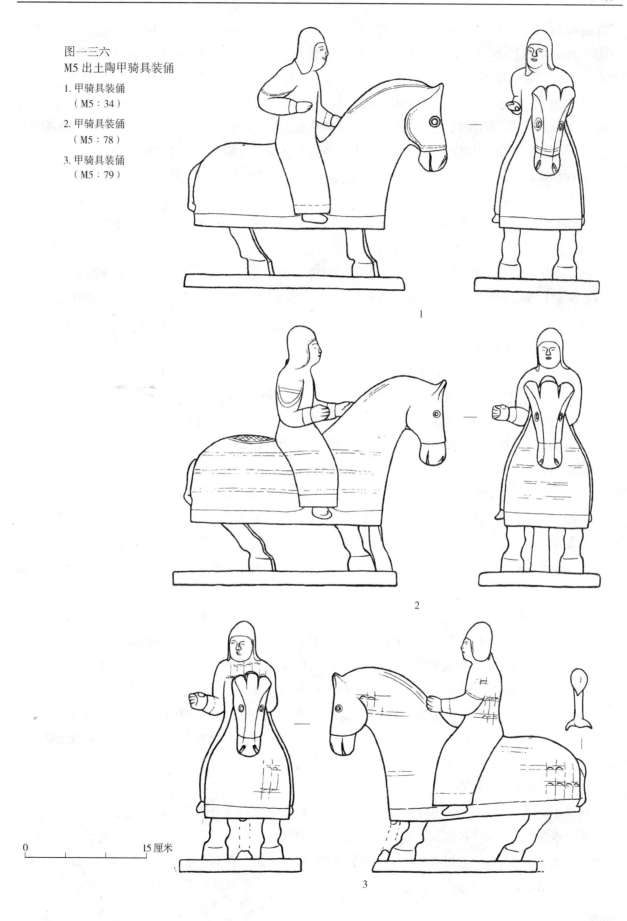

0　　　　　　　15厘米

标本 M5：88，长 33、通高 31.3 厘米，位于墓室东侧中部。骑兵五官端正，表情自然，所戴兜鍪两侧下部既宽又长，左手执缰，右手略握，右手拇指残缺。底座长 21.5、宽 14.5、高 1.8 厘米（彩版七七：4）。

Ⅱ型 1 件。骑兵骑在马背上，头部和上身向左扭曲。标本 M5：56，长 33.3、通高 31.5 厘米，位于墓室东侧北部。骑兵五官端正，面带笑容，口唇涂朱，颈短。头部及上身扭向马的左侧，两目注视左前方。左胳膊的筒袖铠刻划明显，红色袖饰表现清楚，左手半握牵缰，右臂和手残失。腿部自然下垂，脚尖略向下。马铠下缘红色的宽边上有黑色斜线勾划的菱形图案。底座长 23.4、宽 11.1、高 1.9 厘米（图一三七：1，彩版七八：1）。

Ⅲ型 16 件。骑兵骑在马背上，头部和上身向右扭曲（M5：9、20、22、24、27、28、29、31、35、38、40、41、66、70、71、78）。

标本 M5：24，长 31.9、通高 31.4 厘米，位于墓室的西南角。骑兵脸部涂红，略带微笑，挺胸直腰，头部和上身略向右扭，左手紧贴马颈半握牵缰，右手前伸半握执物。马身鞍后涂有椭圆形的红彩，用黑色勾划菱形纹，图案正中有一小圆孔，以插寄生。底座长 27、宽 15.5、高 1.8 厘米（图一三七：2，彩版七八：2）。

标本 M5：31，长 34.2、通高 32.8 厘米，位于墓室的西侧中部。骑兵五官端正，英俊威武，身体略向右扭，左手执缰，右手半握，人、马身上的铠甲比较清晰，马腿及底座残（彩版七八：3）。

标本 M5：65，长 33.3、通高 32.3 厘米，位于墓室的东侧北部。骑兵五官端正，面带笑容，挺胸直腰，身体略向右扭，左手执缰，右手指残。底座长 21.8、宽 12.4、高 2 厘米（彩版七八：4）。

标本 M5：66，长 33.3、通高 30.6 厘米，位于墓室的东侧北部。骑兵五官端正，微带笑容，低头前倾，身体右扭，左手执缰，右手半握。底座长 27.8、宽 14.7、高 1.6 厘米（彩版七九：1）。

标本 M5：70，长 33.5、通高 32.3 厘米，位于墓室的东侧北部。骑兵脸部涂红，面带笑容，头部向右扭曲幅度较大，左手紧贴马颈半握牵缰，右手前伸半握执物。马身鞍后有一椭圆形红色图案，中间是黑色斜线方格纹，人、马身上的铠甲比较清晰，骑兵裤腿有红色边饰。是一位年轻英俊的重甲骑兵。底座长 20.9、宽 12.1、高 1.9 厘米（图一三七：3，彩版七九：2）。

Ⅳ型 1 件（标本 M5：33）。骑兵骑在马背上，头部和上身向后扭曲。长 34.2、通高 33.2 厘米，位于墓室西侧中部。骑兵五官端正，略带微笑，头戴兜鍪，身着筒袖铠，精神抖擞地骑在马背上，头部和上身向后扭曲，与马身基本平行。左手半握执缰，右胳膊弯曲上举，手已残失。腿部自然下垂，左脚前后平直，右脚脚尖朝下。战马的目孔外围用红涂圈，马铠下缘均用红彩涂出宽边，上有黑色斜线勾划的图案。马身鞍后涂有椭圆形的红彩，用黑色勾划菱形纹，图案正中有一小圆孔，以插寄生。马尾短而粗，自然下垂，末梢处分叉。底座长 21.3、宽 12、高 1.5 厘米（图一三八：1，彩版七九：3、4）。

鸡冠帽轻骑兵俑　32 件。

骑兵头戴黑色风帽，上置鸡冠形装饰，与山西大同石家寨村附近发掘的北魏琅琊康王司马金龙夫妇合葬墓中所出土的陶俑相似，暂从名。这种鸡冠帽轻骑兵人、马均不披铠，与甲骑具装重骑兵相比轻装且低矮了许多。他们主要分布在墓室的东侧中、南部，虽然位置早被扰乱，但基本的队列是四位一排，这是出行队伍中数量最多、保存最好、颜色最为鲜艳、排列最为整齐的一部分。

图一三七
M5 出土陶甲骑具装俑

1. 甲骑具装俑
　（M5：56）

2. 甲骑具装俑
　（M5：24）

3. 甲骑具装俑
　（M5：70）

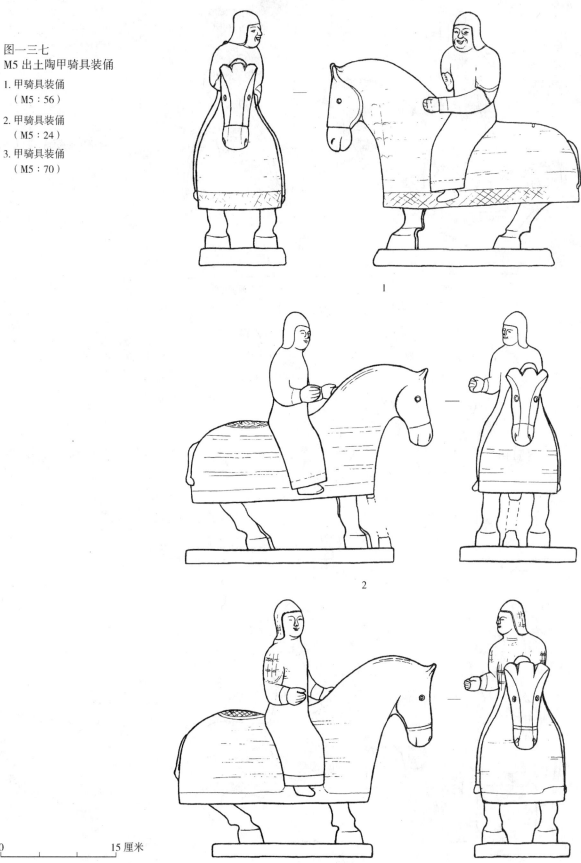

0 ————————— 15 厘米

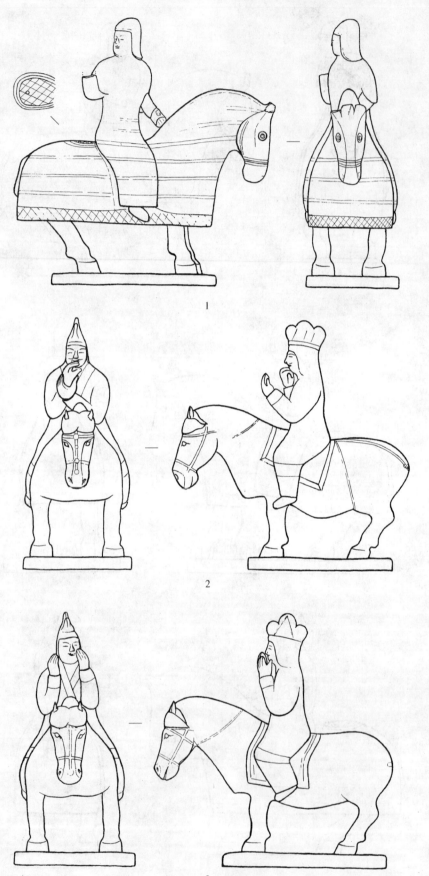

图一三八
M5 出土陶甲骑具装俑
和鸡冠帽轻骑兵俑
1. 甲骑具装俑
　（M5∶33）
2. 鸡冠帽轻骑兵俑
　（M5∶86）
3. 鸡冠帽轻骑兵俑
　（M5∶103）

0　　　　　　　15厘米

　　这些马的头部和躯干为左右半模合制,马腿、马尾和底座另外制作,然后拼合粘接成一体,精雕细刻后装窑焙烧,最后进行通体彩绘。战马两目圆睁,鼻孔翕张,嘴巴紧闭,双耳直立,辔头用黑和红色描绘,额上的鬃毛以额中为界,分成左右两股,绕向耳的前后,刻划的非常细腻。马有红、白、黑三色,马上置白色或红色鞍具,前鞍桥较高,其中有9件在前鞍桥的周边塑一圆形孔,骑兵全部为右手执缰。缰绳有红、白两色,网状后鞧带用红线或黑线描绘,后尻部有圆孔,尾巴全部失落或没有制作,马蹄大多涂红。底座为内空外实不太规整的长方形,待粘接好马腿再将底板上多余的部分切除。有红色和素面两种,制作粗糙。

　　骑兵的头部和上半身为前后半模合制,双腿与马的躯干一同制作,左右半模合制,胳膊、手和脚另外捏塑,然后拼合粘接成一体。骑兵头戴黑色风帽,帽垂裙至肩,上置白色鸡冠形装饰,中间的瓣饰较高,两侧均刻划"∧"形图案。骑兵脸部全部彩绘,以黑彩绘眉、眼、胡须,红彩涂脸和唇。骑兵在马背上直视前方,既有左手执缰,也有右手执缰,还有在马上奏乐者,双手涂红。上身穿左衽交领窄袖长襦,有红边黑襦和白边红襦两种,下身着黑色窄腿裤,脚穿鞋。以骑兵手势的不同分为三型。

　　Ⅰ型2件。马上乐俑。

　　标本 M5:86,长30.7、通高31.2厘米,位于墓室东侧中部。骑士眉清目秀,蓄八字胡须,上身穿黑色左衽交领窄袖长襦,领、袖和下摆处皆有红色边饰。下身着黑色窄腿裤,双腿紧贴马腹自然下垂,脚穿鞋,脚尖朝下。精神抖擞地骑于马背上,左手臂弯曲向前,左手曲握,右手臂弯曲,右手半握,两手相互配合,应是演奏较大型筚的马上乐俑。马全身涂红色,黑色辔头,鬃毛也用黑彩轻描,马身正中置双条黑线作框的白色鞍具,马蹄为白色。底座长18.5、宽13.8、高1.5厘米(图一三八:2,彩版八○:2)。

　　标本 M5:103,长30.4、通高31.8厘米,位于墓室东侧中部。骑士五官端正,面带微笑,上身穿黑色交领窄袖长襦,领、袖和下摆处皆有红色边饰。下身着黑色窄腿裤,双腿紧贴马腹向后弯去,脚穿鞋,脚尖朝下。精神抖擞地骑于马背上,双手臂同时弯曲向上至肩,应是演奏排箫的马上乐俑。马全身涂红色,黑色辔头,马身正中置双条黑线作框的白色鞍具,马蹄为白色。底座长21、宽15.4、高1.8厘米(图一三八:3,彩版八○:1)。

　　Ⅱ型21件。左手曲握牵缰绳,右手曲握执兵器(M5:54、85、94、97、100、102、112、113、114、117、118、119、120、123、127、131、132、133、135、136、148)。其中3件右臂及手残失。根据动作的不同,其余的19件可分为三式。

　　A式14件。右臂平伸于胸前,右手曲握(94、100、102、113、114、117、118、119、127、133、135)。

　　标本 M5:100,长30.8、通高32.3厘米,位于墓室东侧中部。骑兵五官端正,两眼有神,下巴及两颊蓄满了卷曲的络腮胡子。上身穿黑色交领窄袖长襦,领、袖和下摆处皆有红色边饰,颈部有红、黑两道短弧线。下着窄腿黑裤,腿部向后弯,脚穿鞋。左手半握牵缰,拳眼向上,右臂弯曲至右前方,右手半握。马通身施红彩,黑色辔头,正脊上有细线划痕,以示鬃毛。马身置双层黑线作框的白色鞍具,马身后部绘有黑色革带,用以固定鞍具。马蹄为白色。底座长19、宽14.1、高1.3厘米(图一三九:1,彩版八○:3、4)。

　　标本 M5:114,长30.5、通高33.3厘米,位于墓室东侧南部。骑兵长眉细眼,脸部涂红,嘴唇

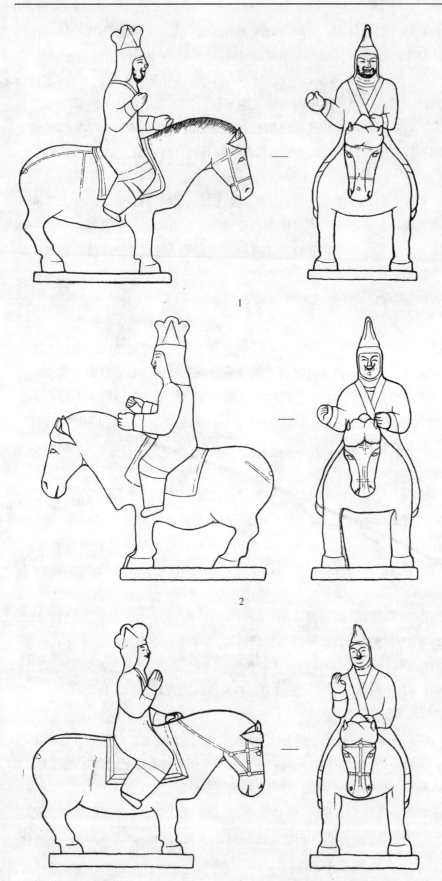

图一三九

M5 出土陶鸡冠帽轻骑兵俑

1.鸡冠帽轻骑兵俑
（M5：100）

2.鸡冠帽轻骑兵俑
（M5：114）

3.鸡冠帽轻骑兵俑
（M5：85）

0　　　　　　　　15厘米

上用黑线描绘有上翘的八字胡。身着交领红色襦裤，斜领、袖边涂白色。左手半握执缰绳，右手略抬曲握，平伸于胸前，应执矛和戟一类的兵器。马通身上施白彩，置红色鞍具，马蹄为红色。底座长19.2、宽14.1、高1.5厘米（图一三九：2，彩版八一：1、2）。

标本 M5：117，长30.5、通高28厘米，位于墓室东侧南部。骑兵年轻英俊，双目炯炯有神，身着交领黑色窄袖长襦，斜领、袖口和长襦下摆处均有红色边饰，左手半握执缰，右臂向右前方弯曲，右手半握，似执兵器。马通身施白彩，黑色辔头，马身正中置红色鞍具，马蹄及底座残（彩版八一：3）。

B式7件。右臂弯曲向上，右手曲握（85、97、123、131、132、136、148）。

标本 M5：85，长30.2、通高31.3厘米，位于墓室东侧中部。骑兵五官端正，微带笑容，嘴唇上部蓄两撇八字胡。左手半握执缰，手背朝上，右臂弯曲向上，右手曲握执物。身穿黑色交领窄袖长襦，斜领、袖口以及长襦下摆处皆有红色边饰，下着黑裤，腿部自然下垂。马通身施红彩，黑色辔头纵横交叉处有白色圆圈，马身正中置双层黑线作框的白色鞍具，马蹄为白色。马身后部绘有黑色革带，用以固定鞍具。底座长18.7、宽14.2、高1.8厘米（图一三九：3，彩版八一：4）。

标本 M5：131，长31.4、通高32.1厘米，位于墓室东侧南部。骑兵昂首挺胸，两目直视前方，身着黑色斜领左衽窄袖长襦，颈部有红、黑两道短弧线。斜领、袖口和长襦下摆处均有红色边饰，左手执缰，表示缰绳的红线非常清晰。右臂弯曲，右手高抬至颈下，手中所执之物已失。马通身施红彩，黑色辔头，马身正中置白色鞍具，马身后部绘有黑色革带，用以固定鞍具。马蹄为白色，底座为红色，底座长18.6、宽13.9、高1.5厘米（图一四○：1，彩版八二：2）。

C式1件（标本 M5：120）。左、右手位置较低。长30.4、通高31.3厘米，位于墓室东侧南部。骑兵五官端正，脸部较黑，两目注视前方，上身穿黑色斜领左衽窄袖长襦，斜领、袖口、长襦下摆处皆有红色边饰，下身着窄腿裤，脚穿鞋。左手半握执缰，位置低于马颈，右手半握执兵器，与马颈等高。马身正中置红色鞍具，马蹄为红色。底座长18.5、宽13.8、高1.3厘米（图一四○：2，彩版八二：4）。

右臂残缺者2件（M5：54、112）。标本 M5：112，长30.3、通高32.4厘米，位于墓室东侧南部。骑兵眉毛短粗，口唇涂朱，唇上有八字胡，唇下有一撮山羊胡。身穿黑色斜领左衽窄袖长襦，斜领、袖口、长襦下摆处皆有红色边饰，左手半握执缰，右臂至肘部以下残失。马通身施白彩，黑色辔头，马身正中置红色鞍具，马蹄为红色。底座长19.8、宽13～14、高1.4厘米（图一四○：3，彩版八二：1）。

Ⅲ型9件　右手执缰，左手高抬执兵器。

A式4件（M5：99、107、108、147）。右手半握，拳心向上。

标本 M5：99，长30.6、通高32.8厘米，位于墓室东侧中部。弯眉细眼，微带笑容，身穿黑色斜领左衽窄袖长襦，斜领、袖口、长襦下摆处皆有红色边饰，右手半握执缰，左臂向前弯曲，左手半握执物。马通身施红彩，黑色辔头，马身正中置双重黑线勾框的白色鞍具，马身左侧有一圆形孔。马蹄为白色。底座长22、宽14.8、高1.5厘米（彩版八三：1）。

标本 M5：108，长31.2、通高33.3厘米，位于墓室东侧中部。骑兵五官端正，唇上有八字胡。身穿黑色斜领左衽窄袖长襦，斜领、袖口和长襦下摆处皆有红色边饰，下身着黑色窄腿裤，左腿自然

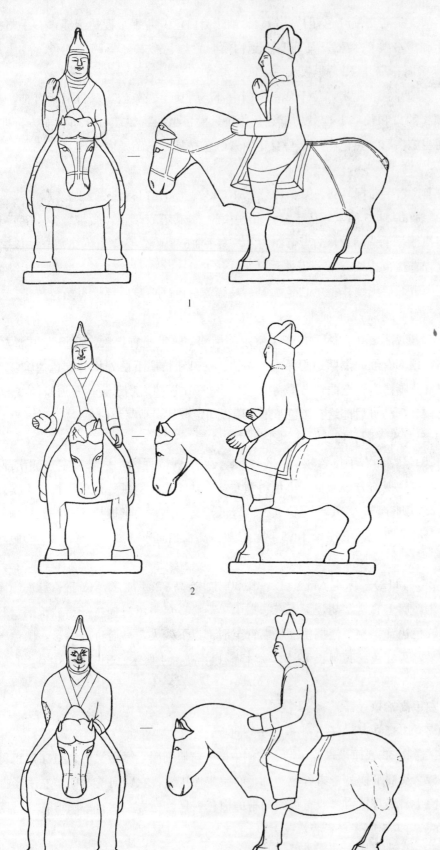

图一四〇

M5 出土陶鸡冠帽轻骑兵俑

1. 鸡冠帽轻骑兵俑
   （M5∶131）

2. 鸡冠帽轻骑兵俑
   （M5∶120）

3. 鸡冠帽轻骑兵俑
   （M5∶112）

0 　　　　　　　15 厘米

下垂，右腿向后弯曲，脚穿鞋与马身平行。右手曲握执缰，拳心向上，左臂向前弯曲，左手半握执物。马通身施红彩，黑色辔头，马身正中置双重黑线勾框的白色鞍具，马身左侧有一圆形孔。底座长22.4、宽15、高1.4厘米（图一四一：1，彩版八三：2）。

B式 5件（M5：95、96、111、115、124）。右手半握，手背朝上。

标本 M5：96，长30.8、通高32.4厘米，位于墓室东侧中部。骑兵五官端正，脸部涂红，唇上有短粗的八字胡，下巴及双颊处绘有浓密的络腮胡。上身穿左衽窄袖黑色长襦，领、袖、下摆处皆涂红色，下身着黑色窄腿裤，右腿向后弯曲，脚穿鞋，右脚尖朝下。骑兵右手高离马颈曲握执红色缰绳，手背朝上，左臂向上弯曲，左手曲握，所握之物已失。战马通体施白色，黑色辔头，上置双层黑线勾框的红色鞍具，前鞍桥左侧有一圆孔。马蹄为红色，底座长22.6、宽14.7、高1.6厘米（图一四一：2，彩版八二：3）。

标本 M5：111，长31.6、通高33.6厘米，位于墓室东侧中部。骑兵五官端正，面带微笑，脸部涂红，向右偏扭。上身穿左衽斜领黑色长襦，领、袖、长襦下摆处皆有红饰，下身着窄腿裤，脚穿鞋。右手曲握高抬执缰，手背向上，左臂向前弯曲，左手曲握执物。战马通体施白色，黑色辔头，马的正脊涂黑，马身正中置红色鞍具，前鞍桥较高，正中有一圆形孔，马身鞍后有黑色鞯带，马蹄为白色。底座长22.7、宽14.3、高1.8厘米（图一四一：3，彩版八三：3）。

标本 M5：115，长31.5、通高32厘米，位于墓室东侧南部。骑兵脸部涂红，向右偏扭。鸡冠形帽的中间瓣饰已残，帽上无"∧"样阴刻。上身穿斜领黑色左衽长襦，领、袖、下摆处均有红色边饰，下身着黑色窄腿裤，两腿自然下垂。右手紧贴马颈处曲握执缰，右臂弯曲前伸，左手曲握执物，拳心向上。马通身饰红彩，黑色辔头，正脊涂黑，马身正中置白边红色鞍具，马身左侧有一圆形孔。马身鞍后有黑色鞯带，马蹄为白色。底座长22.5、宽15.2、高1.4厘米（彩版八三：4）。

仪仗俑　19件。

从俑的头部到长袍的底部先用前后半模合制，将腿部和底座用手捏塑连为一体，俑的胳臂和双手也是另外捏塑，整个胎体合成之后对局部精雕细刻，然后装窑烧制，最后通体彩绘。仪仗俑间隔立于墓室西、北、东三壁，西壁7件，北壁7件，东壁5件。排列方式皆为面向里，背朝壁。

19件仪仗俑的造型基本一致，缺乏个性特征。头戴风帽，帽顶浑圆，上有"十"字形阴线，似用四块面料缝合而成，其下缝缀超肩的垂裙，帽裙两侧向后翻卷，帽顶与帽裙边之间有凸棱，表示扎带一圈。脸呈圆形，面带微笑。身穿圆领窄袖长袍，半高领，袍身长及膝下，右侧明显压于左侧，阴刻两线或涂色表示边饰。双手曲握置于胸前，中间有圆孔，以插所执之物。仪仗俑的脸和手全部涂为红色，双腿没有刻划分开。底座呈圆形，其中有16件涂红彩，另外3件素面。

标本 M5：32，通高28.8、底座直径11厘米，位于墓室东北角。头戴顶部浑圆的黑色风帽，绕冠有扎带，帽裙两侧向后翻卷。脸部涂红，略带微笑。耳朵两侧有两条交叉的黑色细线，应用以系帽。身穿长及膝下的黑色圆领袍，较宽的袍边略高出袍身，腿部及圆形底座涂为红色。左手拇指向上，其余四指向内弯曲作握物状，紧靠在右手之下，斜置于胸前，中间有圆形插孔，表示手中有所执之物。仪仗俑双模合制的缝隙清晰可见（图一四二：1，彩版八四：2）。

标本 M5：49，通高28.8、底座直径11.4、高1.5厘米，位于墓室北侧。头戴顶部浑圆的黑色风帽，绕冠有扎带，帽裙两侧向后翻卷。头微低，略带微笑。身穿长及膝下的圆领袍，有较宽的白色袍

图一四一

M5 出土陶鸡冠帽轻骑兵俑

1. 鸡冠帽轻骑兵俑
　（M5：108）

2. 鸡冠帽轻骑兵俑
　（M5：96）

3. 鸡冠帽轻骑兵俑
　（M5：111）

0　　　　　　　　15厘米

图一四二
M5 出土陶仪仗俑
1. 仪仗俑（M5：32）
2. 仪仗俑（M5：49）
3. 仪仗俑（M5：62）

0   10厘米

边和袖边，脸、圆领和手涂为红色。右手平置于胸前，左手拇、食、中三指伸开，只有无名指和小拇指向内弯曲，紧靠在右手下，中间有圆形插孔，表示手中有所执之物（图一四二：2，彩版八四：1）。

标本 M5：62，通高 28.8、底座直径 11.7、高 1.2 厘米，位于墓室东北角。头戴顶部浑圆的黑色风帽，绕冠有扎带，帽裙两侧向后翻卷。脸呈圆形，略带微笑，身穿长及膝下的圆领袍，袍边两线阴刻明显。左手拇指向上，其余四指向内弯曲作握物状，紧靠在右手之下，斜置于胸前，中间有圆形插孔，表示手中有所执之物。脸、手以及圆形底座均涂红彩（图一四二：3，彩版八四：3）。

披铠步兵俑　18 件。

从俑的头部到腿部先用前后半模合制，俑的胳臂、双手和底座单件用手捏塑，整个胎体合成之后对局部精雕细刻，然后装窑烧制，最后通体彩绘。18 件披铠步兵俑，零散地分布在甲骑具装俑和鸡冠帽轻骑兵俑之间，根据手势，似为牵缰绳和执兵器。兵士头戴由鱼鳞形甲片编缀而成的兜鍪，顶正中有圆孔，为插缨之处。脸部全部涂红，有所偏扭。双手的比例较大，也全部涂红。身着窄袖长襦，下摆处和袖饰皆为红色。外罩两当铠，铠甲由六排约长 2、宽 1 厘米的鱼鳞形甲片穿缀而成，前后两片，用红、墨两线勾划，铠甲下有较宽的红彩边饰。底座为圆形，加工粗糙。依兵士的动作可分为二型。

Ⅰ型 4 件。左臂下垂，右手高抬（M5：60、128、138、139）。

标本 M5：60，通高 25.1 厘米，底座直径 8.6、高 1.5 厘米，位于墓室东北角。兵士头戴兜鍪，面带微笑，里穿长襦，下摆处有较宽的红色边饰；外罩两当铠，铠甲由红、黑两线勾划的鱼鳞形甲片穿缀而成，下摆处也有较宽的红色边饰，铠甲较之长襦短了许多。左臂紧贴身体下垂，右臂弯曲，右手半握与颈同高，所执之物已失。脸、颈、手以及袖口皆涂红色（图一四三：2，彩版八四：4）。

标本 M5：128，通高 24.3 厘米，底座直径 8 厘米，位于墓室的东侧南部。兵士头戴兜鍪，兜鍪前部正中有一圆形装饰。五官端正，表情自然，左臂残失，但紧贴身体的痕迹非常明显。右臂弯曲，右手曲握高至颈下，所执之物已失。里穿长襦，下摆处有较宽的红色边饰；外罩两当铠，铠甲由红、黑两线勾划的约长 2、宽 1 厘米的鱼鳞形甲片穿缀而成，铠甲下也有较宽的红彩边饰，腿的下部与底座连在了一起（图一四三：1，彩版八四：5）。

Ⅱ型 14 件。左臂弯曲，平伸于胸前，两手均半握，右手高抬（M5：45、61、73、81、87、109、110、122、130、134、137、140、141、146）。

标本 M5：140，通高 24.8、底座直径 7.4、高 1.3 厘米，位于墓室东侧南部。兵士脸部涂红，嘴部歪斜，左臂弯曲，平伸于胸前，左手半握，拳心向上；右臂向上弯曲，右手半握高及颈部（图一四三：3，彩版八四：6，彩版八五：1）。

男侍俑　8 件。

先用半模制出俑的前后单片，胳臂和双手另外捏塑，制成胎体之后对局部精雕细刻，然后装窑烧制，最后通体彩绘。8 件男侍俑零散地分布在墓室东侧和南侧。俑头戴黑色风帽，帽顶聚圆，帽与帽裙间有扎带一圈，帽裙长及肩下，两侧下部作迎风翻卷状。身穿左衽斜领窄袖长襦，其中有 3 件是白边红襦；另 5 件是红边白襦；下身着窄腿裤，腰间有束带，应是北方少数民族最常见的"裤褶服"。脚穿鞋，两腿分开站立在红色圆形底座上。脸、手均涂红色。依动作不同，可分二型。

Ⅰ型 1 件。两手相握于腰间。标本 M5：129，通高 25.4、底座直径 9.6、高 1.7 厘米。位于墓室东侧南部。头戴黑色风帽，脸、颈、手皆饰红彩。上穿斜领左衽窄袖长襦，下着白色条纹窄腿裤，领、

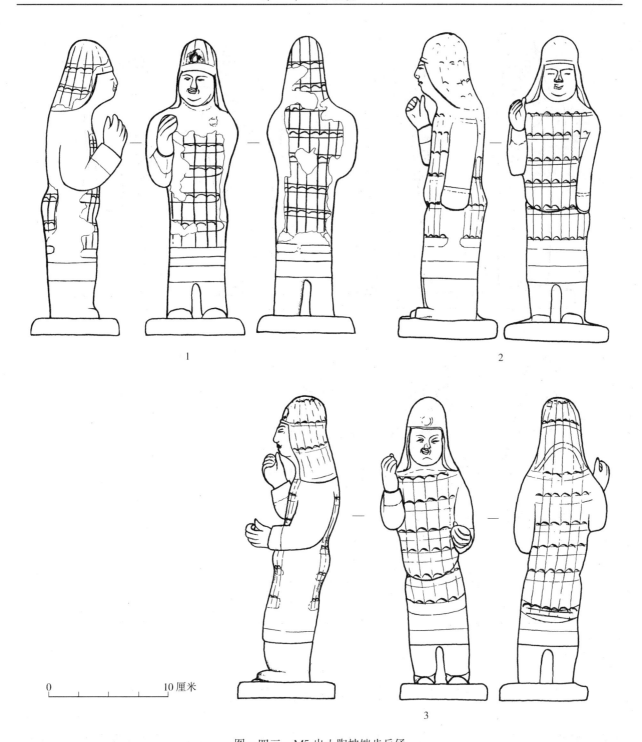

1

2

0　　　　　　　　　　10厘米

3

图一四三　M5 出土陶披铠步兵俑

1. 披铠步兵俑（M5：128）　2. 披铠步兵俑（M5：60）　3. 披铠步兵俑（M5：140）

袖、下摆处皆饰红彩。双手上下相握于腰间，中有插孔，应有持物。右腿靠前、左腿稍后，脚穿鞋站立在红色圆形底座上（图一四四：1，彩版八五：2）。

Ⅱ型7件。左臂下垂，右手半握（M5：58、67、125、144、151、152、155）。

标本 M5：58，通高 24.9 厘米，位于墓室东侧北部。头戴黑色风帽，上身穿红色左衽窄袖长襦，

图一四四　M5 出土陶男女侍俑

1. 男侍俑（M5：129）　　2. 男侍俑（M5：151）　　3. 女侍俑（M5：160）

下着窄腿裤，脚穿鞋站立在红色圆形底座上。左臂紧靠身体下垂，右臂弯曲，右手半握高度与腰同齐。

标本 M5：151，通高 24.7、底座直径 8.8、高 1.4 厘米，位于墓室南侧。头戴黑色风帽，上穿白色左衽窄袖长襦，领、袖和长襦下摆处皆饰红彩，下著窄腿裤，脚穿鞋站立在红色圆形底座上。左臂紧贴身体下垂，右臂弯曲前伸，右手半握与腰同高，拳心向上，应为执物（图一四四：2，彩版八五：3）。

女侍俑　6 件。先用半模制出俑的前后单片，胳臂和双手另外捏塑，制成胎体之后对局部精雕细刻，然后装窑烧制，最后通体彩绘。女侍俑其中的 1 件位于墓室东北角，另外 5 件均位于石椁内，应为墓主人的贴身侍俑。俑头戴黑色风帽，上有"十"字形的刻痕，似用四块面料或皮革缝制而成，帽裙既长且宽，超肩许多，帽裙两侧下端作迎风翻卷状，帽与帽裙之间有束带一圈，帽后有短竖线和短弧线的刻痕，表示在帽的后部扎带系结。女侍俑脸庞圆润，略带微笑，耳朵垂有圆形饰物。女侍俑身穿左衽斜领窄袖长襦，襦长过膝，长襦素面无纹饰。下着曳地长裙，掩盖双脚。双手袖于胸前。依衣服颜色的不同可分为红襦白边和白襦红边两式（彩版八八：2）。

红襦白边俑　3件（M5：159、160、161）。

标本 M5：160，高 23.8 厘米，位于椁室内紧靠东侧棺床。女侍俑头戴黑色风帽，帽前正中有很深的竖线刻痕，帽裙垂至肩下，帽与帽裙之间有绕圈的束带，帽后有两道短弧线和"八"字形线刻痕，表示在此束带挽结。女侍俑脸庞圆润，五官端正，嘴角微翘，露出了甜甜的笑容。耳朵用红线描绘，下垂圆形饰物。身穿红色长领左衽窄袖长襦，领、袖、下摆处皆涂白色，内衣领口饰有红色菱形几何图案。下着素面曳地长裙，掩盖双脚。两手袖于胸前（图一四四：3，彩版八五：4、5）。

白襦红边俑　3件。

标本 M5：162，高 23.8 厘米，位于墓室的东侧北部。女侍俑头戴黑色风帽，帽中有很深的竖线刻痕，帽裙垂至肩下，帽与帽裙之间有绕圈的束带，帽后有四道短弧线刻痕，表示束带的挽结。女侍俑脸庞圆润，略带微笑，耳朵用红线描绘，下垂圆形饰物。身穿白色左衽窄袖长襦，领、袖、下摆处皆涂红色，内衣领口饰有红色菱形几何图案。下着素面曳地长裙，掩盖双脚。两手袖于胸前。

胡人伎乐俑　4件。头和身分别双模合制，四肢和手另外捏塑，制成胎体之后组装成型，对局部精雕细刻，然后装窑烧制，最后通体彩绘。这 4 件胡俑的面相、服饰与墓葬中的众俑不同，应是西域少数民族的形象。从他们的表情和动作看，似为一组伎乐俑（彩版八八：1）。

标本 M5：89，残高 25.2 厘米，底座残失。位于墓室东侧中部。头戴黑色风帽，帽裙齐颈。脸部涂红，深目高鼻，头向上扬起。身着白色交领长袍，前后中缝、左右侧缝以及袖口和下摆处均有较宽的红色边饰，背后红边中缝间有一道粗黑彩饰，长袍上有红色花卉图案。腹、臀外凸，位置较低。腿部残，站立在圆形底座上。两臂弯曲前伸，双手涂红作托物状（图一四五：3，彩版八六：1、2）。

标本 M5：98，通高 26.7、底座直径 8.6、高 1.1 厘米。位于墓室东侧中部。头戴黑色风帽，帽裙齐颈。头高高的扬起，两目注视上空，深目高鼻，嘴巴大张。身着红色长袍，前后中缝、左右侧缝和下摆处均有较宽的白色边饰，在白色边饰上皆饰一道黑彩。腹、臀外凸，位置较低，双臂失，脚残（图一四五：4，彩版八六：3、4）。

标本 M5：104，残通高 22.1、底座直径 10.6、高 0.7 厘米。位于墓室东侧中部。身穿交领红色长袍，前后中缝、左右侧缝以及袖口和下摆处均有较宽的灰绿色边饰，在中、侧缝灰绿色边饰上用墨线装饰图案。绕下摆处灰绿色边饰的底边饰一道黑彩，红袍下部与灰绿色边饰之间又饰一道白彩，侧摆下端两侧开叉，长袍上装饰花卉图案。腰系黑色大带及蹀躞带，脚穿黑鞋，分腿站立在圆形底座上。头及左臂不存，右臂弯曲于胸前，右手平展，似在演奏吹管乐器（图一四五：2，彩版八七：1、2）。

标本 M5：105，通高 27.3、底座直径 10.9、高 0.7 厘米，位于墓室东侧中部。头戴黑色风帽，帽裙齐颈。面部丰满，高目深鼻，头微低，双目半闭。身着绿色交领长袍，前后中缝、左右侧缝以及袖口和下摆处均有较宽的红色边饰，在中、侧缝红色边饰上用白线装饰。绿袍下部与下摆处的红色边饰之间装饰一道白彩，侧摆下端两侧开叉，长袍上装饰花卉图案。腰系黑色大带及蹀躞带，脚穿黑鞋，

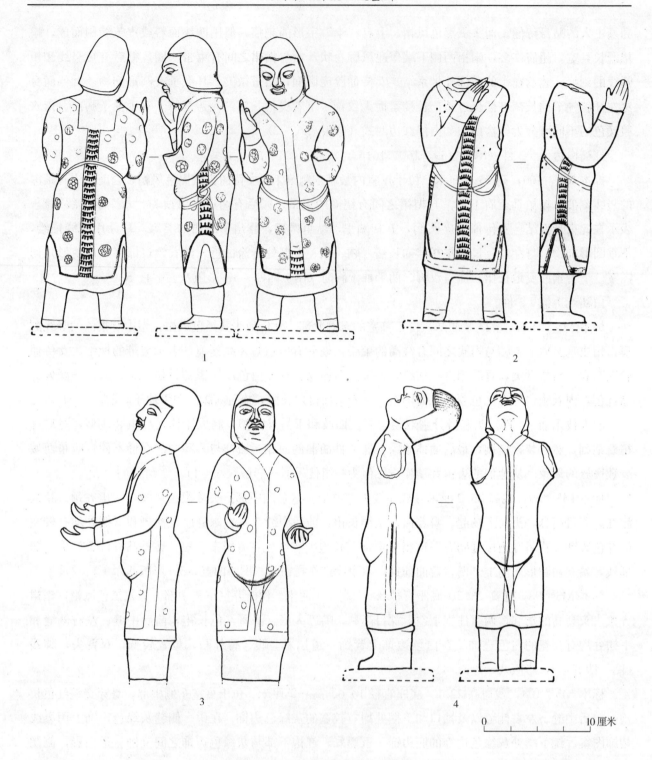

图一四五　M5 出土陶胡人伎乐俑

1. 标本 M5：105　2. 标本 M5：104　3. 标本 M5：89　4. 标本 M5：98

分腿站立在圆形底座上。右臂向上弯曲，右手平展，左小臂及手残失，似在演奏弹弦乐器（图一四五：1，彩版八七：3、4）。

3. 家禽家畜模型

　　M5 中出土马的数量颇多，共有 70 匹（其中武士坐骑 58 匹已见前述；独立的马 12 匹，本节叙述独立之马匹），其次有牛、驴、骆驼、猪、羊、狗。马的造型非常劲健优美，不仅鞍辔齐备，而且装饰华美，可见骏马在拓跋鲜卑游牧民族中占有重要的地位，还有造型逼真的骆驼以及背负重囊的驮驴，这些都是过去汉晋俑群中没有出现过的新内容。

　　马　12 匹。这里不含战骑，只涉及独立的马匹，依体形大小分为二型。

　　Ⅰ型　大马 9 件。

　　泥质灰陶。头、身采用左右双模合制，双耳、腿、蹄部位和系带、辔铃、底座构件皆系单独捏塑，然后拼装组合粘接成一体，对局部进行精雕细刻之后装窑烧制，最后通体进行彩绘。因很细的四腿难以支撑沉重的躯干，所以马匹的腿部几乎全部折断或残失严重。底座为内空外实不太规整的长方形，待粘接好马腿再将底板上多余的部分切除。翻模之后进行细刻、烧制、彩绘等工序，制成了马鞍和障泥，合在一起是一个单独的构件，设置在马身上，放取非常方便。

　　大马曲颈仁立，辔鞍齐备，全身涂彩，骠健体壮。在陶马额上，左右两侧各三绺的鬃毛刻划的非常细腻整齐，其中两绺在直立马耳前面，另外一绺从额中分股绕到直立马耳后边。眼的周围刻缕较深，使双目突暴而起，熠熠有神。脸部较长，鼻孔翕张，马嘴大张作嘶鸣状或者是马嘴紧闭作静声状，鼻孔内和嘴巴皆涂红色。马嘴两侧有一圆孔贯穿，应有衔镳装备。颈佩条带，下系较大的椭圆形彩色辔铃。马项饰彩，弧边近似半圆形，中间再绘出新颖别致的漂亮图案。马身正中置马鞍和障泥，鞍仿皮革所制，鞍桥前高后低，障泥呈横长方形状，装配在鞍下马腹的两侧，用以遮挡尘土，似用较硬的材料制成，障泥上的图案各具特色。黑色或红色的网状线几乎布满了马的后半身，纵横交叉处绘有白色或红色小圆饼，应是模拟着金属泡饰。革带下还垂悬着仿金银制的饰件，形状有桃形、扇形等。马尻有一小圆洞，应为插尾之处。连接鞍后的革带向后绕过马尻部的圆孔，应与固定鞍具有关。骏马四腿直立，蹄下有内空外实呈长方形的底座。9 匹马分为二式。

　　Ⅰ式　张嘴马 4 件。其中 1 匹红马，3 匹黑马。

　　标本 M5：12，长 37.4、残高 29.8 厘米，位于墓室南侧。红马，黑色辔头，上有白色圆泡装饰。右耳残，嘴巴大张作嘶鸣状。颈上的白色条带残失过半，下系白色辔铃。颈处涂白色底彩，上有红线勾划的漂亮图案。据马背正中的迹痕，原置马鞍和障泥。马身鞍后有黑色后鞦带，纵横交叉处绘有白色小圆饼。腿部及底座残。

　　标本 M5：10，长 39.2、残高 30 厘米，位于墓室南侧。黑马，红色辔头，双耳残，嘴巴大张作嘶鸣状。颈部阴刻数道表示条带，下系辔铃。颈处涂红色底彩，图案已不清。据马背正中的痕迹，原置马鞍和障泥。马身鞍后有红色后鞦带，纵横交叉处绘有红色小圆饼装饰，革带下垂悬红色桃形装饰。底座残。

　　标本 M5：19，长 37.5、通高 33.5 厘米，位于墓室南侧。黑马，红色辔头，双耳残，嘴巴大张作嘶鸣状。颈佩红色条带，条带上有白色小圆圈图案，下系红色辔铃，铃上用黑线装饰图案。颈处涂红色底彩，轮廓线呈弧状，中间有弧线组成的连续图案（图一四六：1）。马背上置马鞍和障泥。红色马鞍，障泥边框线涂红色，内用红、黑两色装饰花卉图案，障泥前端有一椭圆形的马镫和一条黑色的镫革带。后鞦带用红线勾描，呈长方形网格状，纵横交叉处有白色小圆饼装饰（图一四七：4）。马蹄为红色。红色底座长 22.5、宽 15.2、高 1.8 厘米（彩版八九：1）。

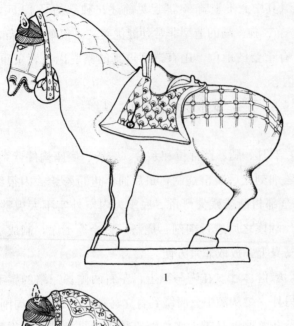

1

图一四六   M5出土陶马

1. 标本 M5：19
2. 标本 M5：116
3. 标本 M5：143

2

3

0   15厘米

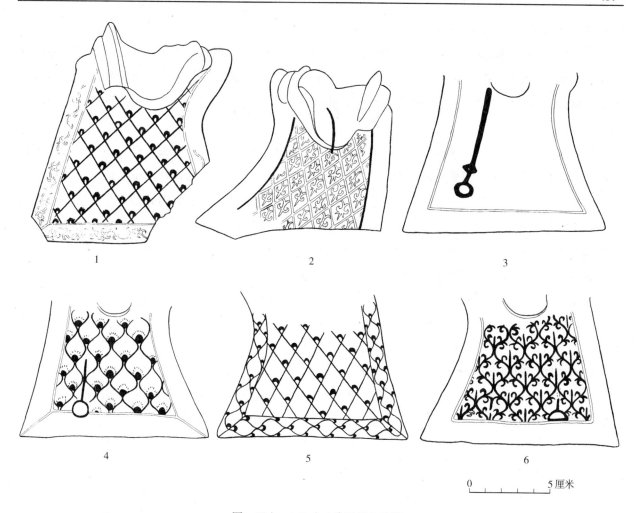

图一四七　M5 出土陶马鞍和障泥

1. 标本 M5：14　2. 标本 M5：16　3. 标本 M5：11　4. 标本 M5：19　5. 标本 M5：116　6. 标本 M5：143

标本 M5：26，长 39、高 34.6 厘米，位于墓室西侧南部。黑马，右耳残，嘴巴大张作嘶鸣状。颈上的红色条带残失少半，下系红色銮铃。据马背正中的痕迹，原置马鞍和障泥。后鞦带用红线勾描，呈长方形网格状。马蹄为红色。底座长 26.2、宽 18、高 1.4 厘米。

闭嘴马　5 件。其中 1 匹红马，4 匹黑马。

标本 M5：116，长 38.8、通高 34.8 厘米，位于墓室南侧。红马，黑色銮头，右耳残，嘴巴紧闭作静声状。颈佩白色条带，上有红花白点图案，下系白色銮铃。颈处涂白色底彩，轮廓线呈弧状，中心部分装饰红色卷草纹图案，以红色弧状菱形纹为界格（图一四六：2）。红色马鞍，障泥边框涂白，上有黑、红两色描绘的花卉图案，中间涂红色底彩，用黑线绘菱形纹，每个小菱形界格内又有黑色点缀。马身鞍后绘黑色纵横网格状后鞦带，交叉处有白色小圆饼装饰（图一四七：5）。腿部及底座残（彩版八九：2）。

标本 M5：11，长 39、残高 25.3 厘米，位于墓室南侧。黑马，黑色銮头，右耳残，嘴巴紧闭作静声状。红色马鞍。障泥前缘呈直线，后缘呈弧线，边框涂红色，用白线装饰边框的里侧，中心部分遍涂黑色底彩，障泥前端描绘椭圆形的黑色马镫，上连一条黑色的镫革带（图一四七：3）。马身鞍后有黑色纵横网格状后鞦带，腿部残失严重，底座残（彩版九〇：1）。

标本 M5：84，长 38.7、残高 27.5 厘米，位于墓室东侧中部。黑马，黑色辔头，双耳残，嘴巴紧闭作静声状。额上的马鬃线条多而细，表现的十分形象和逼真。颈佩红色条带，辔铃残失。据马背正中的印痕，原置马鞍和障泥。马身鞍后有黑色纵横网格状后鞦带，革带下悬挂红色扇形装饰。腿部和底座均残。

标本 M5：143，长 39、通高 34.2 厘米，位于墓室南侧。黑马，红色辔头，双耳残，嘴巴紧闭作静声状。颈佩条带残失，下系红色辔铃。马颈处涂红色底彩，三根红色胸带从颈下一侧绕过马胸，系于另一侧的颈下（图一四六：3）。红色马鞍，障泥边框涂红色，黑线勾边，内有桔红色装饰的卷草纹图案，障泥前端画有一椭圆形的马镫和一条较短的黑色镫革带（图一四七：6）。马身鞍后有红色纵横网格状后鞦带。腿部折断，马蹄为红色。红色底座长 29.7、宽 17.5、高 1.8 厘米（彩版九一：1、2）。

Ⅱ型　小马 3 件，其中 2 件为红马，另 1 件为灰马。

标本 M5：6，长 30.9、通高 21.1 厘米，位于墓室入口处东侧。红马，马身低矮，曲颈仁立，双目圆睁，嘴巴紧闭作静声状。马嘴两侧有一圆孔贯穿，应有衔镳配置。以额中为界，右半侧的鬃毛全部残失。光背，没有配备马鞍与障泥。马尻部有一圆孔，尾已掉。从头到尾的中轴线即左右分半的合模线已有裂隙。四腿短粗，腿及底座残。底座长 17.9、宽 13.3 厘米（图一四八：4，彩版九二：1）。

标本 M5：121，长 31.2、残高 15 厘米，位于墓室东侧南部。红马，马身低矮，曲颈仁立，双目圆睁，嘴巴紧闭作静声状。马嘴两侧有一圆孔贯穿，应有衔镳装备。单耳残，马耳处有一圆孔，捏塑好马耳之后，插入孔中。以额中为界，右半侧的鬃毛全部残失。光背，没有配备马鞍与障泥。尻部有一圆孔，应为插尾之处。四腿短粗，腿及底座残。

标本 M5：149，长 31、残高 10 厘米，位于墓室南侧。灰马，马身低矮，曲颈仁立，双目圆睁，嘴巴紧闭作静声状。马嘴两侧有一圆孔贯穿，应有衔镳装备。单耳残，马耳处有一圆孔，捏塑好马耳之后，插入孔中。光背，没有配备马鞍与障泥。尻部有一圆孔，应为插尾之处。四腿短粗，腿及底座残。

马鞍和障泥　2 件。马鞍似仿皮革所制，前鞍桥高，后鞍桥低，皆涂红色。障泥似用较硬的材料所制，略呈长方形状，装配在鞍下马腹的两侧，用以遮挡尘土，鲜艳华丽、图案各异。经过翻模、细刻、烧制、彩绘等工序，马鞍和障泥合在一起成了一个单独的构件，可见当时人们对马背上供骑士用的坐垫是与骏马同等的重视。

标本 M5：14，上宽 9.5、下残、高 10.5 厘米，位于墓室南侧。橘黄色马鞍。障泥前缘呈直线，后缘呈弧线，边框涂黑色，用白线装饰边框的里侧，并绘有红色连续忍冬纹图案。中心部分遍涂橘黄色底彩，用黑线勾划菱形纹，每个菱形纹内都有一个黑白两色组成的花卉图案。障泥后侧残失许多（图一四七：1，彩版九二：2）。

标本 M5：16，上宽 7.8、下残、高 9 厘米，位于墓室南侧。红色马鞍。障泥前缘呈直线，后缘呈弧线，边框涂红色，用黑线装饰边框的里侧。中心部分用橘黄色勾划菱形纹，每个菱形纹内都有一个橘黄色的忍冬纹花卉图案，从马鞍到障泥上端画有一段黑色镫革带。障泥前端底部残失（图一四七：2）。

牛　5 件。左右双模合制，从头到尾的中缝即合模线已露间隙。耳、角、腿、蹄和底座皆系单独捏塑，然后拼装组合粘接成一体，对局部精雕细刻之后装窑烧制，先上一层白色陶衣，最后通体彩绘。待粘接好牛腿再将底板上多余的部分切除，底座呈内空外实抹角长方形。曲颈伫立，笼套齐备，瞪目闭嘴，双角弯曲，鼻孔和嘴巴涂红，两犄角下钻有小孔，将单独制好的耳朵安插上去。肩部明显上隆，躯体深圆壮实，一副憨厚负重的样子。全身涂彩，几乎布满黑色或红色的网状线。其中有 2 件纵横交叉处绘有白色小圆饼，可能模拟着金属泡饰。牛尾已失，仍存一插尾的小圆洞。四腿直立，蹄部分瓣，底座呈内空外实的抹角长方形。依牛身图案的不同可分为二型。

Ⅰ型 2 件。方格交错处有圆形装饰。

标本 M5：7，长 32.5、高 20.3 厘米，位于墓室西侧入口处。红色笼套，上有白色圆泡装饰。左耳完整，双犄角残。红线勾划的长方形网状革带几乎布满了牛的全身，七排与牛身平行，八排与牛身垂直，纵横交叉处有白色小圆饼。红色牛蹄正中阴刻较深，分瓣明显。底座残长 20、宽 13.6、高 1.8厘米。

标本 M5：55，长 32.6、通高 25.5 厘米，位于墓室东侧北部。黑色笼套，上有白色圆泡装饰。双耳和双犄角残。全身遍施红彩，黑线勾划的长方形网状革带几乎布满了牛的全身，七排与牛身平行，十排与牛身垂直，纵横交叉处有白色小圆饼，下悬白色小桃形装饰。白色牛蹄正中阴刻较深，分瓣明显。底座长 21.4、宽 14.7、高 1.9 厘米（图一四八：1，彩版九三：1）。

Ⅱ型 3 件。方格交错处无圆形装饰。

标本 M5：77，长 32.5、通高 20.5 厘米，位于墓室东侧中部。红色笼套，双耳和两犄角残失，鼻孔和嘴巴涂红。全身遍施白彩，红线勾划的长方形网状革带几乎布满了牛的全身，七排与牛身平行，九排与牛身垂直。红色牛蹄正中阴刻较深，分瓣明显。底座长 20、宽 14、高 1.8 厘米（图一四八：2，彩版九三：2）。

标本 M5：153，长 32、高 20.3 厘米，位于墓室南侧。红色笼套，双耳完整，两犄角残。全身遍施黑彩，红线勾划的长方形网状革带几乎布满了牛的全身，纵横交叉处无圆形装饰。红色牛蹄正中阴刻较深，分瓣明显。底座长 19.5、宽 13.2、高 1.8 厘米。

标本 M5：167，长 32.8、高 24 厘米，位于墓室东侧北部。黑色笼套，左犄角完整，双耳残，左侧插耳处有一个小圆洞，右侧插耳处有一个小圆坑。全身遍施红彩，牛的后半身残存黑线勾划的长方形网状革带，纵横交叉处无有圆形装饰。白色牛蹄正中阴刻较深，分瓣明显。底座长 19.8、宽 13、高1.6 厘米，

驴　2 件。头、身左右分半双模合制，制成胎体之后将四肢和其它部位进行组装成型，对局部精雕细刻，然后装窑焙烧。

标本 M5：69，长 31.2、通高 22.8、底座长 19.6、宽 13.5、高 1.4 厘米。位于墓室东侧北部。驴曲颈伫立，两目圆睁，双耳直竖，嘴巴紧闭。通身遍涂一层白衣，正中置鞍，前鞍桥表示明显。鞍上驮一鼓胀的白色布袋，布袋上方正中凹下一椭圆形，刻划斜线数道，应为囊中之物的入口处。布袋左右两侧用墨线勾划直线，在直线的两侧又画了少许小圆圈，以示袋中装满了粮食。尻部有孔，驴尾已失（图一四八：6，彩版九四：2）。

标本 M5：145，长 31.5、通高 19.3、底座长 18、宽 13.6 厘米。位于墓室南侧。驴曲颈伫立，络头齐备，两目圆睁，嘴巴紧闭。通身遍涂红彩，背上置一鼓胀的红色长袋，布袋上方正中有一椭圆形，

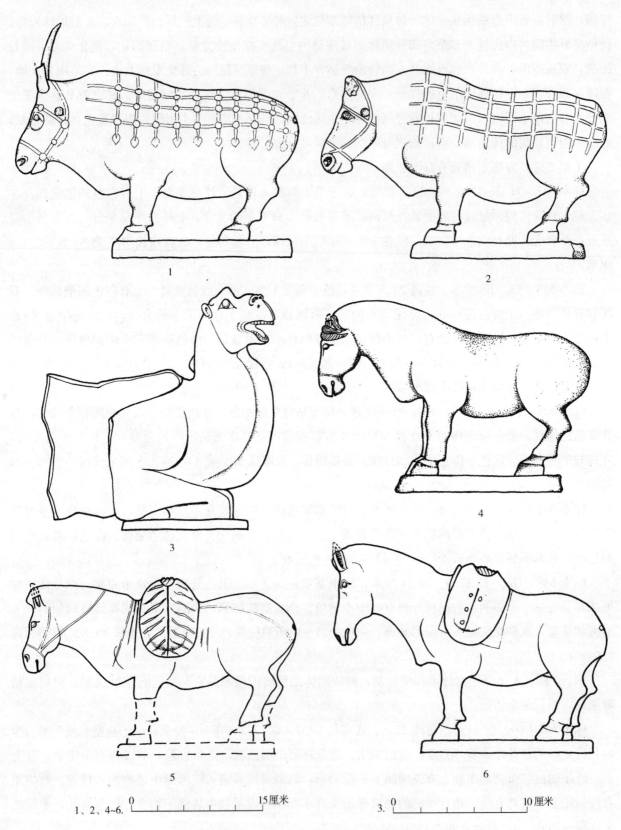

图一四八　M5 出土陶牛、骆驼、驮驴和小马

1. 牛（M5：55）　2. 牛（M5：77）　3. 骆驼（M5：150）　4. 小马（M5：6）　5. 驮驴（M5：145）　6. 驮驴（M5：69）

刻划斜线数道，应为囊中之物的入口处。布袋左右两侧用墨线勾划直线至底部，在直线两侧又勾划出许多不规整的曲线，以示袋中装满了干草。尻部有孔，驴尾已失（图一四八：5，彩版九四：1、3）。

骆驼　1件（标本 M5：150）。高 17.8、残长 17.8 厘米。位于墓室南侧。手制而成，对局部精雕细刻之后装窑焙烧。骆驼耳竖目睁、鼻孔翕张、牙齿整齐，嘴巴大张。驼身通施白彩，前腿跪伏在椭圆形的底座上，形态生动逼真。残损严重（图一四八：3，彩版九四：4）。

猪　1件（标本 M5：92）。长 18、高 12.2 厘米。位于墓室东侧中部。手制而成。小眼微睁，长嘴前伸，双耳饰成圆饼状。腹部下垂，体形肥壮，前后腿皆捏塑为长方形立板，后腿较低（图一四九：5，图版九：1）。

狗　2件。腿、尾为另塑拼装。出土位置均在供桌旁。

标本 M5：13，长 13.2、高 6.2 厘米。位于墓室南侧。手制而成。双目圆睁，嘴部前伸，耳奔，身材瘦长，全身涂为黑色，前后腿皆捏塑为长方形立板，尾巴较长（图一四九：2）。

标本 M5：169，长 14.7、高 7.1 厘米，位于墓室南侧供桌下。手制而成。长嘴前伸，通身素面，前后腿皆捏塑为长方形立板，尾巴较长。

羊　2件。

标本 M5：15，长 17、高 8.4 厘米，位于墓室南侧。手制而成。眼小脸长，双耳奔拉，腹部下垂，体形肥壮，全身涂为黑色，前后腿皆捏塑为长方形立板，后有泥条捏塑粘附的尾巴（图一四九：4）。

标本 M5：90，长 17.8、高 9.5 厘米，位于墓室东侧中部。手制而成。眼小脸长，双耳奔，体形肥壮，全身涂为黑色，前后腿皆捏塑为长方形立板，后有泥条捏塑粘附的尾巴（图一四九：3）。

4. 生活用具及车辆模型

碓　1件（标本 M5：91）。长 23.2、宽 5.6～6.3 厘米。位于墓室东侧中部。碓底与长杆分件手制，装窑焙烧成型后再拼装组合。碓底平面呈长方形，一侧有圆形臼盘，臼盘外径 4、内径 3.1 厘米。另一侧有长方形凹槽，是脚踩长杆后端落下的地方。长杆搁置在附架的横档上起落方便，附架两侧最高处 8.9 厘米（图一四九：6，图版九：2）。

井　1件（标本 M5：83）。口径 10.6、底径 8.6、高 8.7 厘米。位于墓室东侧中部。手制而成。宽平沿，方唇，口沿较厚。井身中空呈圆柱体，上部有一较宽的凹槽，平底（图一四九：1，图版九：3）。

灶　1件（标本 M5：82）。通长 25.2 厘米。位于墓室东侧中部。灶台呈长方体，宽 16.5、高 8 厘米。灶面三边抹棱，上有圆形火眼 1 个，置釜、甑各一件，边上残存一小烟囱的底部。釜口径 7.5、底径 4、高 5 厘米，方唇，敛口，尖圆腹，肩部饰两道弦纹，平底。甑口径 9、底径 4.8、高 2.8 厘米。平沿，敞口，鼓腹，平底，底部有孔。挡火板呈"山"字形，高 22、宽 24 厘米，底部正中有拱形火门一个（图一四九：10，图版九：4）。

磨　1件（标本 M5：93）。高 7.1 厘米，位于墓室东侧中部。由磨盘和磨台两个分件合成。磨盘平面呈圆形，直径 8.8 厘米。有一直径为 5.6 厘米的中心圆略高出盘面，此圆中间有隔档，每边各有一个进料孔。磨台高 7.1 厘米。台面呈盘形，口侈，圆唇，直径 15.2、盘深 2.2 厘米。台身呈圆柱体，底径 8.6 厘米（图一四九：15，图版九：5）。

罐　1件（标本 M5：168）。口径 11.1、底径 7、腹径 16.1、高 15.2 厘米，位于墓室南侧。盘口，

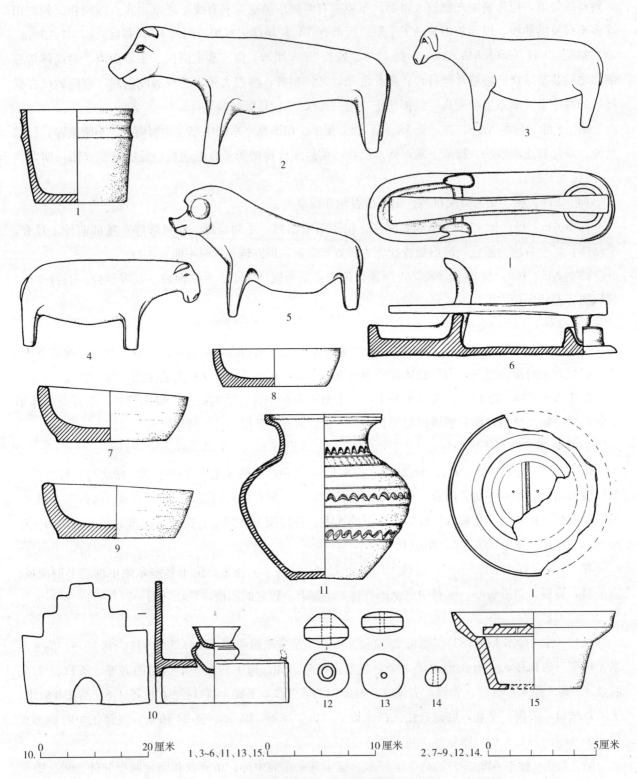

10. ├─────────────────┤ 0　　　　　　　20厘米
1、3~6、11、13、15. ├─────────────────┤ 0　　　　　　　10厘米
2、7~9、12、14. ├─────────────────┤ 0　　　　　　　5厘米

图一四九　M5 出土其他器物

1. 井（M5：83）　2. 狗（M5：13）　3. 羊（M5：90）　4. 羊（M5：15）　5. 猪（M5：92）　6. 碓（M5：91）　7.
小碟（M5：164）　8. 小碟（M5：158）　9. 小碟（M5：163）　10. 灶（M5：82）　11. 陶罐（M5：168）　12. 琥珀
串饰（M5：177）　13. 琥珀串饰（M5：171）　14. 料珠（M5：175）　15. 磨（M5：93）

圆唇，口沿外侧有两道凹弦纹，短粗颈，溜肩，鼓腹，平底。器表共有双线凹弦纹八周，颈部的弦纹带间刻划数线水波纹，肩部的弦纹带间装饰竖线暗纹，中腹部和下腹部的弦纹带间皆装饰数线水波纹（图一四九：11，图版九：6）。

车辆模型　6辆。依车辆的不同部位分件模制，制成胎体之后进行组装成型，手捏或细刻局部，然后装窑焙烧，素陶车烧成后，再进行彩绘，车轮是单独的构件。六辆车可分四型。

Ⅰ型　单辕轺车1辆（标本 M5：142）。长15.8、通高24厘米。位于墓室南侧。车厢呈长方形，宽20.1、高15.6厘米。遍身涂红彩，底板共有穿孔9个。厢体两壁的车轖和前面的屏泥为轩状，两轖上装较，两轖外部彩绘动物图案，已漶漫不清。车箱后边两侧各有一短斜撑，将两轖和厢底相连接。厢底左右两侧外凸车轵，车轵中部偏后的位置各有一孔向后斜出。车轮遍施红色，直径15.7厘米，轮有16幅，幅间饰黑彩。用以贯轴的毂长5.1厘米，靠车厢一端的孔径5.1厘米，靠轴末的一端孔径1.6厘米，牙（车轮接地的轮圈）宽1.5厘米（图一五○：1，彩版九五：1、2）。

Ⅱ型　双辕轺车1辆（标本 M5：126）。长19.4、通高20.5厘米。位于墓室东侧南部。车厢呈长方形。宽15.8、高14.2厘米。遍身涂黑彩，底板两侧各有孔两个，较低的两轖和较高的后围为轵状。两轖上部为起伏的弧线，两轖外侧中部凸出半圆形榫，上有三孔呈放射状斜出。前舆位于车厢的前部，呈长方形，底部两侧各有一直孔用以插辕。前舆与两轖交接处各有一向前倾斜的孔，用以插竿竖幔。车轮，遍施黑色，直径12厘米，轮有13幅，幅间饰红彩。用以贯轴的毂长3.2、靠车箱一端的孔径3.2、靠轴末的一端的孔径1.2、牙（车轮接地的轮圈）宽1.4厘米（图一五○：2，彩版九五：4）。

Ⅲ型　卷棚车2辆。

标本 M5：74，最长24.8、通高23.7厘米。位于墓室东侧北部。车厢底板呈长方形，底板正前方两侧各有一直径为1厘米，深为4厘米的正圆孔，用以插辕杆驾牛。前舆长15、宽5厘米，是御者驭牛之处，三侧皆残。车厢呈长方体，高14.5～14.9、宽15.6厘米（不加凸棱）。车顶长21、宽16厘米，前后高翘，中间低凹，车顶及车箱上部绘有六条等距离的白色斜线，车厢两侧各开窗两个，无挑檐。厢体两侧凸出部位各有3孔，前、中2孔是直径为1厘米的正圆孔，后1孔是直径为1厘米的斜孔，前舆和前门框底部连接处也有两个斜孔，同为插杆竖幔所用，应为通幰牛车。车箱下部施黑色。车厢前、后门框四周皆涂为红色。车轮遍施黑色，直径15.7厘米。用以贯轴的毂长5.1、靠车厢的一端孔径5.1、靠轴末的一端孔径为1.5厘米，轮有16幅，幅和幅间施红彩。幅长3.6、牙（车轮接地的轮圈）宽1.5～2厘米（图一五一：1、2，图版一○：1，彩版九六：1）。

标本 M5：76，残长24、通高23.4厘米。位于墓室东侧中部。车厢底板呈长方形，底板正前方两侧各有一直径为1厘米，深为4厘米的正圆孔，用以插辕杆驾牛。车厢呈长方体，高15.3、宽16.5厘米。前舆残失。车顶长24、宽16.8厘米，前后高翘，中间低凹，后檐较之前檐更为伸远。顶部及厢体外侧上部遍涂红色，布满了黑线描绘的连续"回"字纹。车厢两侧各开窗两个，无挑檐。窗下两侧凸出部位各有3孔，前、中2孔是直径为1厘米的正圆孔，后1孔是直径为1厘米的斜孔，前舆和前门框底部连接处也有两个斜孔，同为插杆竖幔所用，应为通幰牛车。车厢下部素面。车厢前、后框四周皆涂为红色。车轮，遍施黑色。直径15.7、毂长5.1厘米，用以贯轴的毂孔靠车厢的一端直径为5.1、靠轴末的一端直径5.1厘米，轮有16幅，幅和幅间施红彩。幅长3.6、牙（车轮接地的轮圈）宽1.5～2厘米（图一五二：1，图版一○：2，彩版九六：2）。

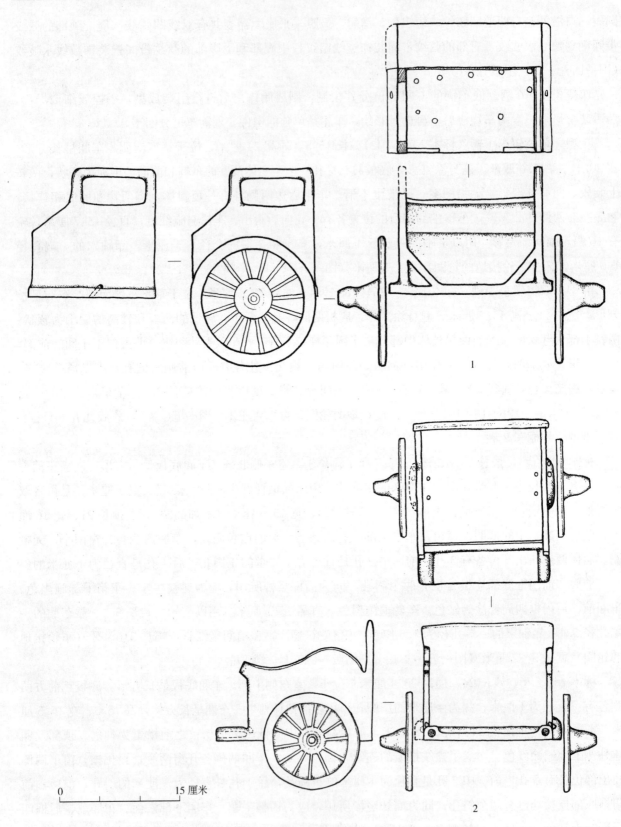

0   15厘米

图一五〇　M5 出土陶车模型

1. 单辕车（M5：142 后、侧、俯）　　2. 双辕车（M5：126 前、侧、俯）

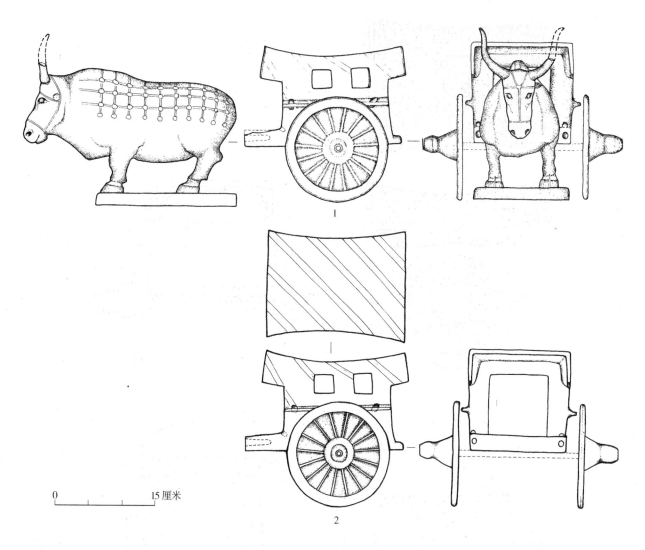

图一五一　M5 出土陶车模型
1. 牛拉车（M5：55 牛，M5：74 车）　　2. 卷棚车（M5：74）

Ⅳ型　鳖甲车 2 辆。

标本 M5：48，长 29.7、通高 27.2 厘米。位于墓室北侧。车厢底板呈长方形，正前方最低处两侧各有一直径为 1、深为 4.5 厘米的圆孔，用以插辕杆驾牛。底板中部有一宽约 4.7、高约 2 厘米的凹形槽，用以贯穿承轴。车厢呈长方体，高 20.6、宽 13.8～14.7 厘米，厢体的里壁除顶部涂黑、底板素面外，其余部位全部涂红色。前舆长 14、宽 4.8 厘米，是御者驭牛之处。车盖呈椭圆形，顶部隆起，似鳖甲，推测为毡制。四隅立平面呈方形的角柱，车厢两侧各开窗两个，有挑檐。窗下两侧凸出部位各有 3 孔，前、中 2 孔是直径为 1 厘米的正圆孔，后 1 孔是直径为 1 厘米的斜孔，前舆和前门框底部连接处也有两个斜孔，同为插杆竖幰所用，应为通幰牛车。车厢后方开门两扇，门里侧施红色，门外侧用单或双黑线绘长方形图案。顶部和底板素面，其余的厢体外表均用黑线绘略呈正方形的图案。车轮，直径 15.6 厘米，遍施黑色。用以贯轴的毂长 4.9、靠车厢的一端孔径 4.9、靠轴末的一端直径 1.5 厘米。轮有 16 幅，长 3.6 厘米，幅间施红彩。牙（车轮接地的轮圈）宽 1.5 厘米（图一五二：2，彩

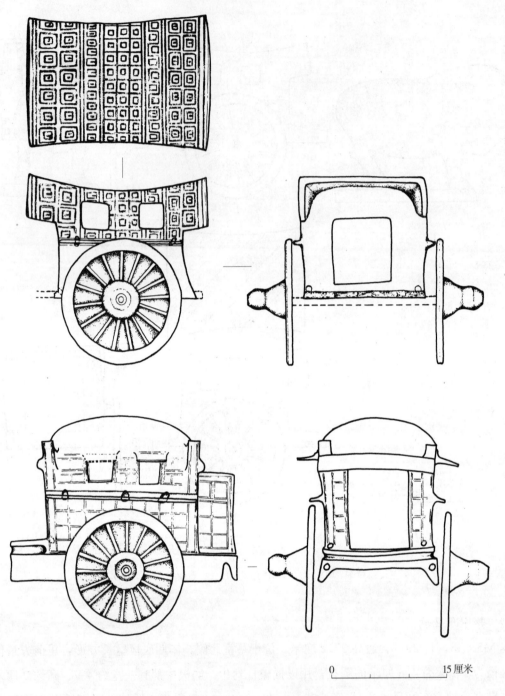

图一五二　M5 出土陶车模型

1. 卷棚车（M5：76）　2. 鳖甲车（M5：48）

版九五：3，图版一〇：3）。

　　标本 M5：68，长 29、通高 27.9 厘米，位于墓室东侧北部。车厢呈长方体，高 21、宽 14.5 厘米，厢体里壁除顶部涂黑色外，其余部位全部涂红色。车的形制与标本 M5：48 完全一致，图案略有差异。车厢厢体两侧用黑线描绘的图案以长方形居多，正方形较少，后方开门两扇，门里侧施红色，门外侧素面。

5. 其它

墓铭砖　1件（标本 M5：179）。长 30、宽 15、厚 5 厘米。位于墓道北过洞的回填土中。墓砖灰色，正、反面皆没有纹饰。在砖的一面阴刻三行二十五字，每字径约 3 厘米，上涂朱色，为"大代太和元年岁次丁/巳幽州刺史敦煌公敦/煌郡宋绍祖之枢"，简述了下葬年代和墓主人的官职、爵位、籍贯、姓名。书法大气疏落、拙朴率意（彩版六五：2）（详见附录一《大同北魏宋绍祖墓出土砖铭题记考释》）。

石供桌　1件（标本 M5：17）。长 39.3、宽 30.4、高 10.8 厘米。位于墓室南侧。青石质。平面长方形，桌面和后侧面有人工雕凿的工具痕迹，未经打磨，桌的正面和两侧面打磨光滑（图一五三：2，图版一一：1）。

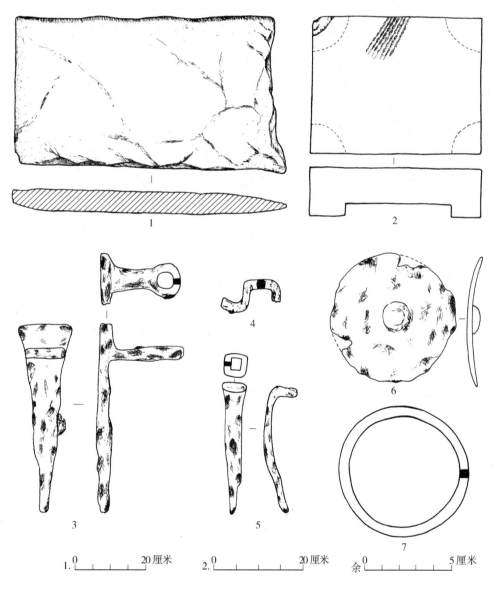

图一五三　M5 出土其他器物

1. 石板（M5：18）　2. 石供桌（M5：17）　3. 铁器（M5：101）　4、5. 铁器（（M5：178）

6. 铁镜（M5：172）　7. 银质手镯（M5：176）

银手镯　2件。标本 M5：176，直径 7.4 厘米。位于石椁顶板上。银质，平面呈圆形。一件重 59.5 克，另一件重 51.8 克（图一五三：7，图版一一：2）。

琥珀串饰　2件。标本 M5：171，直径 3.9 厘米，位于墓室棺床下。深红色，半透明。上鼓下平略呈圆帽状，正中有一圆形穿孔，孔径 0.4 厘米。重 18.1 克（图一四九：13，图版一一：3）。标本 M5：177，直径 2 厘米，位于石椁顶板上。深红色，半透明（图一四九：12）。

料珠　3颗。标本 M5：175，直径 1 厘米，位于石椁内棺床南边的石灰枕上。黑色，呈鼓状，正中有一圆形穿孔。重量分别为 1.15、0.7、0.6 克（图一四九：14，图版八：4）。

铁镜　1件（标本 M5：172）。平面呈圆形，直径 7.1 厘米。位于石椁内东南角的棺床上。铁制，镜背有桥形纽。锈蚀严重（图一五三：6，图版八：5 中右）。

铁器　2件。标本 M5：101，长 10.5 厘米，位于墓室东侧标本 M5：100 骑兵的马背上。铁质，略呈"T"状，横侧长 4 厘米，末尾处是一环形带柄，带柄圆孔直径 1 厘米（图一五三：3，图版八：5 左）。标本 M5：178，长 7.3 厘米，位于椁室内距地表 7.1 米的淤土中。铁质，顶部呈圆形方孔，方孔长 0.6、宽 0.5 厘米（图一五三：5，图版八：5 右）。另外还有一段呈"S"状的铁质残件，横截面略呈圆形（图一五三：4，图版八：5 中左）。

小碟　3件。泥质灰陶。侈口，方唇，浅腹，平底，素面无纹。三件形制基本相同。标本 M5：158，口径 6、底径 4.9、高 1.7 厘米，位于石椁南壁的外侧（图一四九：8）。标本 M5：163，口径 7.1、底径 5.5、高 2.2～2.5 厘米，位于石椁内东侧棺床边（图一四九：9）。标本 M5：164，口径 7、底径 5、高 2～2.6 厘米，位于石椁内东侧棺床边（图一四九：7，图版八：6）。

石板　1件（标本 M5：18）。长 73～77、宽 41～44、厚 4～6 厘米。位于墓室南侧。青石质，平面略呈长方形，加工粗糙且不规整（图一五三：1）。

漆盘　2件。标本 M5：173，位于椁室内棺床的东南平板上。平面呈圆形，直径 36 厘米。标本 M5：174，位于椁室内棺床的西北平板上。平面呈圆形，直径 36 厘米。

石灰枕　2件。标本 M5：165，平面呈椭圆形，长 30、宽 16 厘米，位于椁室内棺床的西北平板上。标本 M5：166，因潮湿松软，石灰枕的平面已呈不规则形。长 62、宽 38 厘米，位于棺床的西北和西南平板上。

第六章 结 语

雁北师院北魏墓群是北魏定都平城时期（398～494 年）[1] 内涵丰富、规模较大的墓葬群。早年虽遭盗扰，但墓葬的形制、葬具和大量的陶制随葬品仍基本保存完整。其中宋绍祖夫妇墓（M5）首次出现了墓道中设双重天井和双重过洞的形制，这在平城时期的北魏墓葬中目前还是唯一的孤例；该墓中精美的仿木构建筑石质葬具，是北魏单体建筑的稀有实例，为中国古建筑艺术宝库增添了新的内容；众多的俑像造型各异，形态逼真；两处清晰的纪年墓砖和石椁顶板题记，为研究平城期的墓葬提供了准确的时代标尺。这些都为北魏时期的墓葬研究增添了极为宝贵的新资料。

一 葬俗特征

师院墓群中的六座土洞墓，均设长斜坡墓道，有长方形墓室、梯形墓室和偏墓室三种形式。其中的五座墓中葬具为一棺，只有 M24 葬具为一棺一椁。木棺呈前大后小、前高后低状，棺板中接缝有腰榫，大多由松木板制作。呼和浩特美岱村北魏初期墓葬[2] 及平城时期大同周围北魏墓葬多使用这种形状的木棺。拓跋鲜卑族的竖井墓内置桦木棺椁并大量随葬牲畜的早期葬俗在平城基本不见。

师院墓群中的五座砖室墓，仍沿用魏晋以来出现的墓室呈弧边方形，四角攒尖顶形制。其中四座为单室墓，只有 M52 为带耳室砖墓。参考近年来的考古新发现，长斜坡墓道土洞墓和长斜坡墓道弧边方形四角攒尖顶砖墓是平城期的主要墓葬形制。事实上，从魏晋迄盛唐，中原地区的大型墓葬，一直都流行弧边方形砖砌单室墓形制，北魏正表现出承上启下的时代特征。

师院墓群中规模最大，形制最豪华的宋绍祖墓，全长 37.57 米，为砖砌弧边方形单室墓，墓葬规模远不及冯太后墓（孝文帝祖母）[3] 和司空冀州刺史琅琊康王司马金龙墓[4]，却设置了双重天井和双重过洞，这是目前平城期已发掘墓葬中唯一的孤例。宋绍祖，《北史》、《魏书》等史籍均无载，根据墓铭砖所记他是敦煌人氏和人骨测定其生年为 50 多岁这两个条件推测，他当和北魏太武帝拓跋焘平北凉后由敦煌迁徙至平城的宋繇一族有密切关系。太武帝拓跋焘太延五年（439 年）平北凉，把以宋繇为首的不少宋氏家族成员迁徙到平城，并且委以要职，加以重用。宋绍祖入平城，最有可能是在北魏灭北凉之后。在他的墓葬中设置了天井和过洞，这种现象的出现绝不是偶然的，显然是承袭敦煌一带的葬俗传统。在西北地区敦煌发现的西晋十六国墓中，亦有天井发现，如敦煌新店台 60M1[5]、敦煌

---

〔1〕 为了避免早晚期或前后期之类的模糊概念，我们将北魏定都平城时期（398～494 年）称"平城期"。
〔2〕 内蒙古文物工作队《内蒙古呼和浩特美岱村北魏墓》，《考古》1962 年第 2 期。
〔3〕 大同市博物馆、山西省文物工作委员会《大同方山北魏永固陵》，《文物》1978 年第 7 期。
〔4〕 大同市博物馆、山西省文物工作委员会《山西大同石家寨北魏司马金龙墓》，《文物》1972 年第 3 期。
〔5〕 敦煌文物研究所考古组《敦煌晋墓》，《考古》1974 年第 3 期。

佛爷庙湾 80DFM3[1]、敦煌祁家湾 M351[2]等，均带有天井。

　　此后发掘的大同二电厂[3]、迎宾大道[4]和七里村等北魏墓群[5]中，个别大型砖室墓墓道也有设立天井和过洞的情况。七里村共发掘北魏墓葬 34 座，其中有 7 座墓道中设有天井和过洞。从墓葬形制看，偏室墓 1 座、方室墓 2 座、砖室墓 4 座，窄室墓中没有发现。从出土器物看，除一座迁葬外，其余两座土洞墓出土有精美的釉陶器和玻璃器，可以看出墓主人不是一般的平民，应为具有一定身份和地位的官吏或贵族，说明这时在墓道设置天井和过洞，是表现了一定的封建等级性质。

　　平城期的大型墓葬墓道中设天井和过洞与未设天井和过洞现象共存，反映了这样一个事实，在一些长斜坡墓道中设天井和过洞，虽具备一定的封建等级性质，但在墓葬制度上仍属于部分民族所特有的习俗，尚未形成统一的各民族、各阶层都认同的丧葬模式。北魏从公元 398 年定都平城以来，通过战争、迁徙等不同形式各民族聚居在平城，民族融合虽然得到加强，但其传统文化及丧葬习俗不可能在短期内发生根本的变化，不同的文化特征或多或少体现在墓葬形制和葬具中，反映了北魏平城文化具有广泛的多元性和复杂性。

　　北魏之后，北周和隋唐大型墓葬中，设置天井和过洞成了一个时代墓葬形制的特征，身份愈高，天井和过洞数目愈多，天井和过洞数目的多少已经成为墓主人身份高低的一个标志。平城期一些天井过洞墓葬的发现，对于探讨北齐、北周乃至隋唐时期天井过洞墓葬的渊源及发展，无疑是有帮助的。

　　师院墓群中出土了大量的陶制随葬品。除墓铭砖和镇墓兽外，一般都是现实生活中人物、动物的陶制偶像或实物模型。它们的排列组合和造型特征，已经承继了汉晋文化的主要传统，但在许多方面也表现了游牧经济和北方民族军队的特色。如宋绍祖墓规模盛大的出行队列以众多武士为仪卫，以华美的牛车为中心，前面是头戴鸡冠形帽的轻装骑兵（战士和战马都不披铠甲），后面是甲骑具装的重装骑兵（战士和战马都披铠甲），仪仗俑、乐舞俑、侍俑、胡俑以及车辆、动物、生活用具模型间于其中，这是承袭西晋以来中原随葬俑群的传统。数量众多的出土俑像，表明至迟在太和初年（477 年），以俑群随葬的习俗在平城北魏墓葬中已经盛行。师院墓群中出土陶俑种类齐全、造型生动，身躯比较匀称、比例适中，与内蒙古呼和浩特出土的北魏早期陶俑[6]相比，已经脱离了拙稚及身躯比例不合的初始形态。M52 中的女舞俑，M2 的女乐俑以及"缘橦"的乐舞百戏杂技俑姿态优美，形象逼真，堪称北魏时期的陶塑艺术精品；俑群中的大量甲骑具装重装骑兵和头戴鸡冠形帽的轻装骑兵，正是当时拓跋鲜卑军队以骑兵为主力兵种的真实写照。非武士俑（不包括胡俑）的服饰与面相一致显示出鲜卑特色，但壁画中的人物服饰和面相却又极富汉晋特征；马的造型非常劲健优美，不仅鞍辔齐备，装饰华丽，而且数量颇多，可见骑乘在拓跋鲜卑民族的生产和生活方式中占有非常重要的地位。此外，造型逼真的骆驼和背负重囊的驮驴是过去汉晋俑中从没出现过的新内容，顶盖呈鼓圆的鳖甲车，也是平城期独特的车辆形制，模拟现实生活的陶质帐房模型，更富有浓郁的北方草原气息。

　　M2 出土了三件陶质帐房模型，显然都是对生活中实用物的真实模拟，寓示着这种帐房当时仍在

〔1〕　甘肃省敦煌县博物馆《敦煌佛爷庙湾五凉时期墓葬发掘简报》，《文物》1983 年第 10 期。
〔2〕　戴春阳、张珑《敦煌祁家湾》，文物出版社，1994 年。
〔3〕　大同市考古研究所《山西大同市二电厂北魏墓群》，资料在整理中。
〔4〕　大同市考古研究所《山西大同迎宾大道北魏墓群》，《文物》2006 年第 10 期。
〔5〕　大同市考古研究所《山西大同七里村北魏墓群发掘简报》，《文物》2006 年第 10 期。
〔6〕　内蒙古博物馆郭素新《内蒙古呼和浩特北魏墓》，《文物》1977 年第 5 期。

使用。可见由鲜卑族人建立的北魏王朝，仍长期保持着草原游牧民族的生活习俗。据考北魏有称一种帐为"百子帐"，《南齐书·魏虏传》记，齐永明十年（492 年，北魏太和十六年），齐使臣萧琛、范云出使北魏，曾被招待在一建筑物中休息，此建筑"以绳相交络，纽木枝枨，覆以青缯，形制平圆，下容百人坐，谓之为'繖'，一云'百子帐'也。"繖"即'伞'。"所描述的形式与 M2 出土帐房模型式样相似。事实上，帐房作为我国古代北方游牧或半游牧民族的主要居住形式，一直沿用不衰，宋代人也懂得"古号百子帐者，北之穹庐也，今俗谓之毡帐"[1]。直至今日，北方地区仍在使用的"蒙古包"即古代的帐房。说明我国北方少数民族的生活习俗，一直具有历史的延续性和继承性。

帐房的使用时间虽然很长，有关文献记载也很多，但考古发现实物中却少见其踪影，仅在一些图像中偶有出现。如近年新出土的几批与北方或西域民族有关的文物资料中，日本滋贺县 Miho 博物馆所藏传出自中国山西的一套北齐石椁浮雕，1999 年山西太原出土的隋虞弘墓石椁浮雕[2]，2000 年陕西西安出土的北周大象元年（579 年）安伽墓石围屏浮雕中[3]，都有这类帐房的浮雕画面。而师院北魏墓群中出土的这三件陶质帐房模型，很可能是目前罕见时代最早的经科学考古发掘的穹庐——帐房之实物模型，可谓弥足珍贵。

上世纪 70 年代大同出土的北魏著名的司马金龙墓葬于太和八年（484 年），其妻姬辰葬于延兴四年（474 年）；这次师院北魏墓群中的宋绍祖墓（M5）葬于太和元年（477 年），介于 474～484 年之间。大量的随葬陶俑都与司马金龙墓显示出了相同的时代风貌，以胡俑和镇墓兽尤甚。胡俑的脸部特征、服饰装束、比例造型两墓如出一辙，而胡俑为北魏平城时期其它墓葬所罕见。M2 与司马金龙墓中的镇墓兽[4]均为奇特的人首兽身，显然源于同一传统工艺。M5、M2 和司马金龙墓，三者的年代接近、工艺颇同，共同显示了具有鲜明特征的随葬陶俑在平城上层人物的丧葬仪式中占有十分重要的地位，成为不可或缺的组合。

师院墓群中共出土了两块墓铭砖。M5 墓铭砖内容是："大代太和元年岁次丁巳幽州刺史敦煌公敦煌郡宋绍祖之枢。"在本书附录一《北魏宋绍祖墓出土砖铭题记考释》中有较为详细的介绍。M52 也有一块阴刻文字的铭文砖，砖的表面有细绳纹，上刻"平远将军"四字，字体为隶意楷书。

《魏书》卷一百一十三《官氏志》记载："自太祖至高祖初，其内外百官屡有减置，或事出当时，不为常目，如万骑、飞鸿、常忠、直意将军之徒是也。旧令亡失，无所依据。"太和十七年（493 年）孝文帝诏群僚议定百官，著之于令，史称"太和品级"。"平远将军"的品秩和序列没有排在其内，但事实上早已出现。《魏书》列传中有数条记载，如燕凤之子燕才，许谦之子许安都，张蒲之子张昭，王叡父亲王桥，房法寿等，均在太和十七年之前任或赠"平远将军"一职。太和二十三年（499 年），孝文帝命令再次修定官制，但未及颁行即于当年崩殂。他的次子元恪继位，是为世宗宣武帝，年号景明，史称"景明品级"。"平远将军"属第四品的下阶。

M52 是师院墓群中唯一带耳室的砖室墓，全长 24.66 米。耳室内也出土了较多的随葬品，当是模拟庖厨。根据墓葬形制和随葬品分析，应是北魏达官显贵的墓葬，但墓铭砖却如此简单粗糙，与墓主

---

〔1〕（宋）蔡絛《铁围山丛谈》，中华书局点校本，1997 年。
〔2〕山西省考古研究所《太原隋代虞弘墓清理简报》，《文物》2001 年第 1 期。
〔3〕陕西省考古研究所《西安发现的北周安伽墓》，《文物》2001 年第 1 期。
〔4〕山西省文物工作委员会编《山西出土文物》，山西人民出版社，1980 年，釉陶镇墓兽 152 页。

身份和墓葬规格很不相符。就连官居幽州刺史、爵位是敦煌公的宋绍祖墓铭砖也不过如此，这可能与拓跋鲜卑王朝一向提倡的"内则方丈，外裁掩坎"的简俭葬制有关。北魏平城期的墓铭共有四种形制：碑形，高框形（将铭心凿凹铲平，然后书刻铭文），砖铭，石质方形（可能是洛阳"北邙体"方形墓志的前身）。可见，此时期的墓铭形制以多元化为特点，并未统一规范。

北魏平城期墓葬中所出土的墓志数量不多，相比而言，砖铭的比例略大一些。设置砖铭的墓主人不仅有北魏上层贵族，也有普通百姓，不仅有血统正宗的汉人或边远地区汉人移民，也有汉化了的鲜卑人。在大同市区南部的基建工地，2001 年和 2002 年分别出土了两块墓铭砖。一块砖铭为："天安元年岁在丙午十一月甲申朔廿六日乙酉衭安人京兆郡衭安悬民叱干渴侯塚铭"[1]。另一块砖铭为："太和十四年十一月三日屈突隆业冢之故记"[2]。两块墓砖铭极其普通，两位墓主均为汉化了的鲜卑人。就目前所知，北魏平城期出现的拓跋氏及其代北贵族在墓葬中设立砖石铭志的现象并不多见。

二　乐舞杂技

师院墓群中出土了 27 件人种不同、动作各异的舞乐杂技俑，分别出土于 M52、M2、M5 三座墓中。M5 石质葬具内壁又有大幅的乐舞图，这些陶俑和壁画形象地反映了当时的社会文化娱乐生活，为了解北魏平城期的乐舞杂技艺术提供了弥足珍贵的实物资料。

（一）52 号墓 2 件（标本 M52：23、M52：25）

女舞俑面相端庄慈祥、穿戴雍容华贵，右臂向前、左臂向后轻舒长袖而舞，当为正在表演长袖舞。

拓跋鲜卑族定都平城后，乐舞不仅应用于宫廷典礼、郊庙祭祀和民间自娱，而且在当时统治阶级的生活中同样占有非常重要的地位。《魏书》卷一〇九《乐志》载："掖庭中歌《真人代歌》，上叙祖宗开基所由，下及君臣废兴之迹，凡一百五十章，昏晨歌之，时与丝竹合奏，郊庙宴飨亦用之。"[3]"代"是拓跋氏的国号，公元 310 年，刘琨请晋朝封猗卢为代公，314 年进封代王。代国经过多年内乱，338 年什翼健即代王位，后被前秦攻灭。登国元年（386 年）正月，鲜卑拓跋珪复国，称代王，徙居盛乐（今内蒙古和林格尔县）。四月，拓跋珪改成"魏"王，自此国号"魏"[4]。虽然改号，定都平城期间（398～494 年）仍称"大代"，或者是"代"、"魏"并称。大同东关出土的直径为 20.51 厘米的"大代万岁"瓦当[5]和 M5 的砖铭题记就是最好的实物证据。

《魏书》卷九十三《恩幸传·王叡传附袭弟椿传》载："椿僮仆千余，园宅华广，声妓自适，无乏于时。"高阳王元雍（北魏献文帝之子）家有僮仆六千人，女乐五百人。杨衒之在《洛阳伽蓝记》中载：他的排场是"自汉晋以来诸王豪侈未之有也。出则鸣驺御道，文物成行，铙吹响发，笳声哀转；入则歌姬舞女，击筑吹笙，丝管迭奏，连宵尽日。"墓主人生前驱使歌舞伎人为其享受作乐，死后也希望保持生前的娱乐生活。M52、M2、M5 随葬了大量的伎乐俑和描绘了大幅的乐舞图，正是墓主人生

---

〔1〕 大同市考古研究所《山西大同迎宾大道北魏墓群》，《文物》2006 年第 10 期。

〔2〕 大同市考古研究所《山西大同市二电厂北魏墓群》，资料在整理中。

〔3〕 "真人"一词，在当时谶语中暗指拓跋氏。

〔4〕 参见范文澜著《中国通史》第二册第 572 页，人民出版社，2004 年；杜士铎主编《北魏史》第 591 页，山西高校联合出版社，1992 年。

〔5〕 殷宪《北魏平城书法综述》，《艺术东方》杂志，中国艺术研究院、中国书法院，2006 年 6 月下半月第 12、39 页。

前这种愿望的最好表现。

（二）2 号墓 19 件

1. 女踞坐乐俑 8 件和女长袖舞俑 2 件。踞坐乐伎双手做着不同的奏乐动作，长袖舞俑伸臂而舞，妩媚的舞姿伴以悠扬的乐声，她们同台演出，属当时的乐舞形式。

女踞坐乐俑（标本 M2：1~8）乐俑服饰华丽，双膝着地，等级比立伎高，技巧难度也较大。由于乐伎所持乐器不存，有的手臂残断，因而只能根据其双手的动作姿势，参考有关音乐史记著作，对照云冈石窟中期（465~494 年）石窟[1]、洛阳龙门石窟[2]以及北魏太和八年（484 年）司马金龙墓石雕乐伎棺床[3]等实物的图像资料判断，初步推测，她们所持很可能为横笛、筚篥、胡笳三种吹奏乐器，筝、箜篌、琵琶三种弹拨乐器和鼓、钹两种打击乐器。各种乐器的配置基本符合组合演奏的平衡原则。这八种乐器中，笛、筝为中原传统乐器，而胡笳、筚篥、箜篌、琵琶（也称胡琵琶）、鼓、钹为域外输入的乐器。

横笛（标本 M2：1），是由古时称为"横吹"的管乐器发展而来，在北朝极为盛行。筚篥（标本 M2：4），原是西域羌胡"龟兹乐"所用乐器，竖吹，以竹为管，上开八孔，管口插有芦苇制的哨子，以手按孔发音。胡笳（标本 M2：6），初卷芦叶吹之，与乐器相和，后以竹为之，是汉魏鼓吹乐中的主要乐器。筝（标本 M2：2）音箱长短宽窄不一，弦数也屡有变化，左手按弦，以控制弦音的变化，右手弹拨。箜篌（标本 M2：3）有卧、竖、凤首箜篌三种，竖箜篌，汉时自西域传入。琵琶（标本 M2：7）为公元 4 世纪，由西域传入的"胡琵琶"，有曲颈和五弦琵琶两种。鼓（标本 M2：5）有细腰鼓、鸡娄鼓、行鼓等多种形状，用手拍击。钹（标本 M2：8）铜制，圆形，中部隆起如半球状，以两片为一副，相击发声，晋代随天竺乐由印度传入。

女长袖舞俑（标本 M2：12、M2：16）舞伎别无所持，只凭手袖交相舞动。扬举的长袖、间色的长裙，微笑的面容、整齐的动作都给人一种美的享受。尤其是 M2：12 女舞伎身着一件特殊的服饰——鲜红的"半袖"，更显得精干和妩媚。

2. "缘橦"杂技俑一组 3 件和为其伴奏的乐俑 6 件。

技艺高超的"缘橦"表演，是由一位深目高鼻的胡人（标本 M2：13）和两位小艺伎（标本 M2：17、M2：18）共同完成的。"缘橦"又名"缘大橦"，即高竿表演，先秦时就已出现。汉代通常称之为"缘橦"或"都卢寻橦"。其所攀之橦，起初是立在地面上的，以后又发展成为"额上缘橦"，即表演者以头部面额处顶竿。沂南古墓画像石中就有精彩的场面[4]。魏晋南北朝时期，此"都卢寻橦"之戏，又有了进一步发展，《魏书》卷一〇九《乐志》载："（天兴）六年（403 年）冬，诏太乐、总章、鼓吹增修杂伎，造五兵、角觝、麒麟、凤皇、仙人、长蛇、白象、白虎及诸畏兽、鱼龙、辟邪、鹿马仙车、高絙百尺、长趫、缘橦、跳丸、五案以备百戏。大飨设之于殿庭，如汉晋之旧也。太宗初，又增修之，撰合大曲，更为锺鼓之节。"

[1] 参见宿白《云冈石窟分期试论》，《考古学报》1978 年第 1 期。这里采用宿白先生的分期。云冈一期，文成帝和平年间（460~465 年）；二期，和平六年至孝文帝太和十八年（465~494 年）；三期，迁都洛阳之后。

[2] 参见李文生著《历史文化与洛阳龙门石窟》，上海人民美术出版社。

[3] 王恒《司马金龙墓石雕乐伎乐器研究》，《文物世界》2000 年第 5 期。

[4] 孙机著《汉代物质文化资料图说·杂技Ⅱ》，文物出版社，1991 年，第 391 页。

为其作伴奏的六名乐俑，所持乐器大致是横笛（标本 M2：14）、琵琶（标本 M2：5）和鼓类（标本 M2：15、M2：75）。另外一位似在保护表演者的安全（标本 M2：11），还有一位似在指挥（标本 M2：22）。

云冈石窟第 38 窟也雕刻了内容基本相同的"缘橦"杂技和伴奏乐队[1]：一人顶竿，一人缘竿爬至竿中腰，另一人在竿顶仰卧，其旁有持横笛、竽篥、排箫、琵琶、箫等乐器伴奏的六伎乐。1997 年 9 月发现的大同智家堡棺板画[2]，画面展现了一幅紧张热烈的乐舞杂技场面，前面有头戴垂裙皂帽、下着曳地长裙的三位女乐伎，怀抱琵琶状的弦拨乐器，作演奏行进状。后面有几位艺伎正在缘竿作倒立、腾空等惊险动作。高竿右侧，还有两位身着鲜卑服的艺伎正在表演"跳丸掷剑"这一中国传统的杂技。1976 年在山西省榆社县发现的北魏画像石棺[3]，上有一组百戏表演，中间为"都卢寻橦"，在立橦的右面有一艺伎高抬双手，头昂视，密切注视立橦上艺伎的各种表演，作保护状。此艺伎的动作和职能与标本 M2：11 胡俑相同。大同 2005 年新发现的沙岭北魏壁画墓[4]的北壁，是一幅盛大的车马出行图，场面壮观、气势恢宏。在导骑和马上军乐的后面，有额上顶橦的杂技表演，周围有鼓乐和其他表演项目。以上石窟雕刻、棺板绘画、石棺画像以及墓葬壁画，与 M2 出土的杂技俑和伴奏组合乐俑一起，共同再现了北魏平城时期百戏杂技的真实场景。

（三）5 号墓 6 件

1. 马上乐伎 2 件。

较大型筚的演奏者（标本 M5：86）和排箫演奏者（标本 M5：103），两乐伎头戴垂裙皂帽，上有鸡冠形装饰，身着鲜卑传统的裤褶服骑在马上，双手作演奏乐器状，属军乐形式。

胡筚，管乐器，汉代流行于塞北和西域一带，魏晋以后，以筚笛为年乐，入卤簿。排箫，管乐器，是由若干长短不同的竹管编排而成，大多数是一头长一头短的多管乐器，北朝时排箫亦极盛行。

鼓吹，传为汉所创。"始皇之末，班壹避墬于楼烦，致马牛羊数千群。值汉初定，与民无禁，当孝惠、高后时，以财雄边，出入弋猎，旌旗鼓吹。"[5]可见，班壹时期的鼓吹，是在行进中作为仪仗乐队来使用的，这种鼓吹，可以说是民间鼓吹的开端。后来，这种民间鼓吹形式被吸收到军队里，作为军乐使用。

根据研究，"鼓吹是汉魏六朝开始盛行的一种重要乐种。鼓吹，主要是鼓与箫（排箫）、筚等乐器组成。其中，由建鼓与箫、筚在朝会宴享时演奏的称'鼓吹'或'黄门鼓吹'；由提鼓与箫、筚在马上作为出行仪仗演奏的专称'骑吹'；有提鼓、箫、筚加上铙在马上作为军乐演奏的称'铙歌'或'短箫铙歌'"[6]。由此我们推测，M5 盛大的出行队伍中，两个马上骑吹是不完全的，可能缺失一位提鼓演奏者或者是缺失两位提鼓和铙的演奏者。

2、胡人乐俑 4 件。较之 M2 残坏更为严重。根据手势判断，只有两件为乐器伴奏者。似演奏吹管乐器（标本 M5：104），和弹拨乐器（标本 M5：105），另外一件是嘴巴大张，似在指挥（标本 M5：

〔1〕 李治国、丁明夷《第 38 窟的形制与雕刻艺术》，《中国石窟·云冈石窟》（二）第 209 页，文物出版社，1991 年。
〔2〕 刘俊喜、高峰《大同智家堡北魏墓棺板画》，《文物》2004 年第 12 期。
〔3〕 王太明《榆社县发现一批石棺》，《山西省考古学会论文集》第 119 页。
〔4〕 大同市考古研究所《山西大同沙岭北魏壁画墓发掘简报》，《文物》2006 年第 6 期。
〔5〕 《汉书·叙传》，中华书局点校本，第 4197～4198 页。
〔6〕 吴钊、刘东升《中国音乐史略》。人民音乐出版社，1993 年。

98），还有一件是双手曲握前伸，作托物状（标本 M5：89）。

师院墓群中 M2 和 M5 出土的歌舞杂技俑共有 11 件胡俑，胡人的面相、服饰与墓葬中众俑不同，具有西域人种的典型特征。《北史·西域传》记："自高昌以西诸国人等深目高鼻。"可知，胡人俑的形象源自高昌以西诸国，即现在新疆西部以及中亚、西亚一带。自汉代以来，甘肃武威、平凉就是旅居中国境内的中、西亚人的集居地。北魏时期由于战争动乱、民族迁徙、经贸往来、宗教传播和各地区各民族人民的频繁接触与交流，西域珍宝及歌舞艺人和乐器不断进入中国内地。如：公元 346 年至 353 年，前凉王张重华时，"天竺乐"（印度舞乐）传入凉州。386 年至 432 年，吕光、沮渠蒙逊统治凉州时，将"龟兹乐"（今库车）改编为"秦汉乐"。"世祖（拓跋焘）破赫连昌，获古雅乐，及平凉州，得其伶人、器服，并择而存之。后通西域（435 年），又以悦般国（在今新疆哈萨克斯坦国境内）鼓舞设于乐署"。"太和初（477 年），高祖垂心雅古，务正音声……于时卒无洞晓声律者，乐部不能立，其事弥缺。然方乐之制及四夷歌舞，稍增列于太乐。"[1]

（四）M5 壁画

M5 石椁立板内部东、北、西三壁均有彩绘，只因表面沁出大量碱性结晶，致使壁画表面漫漶不清。只有西壁两块石板和北壁正中一块石板的绘画比较清晰。

北壁正中石板，两位身着宽衣博带的男性人物席地而坐，姿态悠闲、面带笑容地弹拨乐器，当属室内乐舞形式。右边奏乐者，将阮乐器置于胸前正在弹拨。阮，秦时已有，古琵琶的一种，北朝已普遍流行。其特点为圆形音箱，直颈，十二品位，四弦，古称"秦琵琶"或"月琴"，西晋阮咸善弹此直颈琵琶。唐朝始称"阮咸"，后世简称"阮"。左边奏乐者，腿上置一古筝，左手按弦，右手弹拨。古筝也属传统乐器，音箱长短宽窄不一，除了弦数较瑟为少外，与瑟并无本质的差异，在北朝已普遍流行。绘画中的两位人物的服饰极富汉晋特征，奏乐场面可能源自南朝的造型新风，与当时广泛流传的"竹林七贤"此类题材有关。石板西壁还有三位手持响铃手舞足蹈和一位左臂向前伸展似腾空舞蹈的男性人物，人物形象和衣着服饰与北壁一样也极富汉晋特征。

鲜卑族定都平城后，不仅保持和发展了本民族的音乐文化，而且吸收了中原王朝乐器以及燕乐等庙堂乐舞，同时，西域的音乐歌舞也随着战争和迁徙传入中土，使各族的音乐文化得以充分融合，形成了北魏平城期时代特征和民族特色鲜明的舞乐文化。雁北师院墓群中随葬大量的舞乐杂技俑和乐舞壁画，说明北魏太和年间音乐文化是极其繁荣和盛行的，同时也为隋唐音乐的更大发展奠定了坚实的基础。

三 鲜卑服饰

师院墓群中出土了 154 件鲜卑面相和服饰的人物俑，内容有甲骑具装俑、鸡冠帽轻骑兵俑，还有众多的仪仗、步兵、侍仆、乐舞俑，不仅类型齐全、数量众多，而且塑造细腻、形象逼真。人物俑的衣冠服饰为研究平城期拓跋鲜卑民族服装文化提供了非常珍贵的实物资料。

拓跋鲜卑是兴起于东北大兴安岭北段的一支历史悠久的游牧民族，他们常年在马背上生活，以畜

---

[1]《魏书》卷一〇九《乐志》，中华书局点校本，第 2828 页。

牧、射猎为业。大约在东汉时期，鲜卑族就开始了大规模南迁，经过不断的征战、迁移，逐步发展壮大，公元 398 年迁都平城（今山西大同）。在北魏建国后一个相当长的时期内，拓跋部原始的狩猎活动仍然存在，鲜卑服饰既便于马上行动又适应塞外寒冷这一环境特色。北魏尚书令王肃《悲平城》一诗〔1〕生动地再现了酷寒的平城："悲平城，驱马入云中。阴山常晦雪，荒松无罢风。"垂裙至肩的风帽显然能够障蔽风雪，窄袖窄腿较之宽衣博带更能保暖御寒。

（一）男俑衣冠

师院墓群中共出土男俑 115 件（不含镇墓武士俑和胡人俑），其中 M2 出 12 件、M5 出 103 件，不同身份的鲜卑男性所穿戴的衣冠是有差异的。

1. 帽子

兜鍪。甲骑具装俑和披铠步兵俑头戴由甲片缝缀的兜鍪。

鸡冠帽。黑色风帽顶呈圆形，下有垂裙，轻装骑兵俑在此帽顶上加缀鸡冠形装饰。

帽顶浑圆。仪仗俑的帽顶上有"十"字形阴刻，其下缝缀超肩的垂裙帽，帽裙的两侧向后翻卷，帽顶与裙边之间所刻阴线表示束带，帽与洛阳永宁寺所出土的影塑着帽Ⅰ型〔2〕（494～534 年）和河北磁县湾漳北朝大墓〔3〕（550～577 年）所出土的风帽立俑标本 565、标本 1662 所戴之帽属于同一类型，说明此种圆形风帽有着一定的延续性和广泛性。

帽顶前高后低或帽顶聚圆。男侍俑的帽顶呈尖圆形，帽筒较深，且材料较软，帽顶塌在脑后，呈前高后低状。M5 男侍俑的帽顶聚圆，两种帽形大同小异。

2. 衣服

最基本的特征是：上身穿褶、下身着裤，即"裤褶式"。汉刘熙《释名》："褶，袭也，复上之言也。"《急就篇》颜师古注："谓重衣之最为上者也，其形如袍，短身而广袖，一说左衽之袍也。"

《魏书》卷七十九《成淹传》载，文明太后崩，齐遣散骑常侍裴昭明等往吊。魏主本欲让裴昭明等服袴褶吊，昭明等申辩："希主人裁以吊服，使人唯齎袴褶，比既戎服，不可以吊，幸借缁衣帢，以申国命。"说明裤褶在南北朝时一般被视为戎服，墓葬中所出土的军戎服饰也恰好证实了这一点。

（1）甲骑具装俑和披铠步兵俑内穿裤褶，外披铠甲，只是臂铠还未臻完整。

（2）头戴鸡冠帽的轻骑兵身着裤褶服，一手拽缰绳，一手执兵器，显得洒脱干练，威风凛凛。

（3）上身穿圆领窄袖长袍，下身着裤。仪仗俑身着圆领窄袖长袍，小直领，领口开在颈旁，袍长过膝，袍缘用阴线刻。下身着裤。手中有孔，原执物失。

（4）上身穿交领窄袖左衽长褶，下身着裤。男侍俑身穿红色交领左衽窄袖长褶，褶长过膝。将衣襟从右面掩向左面，用革带束腰，使褶贴身紧凑。

师院墓群中出土的彩绘男陶俑，全部着裤褶式服装。交领（或圆领）、左衽、窄袖、褶长过膝，裤腿和裤口都很窄，领、袖、褶缘皆有彩色边饰。从大量的出土文物分析，衣襟的左衽和右衽，无疑是区别北方游牧民族和中原汉族（或已汉化了的鲜卑族）的一项重要标志，孝文帝迁都之后，决心改变

〔1〕《魏书》卷八十二《祖莹传》，中华书局点校本，第 1799 页。

〔2〕中国社会科学院考古研究所著《北魏洛阳永宁寺 1979－1994 年考古发掘报告》，中国大百科全书出版社，1996 年，图 46.1，彩版 11，图版 62.1。

〔3〕中国社会科学院考古研究所、河北省文物研究所编著《磁县湾漳北朝壁画墓》，科学出版社，2003 年。

鲜卑族的服饰习惯，衣制逐渐改为以右衽为主。

1988年发掘的大同市南郊区棺板画[1]，1997年6月出土的智家堡石椁壁画[2]，1997年9月出土的智家堡棺板绘画[3]和2002年出土的迎宾大道壁画[4]，均保存着许多鲜卑人身着裤褶服狩猎、杂技、出行、奉食等现实生活的精彩场面。譬如智家堡棺板画上的狩猎图，画面上排左侧绘一脸上蓄络腮胡须的徒步猎者，他身穿红色褶服，腰系革带，穿黑鞋，右侧挎黑色箭箙，弯弓欲射迎面狂奔而来的一头野猪。棺板右侧绘一头戴垂裙皂帽，身穿交领窄袖黑边蓝色上褶，下身着红色裤、穿黑鞋、腰系革带的骑士，正骑马向左疾驰，他左手执弓，右手拉弦，箭在弦上，一触即发，与另一穿裤褶的骑马武士相向而行，夹击野兽。南郊区北魏墓群的棺板画也非常精彩，山林间，身穿当时流行的裤褶式服饰的勇士，骑着矫健的骏马正在围猎，一只猛虎被长矛刺中了头部，旁边的几只羊也被流箭射中。这些珍贵的狩猎图，生动地展现了鲜卑人身着自己民族的服饰，崇武优狩的气质和习俗。

（二）女俑衣冠

墓群中共出土女俑39件，其中52号墓6件，2号墓27件，5号墓6件。

1. 帽子

鲜卑女帽和男帽大同小异，略有区别。无论是舞乐俑还是侍从俑，均头戴顶部呈圆形的黑色风帽。帽上有明显的"十"字形缝缀痕迹，缝缀的针脚似麦穗，特别清晰。或者是在帽上阴刻"十"字形，没有明显的缝痕和划线，帽顶似用四块皮或布、帛材料制成。虽然基本上属同一模式，但有的帽筒较深（如标本M2：12），有的帽筒较浅（如标本M2：1～8）。女俑大多数的垂裙至肩（如标本M5：160），个别的女俑垂裙齐耳（如标本M52：25）。

在平城期其他墓葬的壁画人群所着服饰中，还有一种中间下凹的黑色风帽。智家堡石椁壁画北壁中央，绘男女二人坐于榻上，北壁西侧、西壁、南壁所表现的女性形象均头戴垂裙黑帽，帽顶中央皆下凹，且帽后可明显看出打结的绳头[5]。智家堡出土棺板画[6]中所描绘的鲜卑女性和云冈石窟第二期（465～494年）所雕刻的女供养人[7]也戴有同样的凹顶垂裙黑色风帽。

2. 衣服

女性所穿的服装，全部是"襦裙式"。即上身穿交领、左衽、窄袖的长襦，下身着曳地的长裙。汉刘熙《释名》："襦，暖也，言温暖也。"《急就篇》颜师古注："短衣曰襦，自膝以上，一曰短而施腰曰襦。"这就是说，在腰以上或膝以上保暖的短衣，叫做"襦"。39件女俑所穿的襦裙在材料、制法和图案上，略有差异。

（1）用锦彩制作长襦。M2出土了同模制作的8件，编号为M2：1～8。女乐俑身穿左衽窄袖长襦，似用锦彩制作，襦身上有较大的彩色花卉图案，踞坐奏乐，长襦遮盖了下肢与双脚。

（2）身穿襦裙，裙有不同的制法和图案。从墓群中出土的女陶俑服饰来看，襦有素面和条纹图案

〔1〕　山西大学历史文化学院等《大同南郊北魏墓群》，科学出版社，2006年。

〔2〕　王银田、刘俊喜《大同智家堡北魏石椁壁画墓》，《文物》2001年第7期。

〔3〕　刘俊喜、高峰《大同智家堡北魏棺板画》，《文物》2004年第12期。

〔4〕　大同市考古研究所《山西大同迎宾大道北魏墓群》，《文物》2006年10期。

〔5〕　王银田、刘俊喜《大同智家堡北魏石椁壁画墓》，《文物》2001年第7期。

〔6〕　刘俊喜、高峰《大同智家堡北魏棺板画》，《文物》2004年第12期。

〔7〕　李雪芹《试论云冈石窟供养人的服饰特点》，《文物世界》2004年5期。

（如标本 M2：29）两种。裙有普通裙、百褶裙（如标本 M52：25）和间色裙（如标本 M2：16）三种。裙一般为素面，也有条纹图案（如标本 M2：29）。智家堡北魏墓棺板画"出行图"的画面上，有三位女乐伎头戴垂裙皂帽，下着黑白相间水波纹图案的曳地长裙，怀抱琵琶状的弦拨乐器，作演奏前进状，为女裙图案增添了新的内容。

（3）长襦外加穿"半袖"。"半袖"，即袖之半，也称为"半臂"，这种服饰最早出现在三国，盛行于初唐。不同时期的"半袖"在长短和宽窄上有所差异。标本 M2：12 女舞俑在长襦的基础上外穿了一件红色的交领"半袖"，两侧上端有褶，下端开叉，长及膝部。下穿红白两色相间的"间色裙"，颜色鲜艳、光彩照人。长襦的袖子既宽又长，并遮住了双手，可能这是演出的专用服装。

《魏书》卷五十二《胡叟传》谓叟于北凉灭后随沮渠牧犍归魏，"每至贵胜之门，恒乘一牸牛，弊韦袴褶而已。""韦袴褶"就是皮制的裤褶。《资治通鉴》卷一百二十五载，宋元嘉二十七年（450 年）七月，北魏太武帝拓跋焘欲还阴山以避师，对群臣曰："国人本著羊绔，何用绵帛！"可见当时的拓跋鲜卑人，仍然习惯于羊皮裤一类胡服。随着与汉文化的融合，鲜卑族逐渐接受制作汉族衣冠的材料，从师院墓群中所出土人物俑的衣服和帽子判断，太和年间制作材料既使用皮料，又使用布帛，还少量地使用锦彩。

据《魏书》卷一〇五《礼志一》载：早在北魏道武帝建国初期，即"诏有司定行次，正服色。"就是按照汉族儒家的标准，确定北魏官员的朝服。天兴六年（403 年），"魏主珪始命有司制冠服，以品秩为差，然法度草创，多不稽古"。[1] 所谓"多不稽古"，指与中原古制相甚远去。可见道武帝时期的"正服色"、"制冠服"还远未达到彻底改胡服为汉服的目标。

《魏书》卷一〇八《礼志四》叙服饰改革又曰："世祖（太武帝焘 424～452 年）经营四方，未能留意，仍世以武力为事，取于便习而已。"所谓"取于便习"，实际上就是保留拓跋鲜卑的传统服饰。"太和十年（486 年）春正月癸亥朔，帝始服衮冕，朝飨万国……夏四月辛酉朔，女子制五等服"。[2] 可见，服装改革是从皇帝、官员开始的，以后才渐及民间。《资治通鉴》卷一百三十七载：太和十五年（491 年）"魏旧制，群臣季冬相贺，服袴褶行事，谓之小岁；丙戌，诏罢之。"根据史料可知，太和十五年（491 年）以前拓跋鲜卑服装的基本式样，包括官员服饰，依旧还是所谓"绔褶"服。

墓群中 M5 的明确纪年为太和元年（477 年），墓葬中出土了百余件彩绘人物俑，无一例外地身着鲜卑族的传统"裤褶式"和"襦裙式"服装，考古资料印证了历史文献的记载，即至少在太和元年（477 年）以前，北魏王朝治下民众仍然保持着传统的本民族固有服饰。

北魏迁都洛阳以后两个月，即太和十八年（494 年）十二月，孝文帝就下令禁止鲜卑人穿鲜卑服，改穿汉服。史载："魏主欲变易旧风，壬寅，诏禁士民胡服，国人多不悦。"[3] 太和二十年（496 年）孝文帝从前方回来，见城中妇女仍穿鲜卑服装，大为不满，《魏书》卷二十一《咸阳王禧传》载，高祖"又引见王公卿士，责留京之官曰：'昨望见妇女之服，仍为夹领小袖．我徂东山，虽不三年，即离寒暑，卿等何为而违前诏？'"习惯的力量是非常顽固的，禁令下了快五年，到太和二十三年（499 年）仍有妇女着鲜卑装。史载："高祖曰：'朕昨入城，见车上妇人冠帽而著小襦袄者，若为如此，尚书何

---

〔1〕《资治通鉴》卷一百一十三，中华书局点校本，第 3556 页。

〔2〕《魏书》卷十七《高祖纪》，中华书局点校本，第 161 页。

〔3〕《资治通鉴》卷一百三十九，中华书局点校本，第 4370 页。

为不察?'澄曰:'著犹少于不著者'。高祖曰:'深可怪也! 任城意欲令全著乎? 一言可以丧邦者,斯之谓欤?'"[1]史料中所提到的"夹领小袖"和"冠帽而著小襦袄",是对迁都洛阳前平城时期鲜卑妇女习俗穿著的真实写照,与师院墓群中鲜卑女性的服饰正相一致。

太和十八年(494年),北魏王朝由平城迁都洛阳,诏令:"迁洛之人,自兹厥后,悉可归骸邙岭,皆不得就茔恒代。"[2]邙岭地处洛阳北郊外,诏令规定迁到洛阳的代北人死后就葬在邙岭,不得迁归代北。从洛阳出土的大量墓葬中,我们可以看到这时期服饰与定都平城时期的服饰相比,已经发生了较大的变化,基本样式主要是继承了汉代风格,同时又吸取了本民族传统服饰中的合理成份,形成了这一时期多元化发展的趋势。

单就服装在生产和生活中的实用功能而言,鲜卑服饰比汉魏式褒衣博带的衣冠要方便得多,北齐、北周时,又在鲜卑外衣的基础上参照西域胡服改制成圆领缺骻袍,这种服饰在南北一统的隋唐时期也非常流行。所以说,平城期的鲜卑服饰不仅保持了鲜明的民族特色,并对历史上服饰的演变和发展产生了深远的影响。

四 陶车模型

在宋绍祖墓石椁与砖室墓壁形成的相互环绕的回廊中,从前到后按照逆时针方向随葬了以牛车为中心、各类陶俑组成的出行仪仗队伍。鸡冠帽轻骑兵居前,甲骑具装重骑兵殿后,侍俑、鞍马、车辆等间于其间,表现了墓主人生前显赫的地位和宏大的出行场景。其中的六辆陶车模型,按照前导、传乘、副乘、主车的顺序依次排列,组成了一套较为完整的车舆系列。四种车型制作规整,各部分结构反映清晰,对于魏晋南北朝时期出行车辆的配置和车制的研究提供了不可多得的实物资料。

(一)前导车一辆(标本 M5:142),位于出行队伍前列。

车厢呈长方体,遍涂红色。底板共有 9 个孔,两边的 4 个孔用以固定车轴,中间的 5 个孔用以缚结车辕。该陶车模型正前方底部没有插辕的对称双孔,显然不可能为双辕车。清理该陶车模型时,附近有两匹造型相同涂有红彩的马俑(标本 M5:121、M5:149),估计这两匹涂红彩的马俑就是该车的驾乘,据此可做出初步判断,该陶车模型为独辀车,驾二马。

该车的车厢四面敞露,符合《释名·释车》中的描述:"轺,遥也;遥,远也。四向远望之车也。"由于其车厢小,故车速快,所以又称为轻车,轻车即戎车、战车。先秦时期战车通常装备五种兵器,称为"建五兵"。魏晋以来,五种兵器的种类发生了很大变化,实用兵器逐步减小,载金鼓、羽旗,建戟幢麾,更具象征意义。按《宋书·礼志五》记载:"轻车,古之战车也。轮舆洞朱,不巾不盖,建矛戟幢麾,置弩于轼上,驾二。"陶车模型与史料记载十分相似。按照《考工记》的说法,矛、戈皆应插于车辀之间,而且戈要斜插,矛要正插。但《文选·东京赋》载:"立戈迤嘠。李善注:嘠,长矛也。邪柱之迤邪也。"其安排与《考工记》正好相反。东汉孝堂山石祠的"大王车马出行图,前面的轺车后部两根戟均为斜插。"[3]《晋书》卷二十五《舆服志》有相同的记载:"戎车……载金鼓、羽旍、幢麾,

---

〔1〕《魏书》卷十九《任城王传》,中华书局点校本,第 469 页。

〔2〕《魏书》卷二十《文成五王传》中华书局点校本,第 527 页。

〔3〕 罗哲文《孝堂山郭氏墓石祠》,《文物》1961 年 4、5 期合刊。

置弩于轼上，其建矛麾悉斜注。"该陶车模型车厢底左右两侧外凸车軨，车軨中部偏后的位置各有一孔洞向后斜出，两个斜孔洞用来斜插兵器是没有疑问的，与以上文献记载相符。至于所插何种兵器，发掘时未见到原物。

先秦时期，战车数量的多寡是衡量一个国家国力强弱的标准。战国后期以降，战场上骑兵、步兵突显其优势，战车渐居次要地位。西汉初年，兵车还用于战争，以后逐渐失去其作用，至汉武帝时发展成为仪仗队。这种车中间竖立大斧或载金鼓，是公卿以下县令以上出行时用于前导的车辆。汉代画像石多见其形象，车后斜插两枝戚戟，位于出行车马的前列，作为斧车或先导车。按《宋书·礼志五》记载："武刚车，有巾有盖，在前为先驱，又在轻车之后为殿也，驾一。"该陶车模型应该就是史书记载中的轻车，在整个出行队伍中作为先导之车。

（二）传乘车一辆（标本 M5：126），位于先导车之后。

该车的车厢四面敞露，属于轺车。敞车无棚，车厢前底两侧各有一直孔用以插辕，显然为双辕车。清理现场虽被扰动，但附近出土一件陶牛（标本 M5：153），应是该车的驾乘，说明该陶车模型系双辕车，驾一牛。该车与武威雷台墓[1]出土的铜制牛车模型相似。

《晋书·舆服志》载："追锋车，去小平盖，加通幰，如轺车，驾二。追锋之名，盖取其迅速也，施于戎阵之间是为传乘。"该陶车模型与文献记载有一些相同之处。两辀上部为起伏的弧线，两辀底部外侧凸出呈半圆形榫，上有三孔呈放射状斜出，用以插竿竖幰；前舆与两辀交接处各有一向前倾斜的孔，也用以插竿竖幰，加通幰于其上；车轮轮径较小，直径 12 厘米，轮 13 辐；车厢低矮；车前不加车轼，便于从车前上下。从该陶车出土位置看，间于先导车与副乘之间，便于向先导车传达主车的指令，或将前面发生的情况汇报给主车，属于传乘之车。

上引文中的"驾二"当为驾二马，与该车驾一牛不同。西汉初年，牛车为规格较低的车，仅供运输辎重或代步。东汉中期，牛车仍然不受重视。到东汉晚期，牛车逐渐被重视，士大夫已喜欢乘坐牛车。《晋书》卷二十五《舆服志》载："古之贵者不乘牛车，汉武帝推恩之末，诸侯寡弱，贫者至乘牛车，其后稍见贵之。自灵献以来，天子至士遂以为常乘。"记述了牛车由不受重视到士大夫广为坐乘的发展过程。魏晋以来，牛车更为社会各层人士广泛使用。因此，该陶车模型以牛代马，反映了魏晋以来各种车型的驾车之马，大多已被牛取代的实际情况。按《晋书》卷二十五《舆服志》的记载："追锋车……臣下不得乘，时以赐王公。"这与墓主人宋绍祖爵位为敦煌公，官居幽州刺史的身份是相符合的。

（三）副乘两辆（标本 M5：74、M5：76），间于传乘与主车之间。

两辆陶车模型形制相同，皆位于墓室回廊的东部，车厢呈长方形，顶部前后高翘，中间低凹，底板前方两侧各有一圆孔，用以插辕，显然是双辕车。在发掘现场，两辆陶车是按一前一后的顺序排列的，其中一件陶牛（标本 M5：77）置于标本 M5：76 陶车模型的正前方，应是这辆陶车的驾乘。但从整个墓葬出土陶车、陶牛和陶马的数量，按我们叙述的不同驾乘方法，它们是可以相互匹配的。说明这两辆陶车模型均为双辕车，驾一牛。

按《说文·车部》："辒、辌，衣车也。"即有与车厢连接的、将四面屏蔽起来的车厢，这两辆陶车

---

〔1〕　甘肃省博物馆《武威雷台汉墓》，《考古学报》1974 年第 2 期。

模型属于衣车。按《释车》的记载："辎、轺之形同，有邸曰辎，无邸曰轺。"邸为车厢后部的车辕，该车无邸，正是一辆没有后辕的轺车。轺车是古代贵族妇女乘坐有帷幕的车，1965年大同城东司马金龙墓出土的木板漆画[1]，榜题"鲁母师"画中通幰牛车的形象，与这两辆陶车模型形制基本相同，插竿通幰的方法也相近。车厢厢体两侧凸出部位各有3孔，前、中2孔是直径为1厘米的正圆孔，后1孔是直径为1厘米的斜孔，前舆和前门框底部连接处也有两个斜孔，同为插杆竖幔所用，应为通幰牛车，将模型和漆画对照，应该说这些孔用来插竿通幰的说法是正确的。司马金龙墓木板漆画所绘题材以及人物的形象和服饰，绝不见北魏早期造型艺术作品中习见的鲜卑式样，论者一致认为是江南顾恺之紧劲联绵、笔迹周意画风影响下的产物，透露出东晋文化对北魏平城文化的影响，车制方面也自然留下了魏晋以来中原地区的印迹。

按《晋书》卷二十五《舆服志》的记载："皁轮车，……位至公或四望、三望、夹望车。油幢车，驾牛，形制如皁轮，但不漆毂耳。王公大臣有勋德者特给之。"又如："通幰车，驾牛，犹如今犊车制，但举其幰通覆车上也，诸王三公并乘之。"该车厢左右各开窗两个，属于四望通幰牛车，与宋绍祖敦煌公的身份相符。但规格略低于后面的主车，应为副乘，或是墓主夫人乘坐的轺车。

（四）主车两辆（标本M5：48、M5：68）。一辆位于副乘之后，一辆位于墓室回廊北部正中。

两辆陶车形制相同，车厢呈长方体，四隅立角柱，车盖呈椭圆型，顶部隆起，似鳖甲。车厢内部全部施红彩，两侧各开窗两个，窗上出挑檐。厢体两侧凸出部位各有3孔，前、中2孔是直径为1厘米的正圆孔，后1孔是直径为1厘米的斜孔。前舆和前门框底部连接处也有两个斜孔，它们同为插杆竖幔所用，应为通幰牛车。车厢后方开门两扇。

这两辆陶车模型属于安车类。车后有邸，为辎车型衣车。两旁开四望，后部辟门，即《周礼·巾车》所称的"辎车后户"。按《晋书·舆服志》的记载："画轮车，驾牛，以彩漆画轮毂，故名曰画轮车。上起四夹杖，左右开四望……其上形制事事如辇，其下犹如犊车耳。"可见画轮车也是举其幰通覆车上，其形象正是鳖甲形通幰牛车。犊车即牛车，上起四夹杖，左右开四望，与我们描述的车基本一致。《宋书·礼志五》记载："辎车，即辇车也。"关于辇车，《南齐书·舆服志》解释为"辇车如犊车"。该车位于各车之后，出行队伍的中央，形制规格高于前面的车辆，应是墓主人宋绍祖的驾乘之车。

东汉晚期，牛车受到普遍重视，社会各阶层人士出行，皆以牛车取代马车，牛车迅速发展成一种高级车型。徐州铜山洪楼汉画像石墓[2]中，出现了装有偏幰的辇车，就是这种高级车型的前身。魏晋以来，通幰牛车已极为普遍，北魏司马金龙墓、北齐娄睿墓[3]都发现了这一时期通幰牛车的形象资料。《南齐书·舆服志》载："平乘车，竹箕子壁仰，槎榆为轮，通幰，竿刺代栋梁，枻檽真形龙牵，金涂支子花纽，辕头后梢沓伏神承泥。庶人亦然，但不通幰"。可见，一般平民只可以乘坐华丽但不通幰的牛车。

以上所论述的六辆陶车模型，结构合理，制作精美，应是按照当时实用牛车的外型和比例而制作。盛大的出行场面，以前导为先驱，传乘介其中，副车为陪乘，主车居中心的排列方法，切实反映了各

[1]　大同市博物馆、山西省文物工作委员会《山西大同石家寨北魏司马金龙墓》，《文物》1974年第3期。
[2]　孙机《汉代物质文化资料图说·车Ⅱ》，文物出版社，1991年。
[3]　山西省考古研究所、太原市文管会《太原市北齐娄睿墓发掘简报》，《文物》1983年第9期。

车种的作用和主次地位。

我国古代皇帝有车舆卤簿制度,各级官吏出行时除自已乘坐的车辆外,还有导从车辆及护卫人员,亦称卤簿。其数量依据官阶的高下而增减,官阶越高则侍从车马护卫越多。内蒙古和林格尔新店子东汉墓[1]中的壁画就依墓主的仕宦经历而绘有六幅出行图,随其官职的升迁,侍从车马明显增加,而且从车的规格也有所提高。魏晋时期官员的卤簿大致沿袭东汉的制度,南北朝时期,因南北政权表现出较大的差异,南朝继承魏晋传统,侍从车辆并重,北魏早期,宋绍祖墓和同时发掘的 M2 随葬大量骑马俑和较为完整的车舆系列,说明北魏早在太和元年(477 年)之前就已出现了与南朝相近的官员卤簿制度,车舆规格、式样与南朝已趋于一致。

车舆制度是封建礼制的重要组成部分,为历代统治者所重视。拓跋鲜卑定都平城之前,以游牧射猎为主,常行于马背之上,实无车制可言。道武帝拓跋珪建国后,草创车舆之制,"虽参采古式",制造了一批御用车舆,其形制"多违旧章"[2],与以前皇帝所用车舆有较大的差别。北魏早期官员车舆制度因记载不详,加之考古发掘缺乏完整的车舆方面形象资料,致使这一方面的研究难以深入。北魏宋绍祖墓成套陶车模型的出土,为我们研究这一时期官员车舆规格及式样提供了可靠的资料,必将推进北魏平城期车制及官员卤簿制度的进一步研究。

五　石质葬具

师院墓群中的宋绍祖夫妇墓(M5)出土了北魏太和元年(477 年)仿木结构建筑的石质葬具,其结构清晰、雕饰华丽,铭文内涵丰富,是公元 5 世纪北魏单体建筑的稀有实例,为研究中国古代墓葬史、建筑史提供了极其珍贵的实物资料。

(一) 石葬具的功能

葬具系砂岩雕制,为前廊后室,面阔三间的仿木结构悬山顶建筑。其通面阔(指廊柱中至廊柱中)252、通进深(指廊柱中至角柱中)265、鸱尾顶部距铺地砖高 228 厘米。

葬具后室内有一形状为倒置"凹"字形的精美石棺床,东西长 239、南北宽 188 厘米。棺床上西端直接放置着两个平面呈椭圆形,两端尖微上翘的石灰枕,这说明宋绍祖夫妇的尸体应为东西向横置在棺床上。出土时宋绍祖夫妇的骨骸大多数散见顶板上和砖砌墓室内,那是因为早年严重的盗扰而改变了死尸的位置。

《礼记正义》卷五载:"在床曰尸,在棺曰柩。"《释名·释丧制》:"尸在棺曰柩。"可知,柩为葬具,指已装尸体的棺材。宋绍祖墓铭砖阴刻:"大代太和元年岁次丁巳幽州刺史敦煌公敦煌郡宋绍祖之柩" 25 字,不仅记录了墓主人的埋葬时间、生前职务、爵品、籍贯、姓氏,而且直书为"柩",是此类仿木构石质葬具为"盛尸之棺"的首证和确证。在发掘清理的过程中,始终未见任何棺木痕迹。经人骨专家测定,墓主人宋绍祖身高至少在 188.3 厘米,棺床有限的位置也难以容下其它的葬具。以上几个方面都说明,前廊后室的石雕仿木结构建筑模型是宋绍祖夫妇的唯一葬具。

在大同地区所发现的北魏墓葬中,有许多砖筑和石雕的棺床,但凡遗迹现象清楚的,大多使用的

---

〔1〕 内蒙古文物工作队、内蒙古博物馆《和林格尔发现一座重要的东汉壁画墓》,《文物》1974 年第 1 期。

〔2〕《魏书》卷一〇八《礼志四》,中华书局点校本,第 2811 页。

是尸体直接陈放在棺床上，而不用木棺的葬俗。

2002 年发掘的大同市迎宾大道北魏墓群〔1〕的 M2、M3、M26、M78，均设有立面呈叠涩束腰状砖筑棺床。均未发现任何板灰痕迹，都是将尸骨直接陈放在棺床之上。墓群中有一墓铭砖的年代为北魏献文帝拓跋弘天安元年（466 年）。2006 年发掘的大同市沙岭新农村建设北魏墓群的 M22 设有砖筑棺床，床上从头到脚顺着尸骨的两侧，又平铺了一层青砖，墓主人的手指骨仍完整无缺的平放在青砖上〔2〕（图版一二：1、2）。

1987 年发掘的大同电焊器材厂北魏墓群的 M112，"石棺床东西向置于墓室北部，棺床总长 2.1、宽 1、高 0.39 米。无棺，人骨仰身直肢于棺床上，头向西，面向北，两手放于腹部。"〔3〕2004 年发掘的西安市北郊坑底寨村北的一座北周天和六年（571 年）粟特人康业墓，围屏"石榻之上保存完好。置骨架一副，仰身直肢，头向西，面向上，骨架之上有数层丝绸痕迹"〔4〕。可见，"围屏石榻"在墓葬中与石棺床有同样的使用功能。

专古发现表明，从北魏太和元年（477 年）到隋开皇十二年（592 年）的 115 年期间，共出土了石质仿屋形葬具五例。按其下葬年代顺序，第一例是本报告所述师院墓群中的 M5 宋绍祖墓，石椁面阔三间悬山顶，时代为北魏太和元年（477 年）。第二例是大同市智家堡北魏墓，石椁面阔三间悬山顶，估计时代为太和八年～太和十三年（484～489 年）〔5〕。第三例是河南洛阳的宁懋墓，石室面阔三间悬山顶，时代为北魏孝昌三年（527 年）〔6〕。第四例是西安市井上村东的北周史君墓，石椁面阔五间歇山顶，时代为北周大象二年（580 年）〔7〕。第五例是太原王郭村的虞弘墓，石椁面宽三间歇山顶，时代为隋开皇十二年（592 年）〔8〕。

以上几例为我们认识仿木构建筑石质葬具的确切功能提供了可靠的实物资料，它们的共性是，除了石质葬具外，再没有任何木质葬具。仿木构建筑的石质葬具显然起到了装尸的作用，实际上是一种特殊形制的棺。因以上几处同类石葬具有称"石椁"，故我们亦称此屋宇形石葬具为"石椁"。

（二）石葬具的结构

该石椁由砂岩制作，共由 109 个石质构件组成。据石椁顶板上的石刻铭记"用公（工）三千"、"盐豉三十斛"，可见其工程量巨大，耗费了大量人力和物力。石椁制作的程序是：先设计整体方案，开采毛坯石料，再雕刻单体构件，然后进行榫卯组合，最后上彩涂色。推测雕造石椁的主要工具是铁凿、铁锤、铁锉、铁钎等。尽管石椁制作难度较大，但其设计合理，制作精致，比例适度，宏伟壮观，采用圆雕、浮雕、线刻等各种艺术手法，比较直观形象地表现了古代建筑物的形制特征和装饰艺术，是该时期匠师们在单体石刻造型艺术方面的杰出作品。

石椁建筑有以下主要特征：

---

〔1〕　大同市考古研究所《山西大同迎宾大道北魏墓群》，《文物》2006 年第 10 期。
〔2〕　资料在整理中。
〔3〕　山西大学历史文化学院等《大同南郊北魏墓群》，科学出版社，2006 年，第 351 页。
〔4〕　《西安北周康业墓》，《2004 年中国重要考古发现》，文物出版社，2005 年，第 123 页。
〔5〕　《西安北周史君墓》，《2003 年中国重要考古发现》文物出版社，2004 年，第 133 页。
〔6〕　王银田、刘俊喜《大同智家堡北魏墓石椁壁画》，《文物》2001 年第 7 期。
〔7〕　郭建邦《北魏宁懋石室和墓志》，《河南文博通讯》第二期，1980 年。
〔8〕　山西省考古研究所等《太原隋代虞弘墓清理简报》，《文物》2001 年第 1 期。

1. 石椁外观为一面阔三间，有四根廊柱的敞廊。廊柱断面为正八角形，未有收分，柱上下等宽，与山东长清孝堂山石祠和山东沂南画像室墓中后中心柱相同，保持了中原汉式建筑的传统形式。

2. 石椁各部构件比例适中。（1）明间面阔与高之比（以明间两柱柱中线间距离和地面至额枋下皮的高度计）为 92：118≈1：1.28。（2）额枋下皮至檐枋上皮的高度与柱高（柱身净高自地至柱头大斗下）之比为 45：106≈1：2.36。（3）柱子的细长之比（以柱下径和柱高计）为 16：106≈1：6.6。

3. 额枋压在柱头凹形大斗之上，额枋之上又置十字形开口的栌斗，栌斗两层相叠现象，为唐宋以后所不见。建筑上所有的"斗"构件在"斗畝"之下均刻有皿板。

4. 劄牵尾部插在角柱里和搭在石椁壁板上，斜向的穿过前廊空间，头部伸进额枋上的栌斗与栱相卯合，增加了前廊的稳固性。

5. 柱头铺作一斗三升，栱弯砍凿圆和不分瓣，但有长方形凸起。栱上的方形小块已演变为齐心斗，并且与栱身雕在同一块石料上。

6. 补间铺作是独立的人字栱，为汉代所没有。"铺作之人字斜边，于魏为直线，于齐则为曲线。"[1] 北齐天龙山石窟第一和第十六窟窟廊曲脚人字栱就是典型的例证[2]。

7. 梁架为抬梁式结构。石椁的东、西两壁板顶部代替了平梁，上承近似三角形的横梁，梁头伸出。脊槫下未施叉手，而是依横梁的自身坡度直接凿出槫槽，架设了承接屋顶的方形石槫，以致梁材较大，屋顶平缓。北魏时期的石窟雕刻、棺板漆画、砖砌门楼以及房屋模型也有众多的屋宇形式，但它们只表现其建筑的外部特征，而 M5 仿木构梁架还直接表现了建筑物内部结构的比例和形态，这是极其难能可贵的。

8. 檐口平直，檐角不起翘。正脊分成三段，作瓦条脊，下二上一。正脊两端的鸱尾呈"山"字形，且与正脊方向垂直。当时众多的北魏屋宇鸱尾均为尖尾弧形状，M5 的鸱尾是北魏建筑中的孤例。

9. 预留天窗也是历代石棺或石椁不多见的现象。有的学者认为，M5 宋氏石椁天窗的作用或为悬吊照明灯具，或为石门顶实后操作者的退出通道。

10. 石椁建筑造型精美，其上又运用了雕刻、绘画等装饰手法，局部增添了铺首、动物、花卉、铭记、乐舞等内容，达到了结构与装饰的有机结合。因此，宋氏石椁也是研究古代建筑技术和装饰艺术以及社会生活的极好资料。

（三）石葬具的源流

早在东汉时期，模仿木构房屋建筑形式的葬具——石棺，在四川地区就已出现。乐山市沱沟嘴崖墓整石房形石棺，棺盖呈庑殿式屋顶形，有脊和瓦垅，其棺身也雕刻模仿居室墙体的框栏装饰，宛如一座房屋建筑。还有拼合的房形石棺，如内江市红樱 1 号崖墓，系用 13 块砂岩石板、石条镶成，棺身下部还有底座。棺身前端有双扇门，门楣上有 3 尊半立雕的力士。棺盖呈庑殿顶形，内侧有拱形，并存藻井等仿木结构建筑装饰[3]。四川屋形石棺在北魏时期有所复兴，二者的关系和渊源尚待进一步的探讨。

目前所知，北魏时期（398～534 年），发现了宋氏石椁、智家堡石椁、宁懋石室三例仿木结构房屋建筑形状的石质葬具，分别位于死者生前所在的北魏都城大同和洛阳。北魏时期仿木结构的屋形石

〔1〕 梁思成《中国建筑史》，百花文艺出版社，1998 年，第 90 页。

〔2〕 李裕群、李纲编著《天龙山石窟》，科学出版社，2003 年，第 98 页。

〔3〕 罗二虎《汉代画像石棺研究》，《考古学报》2000 年第 1 期。

质葬具后为隋唐所继承，在隋唐时期皇亲国戚和高级官员的墓中大量出现。如 1999 年 7 月山西省太原市发掘的隋代虞弘夫妇墓，墓内为一仿木建筑的三开间歇山顶汉白玉石椁（592 年）[1]；1957 年 8 月在西安发掘的贵族少女李静训（小孩）墓，葬具是石棺和石椁，石棺盖是由一块整石雕成的歇山式屋顶（608 年）[2]。尽管唐代典章制度上有所规定："大唐制：诸葬不得以石为棺椁及石室，其棺椁不得雕镂彩画，施户牖栏槛。"[3] 但还是出现了许多仿木建筑的石棺或石椁。631 年的唐淮安王李寿墓[4]；664 年的武威大将军同安郡开国公郑仁泰墓[5]；706 年唐永泰公主墓[6]、懿德太子墓[7]、章怀太子墓[8]；708 年的汝南郡王韦询墓[9]、淮阳郡王韦洞墓[10]、721 年唐睿宗女婿薛儆石椁墓[11]、740 年的骠骑大将军虢国公杨思勖墓[12]等。上述石棺或石椁有歇山顶、庑殿顶和拱形顶三种形式，葬具上雕刻着门窗、花草、人物、飞禽、走兽及其它内容。隋唐时期这些装饰华丽的石葬具与北魏仿木建筑屋形石质葬具有明显的承继关系，后者对于研究隋唐大型墓葬中构筑石棺或石椁之制的渊源意义是不言而喻的。

汉代建筑是中国古代建筑史上的第一个高峰。中原大地在墓葬中出土了大量的汉代建筑明器，种类有仓房、宅屋、院落、楼阁、作坊等[13]。1984 年在宁夏固原北朝墓葬中发现的新集 M1 封土下有两个土筑房屋模型，造型简单的土筑房屋模型放置在过洞上方与地面平行处，当模拟门楼，它与后面的房屋模型之间又为一天井，这样整个形制就构成了一座完整的庭院[14]。1986 年在陕西长安县韦曲镇北朝墓葬中发现的过洞顶部之上有一土刻四阿式房屋模型，过洞南壁剖面为一多重楼阁式建筑模型[15]。

棺上绘画或雕刻房屋的形象屡见不鲜，最早可以追溯到先秦时期，湖北随州战国曾侯乙墓的漆棺就有窗的装饰[16]。大同湖东北魏一号墓，漆棺后挡板中部绘中国传统建筑式样的门楼一座，屋顶微翘，屋脊上置鸱尾[17]。1981 年出土的宁夏固原东郊雷祖庙村北魏漆棺画，棺盖正中上方和棺前挡共有三座悬垂帷幔的房屋，均为单檐庑殿顶，鸱尾翘起，二层阑额间有一斗三升和人字形斗栱[18]。洛阳北魏元谧石棺两侧刻有小窗，前挡刻有门和门吏，实际上也象征着一座建筑物[19]。1976 年山西榆社县发现的北魏神龟年间雕刻画像石棺一具，石棺的前挡画面中部是一座房屋，上有屋脊和鸱尾以及弯

〔1〕 山西省考古研究所等《太原隋代虞弘墓清理简报》，《文物》2001 年第 1 期。
〔2〕 唐金裕《西安西郊隋李静训墓发掘简报》，《考古》1959 年 9 期第 471 页。
〔3〕 《通典》卷八五《凶礼七棺椁制》。
〔4〕 陕西省博物馆、文管会《唐李寿墓发掘简报》，《文物》1974 年第 9 期。
〔5〕 陕西省博物馆、礼泉县文教局发掘组《唐郑仁泰发掘简报》，《文物》1972 年第 7 期。
〔6〕 陕西省文物管理委员会《唐永泰公主墓发掘简报》，《文物》1964 年第 1 期。
〔7〕 陕西省博物馆、乾县文教局唐墓发掘组《唐懿德太子墓发掘简报》，《文物》1972 年第 7 期。
〔8〕 陕西省博物馆、乾县文教局唐墓发掘组《唐章怀太子墓发掘简报》，《文物》1972 年第 7 期。
〔9〕 员安志《陕西长安县南里王村与咸阳飞机场出土大量隋唐珍贵文物》，《考古与文物》1993 年第 6 期。
〔10〕 陕西省文物管理委员会《长安县南里王村唐韦洞墓发掘记》，《文物》1959 年第 8 期。
〔11〕 山西省考古研究所编著《唐代薛儆墓发掘报告》，科学出版社，2000 年。
〔12〕 中国社会科学院考古研究所《唐长安城郊区隋唐墓》，文物出版社，1980 年，第 63～68 页。
〔13〕 河南博物院编著《河南出土汉代建筑明器》，大象出版社，2002 年。
〔14〕 宁夏固原博物馆《彭阳新集北魏墓》，《文物》1988 年 9 期。
〔15〕 陕西省考古研究所《长安县北朝墓葬清理简报》，《考古与文物》1990 年第 5 期第 57 页。
〔16〕 湖北省博物馆《曾侯乙墓》，文物出版社，1989 年，上册第 36 页图 21、第 39 页图 22。
〔17〕 大同市考古研究所《大同湖东北魏一号墓》，《文物》2004 年第 12 期。
〔18〕 宁夏固原博物馆《固原北魏墓漆棺画》，宁夏人民出版社，1988 年。
〔19〕 黄明兰编著《洛阳北魏世俗石刻线画集·元谧石棺画像》，人民美术出版社，1987 年，第 30 页。

曲度很大的房檐和挑角[1]。

　　北魏墓门以上砖雕或彩绘仿木结构建筑的墓门罩作法也比较普遍，北齐、北周也有相类似的作法。如2006年发掘的大同市沙岭新农村建设北魏墓群的M22[2]、陕西华阴北魏杨舒墓[3]、山西祁县白圭北齐韩裔墓[4]等，建筑上的斗栱与同时期的云冈石窟、天龙山石窟斗栱颇为相似，时代特征十分明显。陕西长安县206所一号北魏墓葬过洞入口的上方，绘制了一座有上下四层的门楼模型[5]；宁夏固原北周李贤墓彩绘门楼画面共有四幅，其中红黑两色的双层门楼图两幅，单层门楼图两幅[6]。

　　房屋，是墓主在冥间舒适生活的首要考虑，所以古代墓葬中出现了大量以石刻、砖雕、绘画、陶制或土制模型等各种形式表现的房屋形象，这都是古人在"事死如事生"观念支配下的产物。宋氏石椁规模严整，结构复杂，制作难度和人力财力的耗费等方面是巨大的，更突显了它重要的文物和历史价值。

　　（四）石葬具的装饰

　　M5石椁通体雕饰铺首26枚，棺床腿部1枚，共27枚，皆方形兽首，但神态各异。这些铺首兽面中，浮雕于门上者衔圆环，浮雕于外壁上者衔半环，门额和棺床腿部者未衔环。此外，石椁外壁和石棺床还雕有泡钉、动物、花卉等装饰图案，线条细腻流畅，形象栩栩如生，同样是不可多得的精美艺术品。

　　石棺或石椁上雕饰铺首衔环，汉代已经出现。如江苏徐州沛县栖山的一号墓石椁[7]和四川芦山县石羊上村王晖墓石棺[8]，均刻有造型各异的铺首衔环。更多的铺首衔环形象是雕饰或绘画在墓室的墓门处。

　　北魏平城期大同地区所出土的墓葬中，木质葬具外表大多出现铺首衔环和泡钉。1987年发掘的大同湖东编组站北魏墓群[9]、1988年发掘的大同南郊北魏墓群[10]、1993年发掘的大同齐家坡北魏墓葬[11]、1994年发掘的大同县安留庄北魏墓群[12]、1995年发掘的大同金属镁厂北魏墓群[13]和2000年发掘的雁北师院北魏墓群M2等。1982年6月，在大同市南郊区轴承厂还发现了一批窖藏文物，其中有鎏金铜铺首16件，鎏金铜泡钉27件，铜铺首兽角之间的图案是花卉和人物，上有直径约为0.2厘米的小孔，用铆钉予以固定在棺板上[14]。分析众多发掘实物，可以总结为以下几点：

　　1. 铺首衔环和泡钉的质料主要是铁、铜、铅锡合金，表面鎏金或贴金的铺首衔环所占的比例也很大。大、中、小型墓葬中所出土的铺首衔环和泡钉的质料明显不同，间接地说明了墓主人不同的身份

〔1〕王太明、贾文亮《山西榆社县发现北魏画像石棺》，《考古》1993年第8期。
〔2〕见本报告图版一二：1。
〔3〕崔汉林、夏振英《陕西华阴北魏杨舒墓发掘简报》，《文博》1985年第2期。
〔4〕陶正刚《山西祁县白圭北齐韩裔墓》，《考古》1975年第4期。
〔5〕陕西省考古研究所《长安县北朝墓葬清理简报》，《考古与文物》1990年第5期。
〔6〕宁夏回族自治区博物馆、宁夏固原博物馆《宁夏固原北周李贤夫妇墓发掘简报》，《文物》1985年第11期。
〔7〕徐州市博物馆、沛县文化馆《江苏沛县栖山汉画像石墓清理简报》《考古学集刊》第三卷，1982年。
〔8〕罗二虎《汉代画像石棺研究》《考古学报》2000年第1期。
〔9〕资料在整理中。
〔10〕山西大学历史文化学院等《大同南郊北魏墓群》，科学出版社，2006年。
〔11〕王银田、韩生存《大同市齐家坡北魏墓发掘简报》，《文物季刊》1995年第1期。
〔12〕资料在整理中。
〔13〕韩生存、曹承明、胡平《大同城南金属镁厂北魏墓群》，《北朝研究》1996年第1期。
〔14〕大同市博物馆《山西大同南郊出土北魏鎏金铜器》，《考古》1983年第11期。

和等级。

2. 铁质棺环将铁棍锻打成圆环，两端砸扁合拢，直接钉入棺内，下撇成人字形进行固定，这种牢固结实的铁环是用以系绳放棺的。其它质料的铺首衔环，兽鼻轻轻地衔住棺环，在底盘的四角用小钉贯入棺的表层，这样的铺首衔环是不可能用于系绳放棺的。如 2002 年大同市考古研究所发掘的迎宾大道北魏墓群中的 M61：6 铺首衔环，是用方形薄铜片捶揲成型，巨目、宽鼻、双耳直立，两肩上卷，眉心饰草叶纹，形象狰狞，宽 10.8、高 10.9 厘米[1]，它的功能主要是装饰和避邪。

3. 墓葬中出土的铺首衔环兽角间所雕饰的内容主要是人物和花卉，说明宋绍祖墓石椁外的这两种雕刻在北魏定都平城时期存在着一定的普遍性。唯独第三种兽角间的博山图案，在墓葬中未见到同样的内容。但与 1963 年中国社科院洛阳工作队所发掘的汉魏洛阳城南郊一号房址的兽面纹瓦当[2]和云冈第 7 窟后室盝形帷幕龛束挽处所雕的兽面[3]极其相似。前者兽角之间由 9 个三角形组成，后者由 3 个三角形组成。宋氏石椁所雕饰的铺首正是承前启后的精美实例。

4. 泡钉按照一定的间隔依次排列在铺首的周围，同时装饰在葬具中，并使用与铺首同样的质料。如 86SDHM23（大同湖东编组站），铅铺首衔环 7 个，铅泡钉 33 枚；87SDHM25 铜铺首衔环 10 个，铜泡钉 30 枚；宁夏固原北魏墓透雕铜铺首 2 个，铜棺钉帽 20 个[4]；宋绍祖墓石室外壁采用了木质葬具中装饰做法，共雕刻了铺首衔环 26 个，泡钉 239 枚。

（五）M5 石葬具对中国古代建筑史研究的意义

北魏时期的木结构建筑，屡遭兵燹，为我们今日不可追踪。古代文献对当时的建筑情况也众说纷纭，莫衷一是。宋氏石椁，它展示了北魏太和年间单体建筑的规模和形制，显示和传达了独特的历史文化信息。

《南齐书》卷五十七《魏虏传》载："什翼珪（道武帝）始都平城，犹逐水草，无城郭。木末（明元帝）始土著居处。佛狸（太武帝）破梁州、黄龙，徙其居民，大筑郭邑。截平城西为宫城，四角起楼，女墙，门不施屋，城又无堑。南门外立二土门，内立庙，开四门，各随方色，凡五庙，一世一间，瓦屋。"又云："自佛狸至万民（献文帝），世增雕饰。正殿西筑土台，谓之白楼。万民禅位后，常游观其上，台南又有伺星楼，正殿西又有祠屋，琉璃为瓦。宫门稍覆以屋，犹不知为重楼。并设削泥采，画金刚力士。胡俗尚水，又规画黑龙相盘绕，以为厌胜。"这段文字尽管比较客观地记载了北魏定都平城时期早期的建筑状况，但也流露出南朝人对北方少数民族建筑的贬抑之意。

拓跋鲜卑族是兴起于大兴安岭北段嘎仙洞一带的游牧民族，经过几次大的迁徙，定都于平城（今山西大同），逐渐形成以农耕为主，游牧为辅的经济生活，并建立了与之相适应的国家组织。但改变拓跋鲜卑族传统的生产和生活方式，并非易事。事实上，从事畜牧业的人仍然需要逐水草而居，而他们随时可以移动迁徙的房屋——帐房也没有完全弃置，师院墓群中 M2 随葬物中的两件帐房模型就很说明问题。太和时期北魏定都中土已近百年，随葬品中仍保留游牧民族生活所习用的帐房正是早年房屋

〔1〕 大同市考古研究所《山西大同迎宾大道北魏墓群》，《文物》2006 年第 10 期。
〔2〕 中国社会科学考古研究所编著《中国社会科学院考古研究所考古博物馆洛阳分馆》考古学专刊乙种第三十二号，文化艺术出版社，1998 年，第 73 页。
〔3〕 云冈石窟文物保管所《中国石窟·云冈石窟》（二），文物出版社，1991 年，株式会社平凡社，图版 142。
〔4〕 固原县文物工作站《宁夏固原北魏墓清理简报》，《文物》1984 年第 6 期。

住宅的记录。

　　《水经注》是我国第一部综合性的地理巨著，作者郦道元是北魏朝廷的一名官员。其中的《漯水篇》不仅详细地叙述了平城地区水流的发源和流向，而且生动地描述了流经地区的山陵关塞、城市宫殿、苑囿寺观、名胜冢墓等有关的历史遗迹。《魏书》中也有一些关于平城建设，石窟开凿，甲第林立，馆宇崇丽等建筑方面的记载。在这方面，北魏由各地迁徙至平城的能工巧匠发挥了巨大的作用。

　　事实上，承明元年（476年），文明冯太后再度临朝称制。翌年改元太和，当时正值政治改革方兴未艾，平城建设和云冈石窟的开凿如火如荼。与改制革新并进，平城宫进行了大规模的改建与扩建，并营建了规模宏大的方山永固陵，建设了圆丘、明堂等大型礼制建筑，平城甲第豪宅也竞相而起。寺院建筑达100余所，其中，武州山石窟寺、方山思远寺、平城内的永宁寺、皇舅寺等皆具规模。迁洛前，首都平城已建成气势壮观的国际性大都市，太和初年正处在这个建设高峰期的前期阶段。宋绍祖石椁证实，不迟于太和初年（477年），平城建筑已经达到了中原传统建筑的先进水平。

　　大同北魏明堂辟雍遗址[1]和操场城一号遗址[2]的发掘，从另一个侧面说明了北魏定都平城时期建筑业的兴旺和发达，说明此时的平城与"土著居处"已有天壤之别。

　　1995年和1996年，大同市考古研究所相继发掘了大同市南郊柳航里住宅小区附近的建于北魏太和十五年（491年）的重要礼制建筑——明堂辟雍遗址。根据钻探和发掘，遗址的平面布局呈圆形，占地近百亩，直径达到290米。主体建筑明堂位于遗址中央，现存为一方形夯土台基，边长约43米。外围是圜形水沟即辟雍，周长约900、宽6～16、深1.4米，两侧用砂石块垒砌，圆形水沟内侧设东、南、西、北四门与中央建筑相对应。

　　2003年3月，在大同市操场城街发掘了一处北魏建筑遗址，夯土台基平面呈长方形，东西长44.4、南北宽31.8米，夯土台基前后共设斜坡踏道三条，夯土台的厚度约2米，系北魏一大型建筑的夯土台基。出土遗物以北魏磨光筒瓦和板瓦为主，最大的板瓦长81、宽60～50、厚28厘米，出土的瓦当有莲花、兽面、佛像等图案。而且与明堂辟雍遗址出土的兽面瓦当为同一模型所制。这两处建筑遗址规模宏伟壮观、建筑构件硕大精美，表现了孝文帝拓跋宏和文明冯太后的革新精神与雄浑气势。

　　我们从北魏曹天度九层石塔（塔身现在台北博物馆，塔刹现在朔州崇福寺）也可对当时的建筑窥见一斑[3]。该塔通高197厘米，塔上雕饰仿木结构斗栱、屋顶、瓦垄、橡子、屋顶龛等，为中国早期佛塔之典型，是首屈一指的国宝。石塔起造于北魏天安元年（466年），完成于皇兴三年（469年），根据塔上铭文，造塔者曹天度以一介宫内阉官发愿造此巨塔，说明当时建筑技术的高超和普及。宋绍祖石椁的出土是证明当时建筑业发达的又一佳例。

　　宋氏石椁构件繁多、时代确切、结构清晰、造型优美，而且是经科学发掘而完整面世，它为研究北魏定都平城时期（398～494年）的古代建筑技术和社会生活提供了直观的形象资料，对于中国古代建筑史的研究具极为重要的意义。

〔1〕 山西省考古研究所、山西省考古学会编《北魏明堂辟雍遗址南门发掘简报》，《山西省考古学会论文集》（三），第112页。
〔2〕 王银田、张庆捷、刘俊喜《大同市区发掘大型建筑遗址北魏平城宫殿渐露端倪》，《中国文物报》2003年12月17日。
〔3〕 史树青《北魏曹天度造千佛石塔》，《文物》1980年第1期。

附　表

附表一　土洞墓 M7、M9、M12、M18、M19、M24 一览表

墓号	方向(度)	墓道			封门	墓室(长×宽×高)(米)	墓底距地表深度(米)	骨架			葬式	葬具	出土器物(件)
		形制	坡度	长×宽(米)				数量	性别	头向			
M7	194	长方形斜坡	25	11.58×1.0	生土块堆砌	2.02×1.88×1.1	5.04	2	1女 1性别不明	南	侧身直肢	1棺	陶罐4、陶壶1、铁棺环2、水晶串饰3、石灰枕1(未采)。(共11件)。
M9	184	长方形斜坡	27	10×1.02	生土块堆砌	2.8×3.64×2.1	6.5	2	1男1女	南	仰身直肢	2棺	石磨1、石灯1、琥珀饰件1、榕环5、铁剪1、陶罐3、釉陶壶1、石灰枕2(未采)。(共15件)。
M12	192	长方形斜坡	30	7.5×1.12	横木支撑 生土块堆砌	2.71×1.3×1.2	4.62	1	女	南	仰身直肢	1棺	银耳环2、铁剪1、陶罐2、漆碗1(未采)、漆钵1(未采)、石灰枕1(未采)。(共8件)。
M18	194	长方形斜坡	36	5.02×0.98	土坯砖	2.58×1.94×1.94	3.96	1	男	南	不明	1棺	陶钵1、陶盆1、陶壶1、陶罐2(共5件)。
M19	194	长方形斜坡	37	5.48×1.26	情况不明	2.52×1.48×1.2	4.08	1	女	南	仰身直肢	1棺	陶罐2、铁镜1(共3件)。
M24	205	长方形斜坡	33	8×1.07	土坯错缝平铺垒砌	2.8×2.24×1.9	4.9	只有少量人骨	不明	不明		1棺 1椁	陶罐2、陶壶1、琥珀饰件1、漆盘1(未采)。(共5件)。

附表二　砖室墓 M1、M3、M52、M2、M5 一览表

墓号	方向	墓道 形制	坡度	墓道 长×宽(米)	甬道 长×宽(米)	墓室 长×宽(米)	墓室底部距地表深度(米)	骨架 数量	骨架 性别	骨架 头向	葬式	葬具	出土器物(件)
M1	200	长方形斜坡	25	8.96×1.48	1.48×1.2	2.84×2.88	4.36	2	1男1女	西	不明	2棺	瓷碗1、瓷杯1、铁镜1、五铢钱1、陶罐1、陶器1、骨管1、漆器2(未采)(共8件)。
M3	190	长方形斜坡	18	11.3×1.40	2.1×1.22	2.96×3.06	4	1	1女	西	不明	1棺	石灯1、陶罐2、铁器1、漆器1(未采)(共7件)。
M52	194	长方形斜坡	19	18×1.1	2.6×1.1	3.54×3.54	5.9	2	1男1女	西	2棺	不明	石灯1、陶灯盘1、陶灯1、陶罐6、陶瓮3、陶壶1、陶瓮1、陶灶1、陶碓1、狗4、羊3、鸡2、猪2、女侍俑4、女舞俑12、铜耳挖1、铜小刀1、铜铃1、料珠1、骨管1、铁棺钉3、柿蒂棺环4(共61件)。
M2	200	长方形斜坡	16	23.55×1.14	2.68×1.14	3.5×3.53	6.92	4	1男1女 两成年人 和两小孩	2西 2南	不明	4棺	镇墓武士俑2、女镇墓兽2、男侍俑12、女乐俑2、女舞俑2、胡俑16、杂技俑9、小俑1、马7、牛7、驴1、骆驼2、羊1、猪1、狗1、磨1、井1、灶1、碓1、樽1、曲足案1、灯1、车4、帐房1、鎏金铺首10、泡钉5、柿蒂棺环4、柿蒂棺钉10、铁钱5、大泉五十1、料珠2、水晶串饰2、漆盘1(未采)、灰枕3(未采)(共133件)。
M5	198	长方形斜坡	14	30.11×1.14 (包括过洞和天井)	2.85×0.96	4.13×4.24	7.35	2	1男1女 两成年人	西	不明	仿木石椁1具	镇墓武士俑1、甲骑具装俑26、鸡冠帽骑兵俑32、仪仗俑19、披铠步兵俑18、男侍俑8、女侍俑6、胡俑4、马12、马驮2、牛5、驴2、骆驼1、猪1、狗1、羊2、雁1、井1、灶1、磨1、罐1、车6、墓铭砖1、石供床1、手镯1、塘珀饰件2、料珠3、铁镜1、铁器2、石板1、漆盘2(未采)、石灰枕2(未采)(共174件)。

附表三 人物俑统计表

标本号	种类	通高（厘米）	通长（厘米）	重量（千克）	人物特征	马（坐骑）特征	保存情况	备注
M52：18	女侍俑	15.4		0.51	跽坐俑，面目不清，右手平展于腿前，胳膊细长，比例失调		左手失	
M52：20	女侍俑	21.8		0.6	双手袖于胸前		完整	
M52：21	女侍俑	22.5		0.62	左手伸开置于胸前		右手残	
M52：22	女侍俑	22.8		0.515	双手袖于胸前		完整	
M52：23	女舞俑	23.6		0.97	造型及装饰与M52：25舞俑一致		项上部位全失	
M52：25	女舞俑	27.2			头部垂髻稍短，下穿多褶裙，右手向前，左手向后，正在表演长袖舞		完整	陶塑精品
M2：20	镇墓武士俑	54		4.67	头戴兜鍪，左臂平伸，右臂弯曲高抬		头部、肘部以下及手残失	
M2：83	镇墓武士俑	68		6.63	头戴兜鍪，左臂弯曲高抬，右臂弯曲向前，右手半握		完整	
M2：1	女乐俑	19.6			跽坐，双手向左上举至肩，似在吹奏横笛		基本完整	一组8件跽坐奏乐俑
M2：2	女乐俑	19.8			跽坐，双手臂弯曲，似在演奏古筝		右手臂及手残失	
M2：3	女乐俑	20.5			跽坐，左臂弯曲至腹，右臂弯曲至胸，双手上下斜对，似在演奏签篌		完整	
M2：4	女乐俑	20.1			跽坐，双臂弯曲，右手平展，左手半握，似在吹奏箫筚篥		完整	
M2：5	女乐俑	20.6			跽坐，双臂弯曲，右手掌向内略弯，似在演奏鼓类		左手残失	
M2：6	女乐俑	20.3			跽坐，双手曲抬至嘴前，似在演奏胡笳		基本完整	
M2：7	女乐俑	20.6			跽坐，左臂弯曲向前，右手向后缩，似在演奏琵琶		双手残缺	
M2：8	女乐俑	20.2			跽坐，左臂弯曲置于左腿上，右臂向前弯曲向手至胸前		左手残失	
M2：12	女舞俑	22.1		0.64	外罩半袖，左手在前，右手在后，正在表演长袖舞		完整	唯一的半袖衣
M2：16	女舞俑	22.7		0.67	左手在前，右手在后，正在表演长袖舞		完整	
M2：48	男侍俑	21.7		0.41	上着红襦白边，下穿裤，双手袖于胸前，手边有直通圆孔		完整	
M2：52	男侍俑	21.4		0.4	上着红襦白边，下穿裤，双手袖于胸前，手边有直通圆孔		完整	

续表

标本号	种类	通高（厘米）	通长（厘米）	重量（千克）	人物特征	马（坐骑）特征	保存情况	备注
M2：61	男侍俑	21.4		0.415	上着红襦白边，下穿裤，双手袖于胸前，手边有直通圆孔		完整	
M2：69	男侍俑	21.8		0.415	上着红襦白边，下穿裤，双手袖于胸前，手边有直通圆孔		完整	
M2：70	男侍俑	21.6		0.405	上着红襦白边，下穿裤，双手袖于胸前，手边有直通圆孔		完整	
M2：77	男侍俑	21.3		0.39	上着红襦白边，下穿裤，双手袖于胸前，手边有直通圆孔		完整	
M2：80	男侍俑	21.5		0.37	上着红襦白边，下穿裤，双手袖于胸前，手边有直通圆孔		完整	
M2：30	男侍俑	20.8		0.4	上着白襦红边，下穿裤，双手袖于胸前，手边有直通圆孔		完整	
M2：68	男侍俑	21.8		0.38	上着白襦红边，下穿裤，双手袖于胸前，手边有直通圆孔		完整	
M2：71	男侍俑	21.8		0.415	上着白襦红边，下穿裤，双手袖于胸前，手边有直通圆孔		完整	
M2：76	男侍俑	22		0.42	上着白襦红边，下穿裤，双手袖于胸前，手边有直通圆孔		完整	
M2：78	男侍俑	21.7		0.4	上着白襦红边，下穿裤，双手袖于胸前，手边有直通圆孔		完整	
M2：26	女侍俑	21.8		0.415	上着红襦白边，下穿曳地长裙，双手袖于胸前		完整	
M2：36	女侍俑	21.8		0.43	上着红襦白边，下穿曳地长裙，双手袖于胸前		完整	
M2：49	女侍俑	21.6		0.45	上着红襦白边，下穿曳地长裙，双手袖于胸前		完整	
M2：53	女侍俑	21.9		0.45	上着红襦白边，下穿曳地长裙，双手袖于胸前		完整	
M2：54	女侍俑	21.8		0.44	上着红襦白边，下穿曳地长裙，双手袖于胸前		完整	
M2：59	女侍俑	21.8		0.435	上着红襦白边，下穿曳地长裙，双手袖于胸前		完整	
M2：60	女侍俑	22.2		0.465	上着红襦白边，下穿曳地长裙，双手袖于胸前		完整	
M2：9	女侍俑	22.1		0.515	上着白襦红边，下穿有条纹的曳地长裙		双臂残失	
M2：23	女侍俑	21.7		0.415	上着红边白襦，下穿曳地长裙，双手袖于胸前		完整	

续表

标本号	种类	通高（厘米）	通长（厘米）	重量（千克）	人物特征	马（坐骑）特征	保存情况	备注
M2:27	女侍俑	22		0.46	上着白襦红边，下穿有条纹的曳地长裙，双手袖于胸前		完整	
M2:29	女侍俑	22		0.36	上着白襦红边，下穿曳地长裙，双手袖于胸前		完整	
M2:55	女侍俑	21.9		0.435	上着白襦红边，下穿曳地长裙，双手袖于胸前		完整	
M2:56	女侍俑	21.6		0.475	上着白襦红边，下穿曳地长裙，双手袖于胸前		完整	
M2:57	女侍俑	21.4		0.41	上着白襦红边，下穿曳地长裙，双手袖于胸前		完整	
M2:82	女侍俑	15.8		0.32	上着白襦红边，下穿曳地长裙，双手袖于胸前		头部残缺	
M2:84	女侍俑	22.2		0.46	上着白襦红边，下穿曳地长裙，双手袖于胸前		完整	
M2:13	胡俑	26.8			头向上扬起，左手扶竿，右手叉腰，额正中有一孔，用于顶幢		完整	一组9件缘橦杂技俑
M2:17	杂技胡俑		6.6		小童子上着红马甲，下穿黑裤叉，做橦上表演		四肢残失	
M2:18	杂技胡俑		10.4		小童子上着红马甲，下穿黑裤叉，做橦上表演		腿部残	
M2:11	胡俑	25.5			头向上扬起，两手高举，保卫橦上表演者		完整	
M2:14	胡俑	27.2			右手在里，左手在外，正在吹奏横笛		基本完整	
M2:15	胡俑	26.8			手心向内，右手略高，似在演奏鼓类		基本完整	
M2:22	胡俑	24.6			右臂内弯上举，高及颈部，嘴巴大张指挥乐队演奏		双手、底座残缺失	
M2:25	胡俑	27.7		3.17	左手五指伸开，右手半握，似在演奏曲颈琵琶		完整	
M2:75	胡俑	25.2			双手臂弯曲向前，手心向内，右手略高，似在演奏鼓类		脚底、底座残失	
M2:100	小俑	6.4		0.03	头戴垂耳皂帽，身着斜领长襦		基本完整	唯一的小人物俑
M5:1	镇墓武士俑	47.3		4.58	头戴兜鍪，左臂伸张，有披膊		右臂残	
M5:156	镇墓武士俑	45.1			头戴兜鍪，左臂平张，右臂弯曲，有披膊		手残失	
M5:5	甲骑具装俑	32.5	33.4	3.3	左手持缰，身体端坐	马后有菱形纹	右小臂及手残	
M5:9	甲骑具装俑	19	32.2	2.3	左手持缰，身体右扭		头、右小臂及手残	
M5:20	甲骑具装俑	23.3	32.6	2.34	左手执缰，右手半握，身体右扭		完整	
M5:22	甲骑具装俑	33.3	33	3.52	左手执缰，身体右扭，头微低		右小臂及手残	
M5:23	甲骑具装俑	26	33.4	2.9	左手执缰，身体端坐		完整	
M5:24	甲骑具装俑	31.4	31.9	2.83	左手执缰，右手半握，身体右扭	铠甲清晰	完整	
M5:25	甲骑具装俑	31.4	33.5	3.18	左手执缰，右手半握，身体端坐		右小臂及手残	
M5:27	甲骑具装俑	31.3	32.3	2.72	左手执缰，身体右扭		右手残	

续表

标本号	种类	通高(厘米)	通长(厘米)	重量(千克)	人物特征	马(坐骑)特征	保存情况	备注
M5:28	甲骑具装俑	32.8	32.4	3.2	左手执缰,身体右扭		右手残失	
M5:29	甲骑具装俑	32.9	32.9	3.47	左手执缰,右手半握,身体右扭		右手指残缺	
M5:31	甲骑具装俑	32.8	34.2	3.6	左手执缰,右手右扭,身体右扭		马腿、底座残失	
M5:33	甲骑具装俑	33.2	34.2	3.1	左手执缰,右臂高抬,身体后扭		右手残失	
M5:34	甲骑具装俑	31.5	33	2.9	左手执缰,身体端坐		右手残失	
M5:35	甲骑具装俑	24.8	33	2.69	左手执缰,身体右扭		右手残失	
M5:36	甲骑具装俑	32.6	33.2		左手执缰,身体端坐	铠甲清晰	右臂及手残	
M5:38	甲骑具装俑	32	33.6	3.44	左手执缰,右手半握,身体右扭,脸部有髭		脸部残缺	
M5:40	甲骑具装俑	31.8	32.4	3	左手执缰,右手半握,身体后扭		完整	
M5:41	甲骑具装俑	27.6	32	2.65	左手执缰,身体右扭,兜鍪与上身相连		右小臂及手残	
M5:56	甲骑具装俑	31.5	33.3	3.4	左手执缰,身体左扭,口唇涂朱,缩脖		右臂及手残	
M5:65	甲骑具装俑	32.3	33.3	3.47	左手执缰,右手张开,身体右扭		右手指残	
M5:66	甲骑具装俑	30.6	33.3	2.69	左手执缰,右手半握,身体右扭		完整	
M5:70	甲骑具装俑	32.3	33.5	3.34	左手执缰,右手半握,身体右扭,脸带笑容		完整	
M5:71	甲骑具装俑	31.6	33	2.53	左手执缰,身体右扭,低头凝思		右臂及手残失	
M5:78	甲骑具装俑	31.1	34.2	2.97	左手执缰,右手半握,身体端坐,头微扬起		完整	
M5:79	甲骑具装俑	30.5	32.4	2.49	左手执缰,右手半握,身体端坐,全身涂黑	铠甲清晰,全身涂黑	拇指残	
M5:88	甲骑具装俑	31.3	33	2.65	左手执缰,右手略握,身体端坐		完整	
M5:54	鸡冠帽轻骑兵俑	28	31	2.2	左手执缰	黑马红鞍	右臂及手残失	
M5:85	鸡冠帽轻骑兵俑	31.3	30.2	2.44	右手执缰,右手半握	红马白鞍	完整	脸有黑髭
M5:86	鸡冠帽轻骑兵俑	31.2	30.7		左手曲握,右手半握,似演奏筛	红马白鞍	完整	
M5:94	鸡冠帽轻骑兵俑	29.5	30.4	2.3	左手执缰,右手半握	白马红鞍	完整	
M5:95	鸡冠帽轻骑兵俑	32.7	31.8		右手执缰	白马红鞍,前鞍桥正中有孔	右臂及手残失	
M5:96	鸡冠帽轻骑兵俑	32.4	30.8	2.45	右手执缰,右手半握	白马红鞍(红边),前鞍桥正中有孔	完整	脸有黑髭
M5:97	鸡冠帽轻骑兵俑	31.7	31.8		左手执缰,右手半握	红马白鞍	完整	
M5:99	鸡冠帽轻骑兵俑	32.8	30.6	2.44	右手执缰,左手半握	红马白鞍,前鞍桥正中有孔	完整	
M5:100	鸡冠帽轻骑兵俑	32.3	30.8	2.32	左手执缰,右手半握,脸有黑髭	红马白鞍	完整	

标本号	种类	通高（厘米）	通长（厘米）	重量（千克）	人物特征	马（坐骑）特征	保存情况	备注
M5∶102	鸡冠帽轻骑兵俑	31.7	30		左手执缰,右手半握,脸有黑髭	红马白鞍	完整	
M5∶103	鸡冠帽轻骑兵俑	31.8	30.4	2.63		红马白鞍	完整	
M5∶107	鸡冠帽轻骑兵俑	28	30.1	2.11	双手置于嘴前,似演奏排箫	红马白鞍,前鞍桥正中有孔	右臂及手残失	
M5∶108	鸡冠帽轻骑兵俑	33.3	31.2	2.4	右手执缰	红马白鞍,前鞍桥正中有孔	完整	脸有黑髭
M5∶111	鸡冠帽轻骑兵俑	33.6	31.6	2.64	右手执缰,左手半握	白马红鞍,前鞍桥正中有孔	完整	脸有黑髭
M5∶112	鸡冠帽轻骑兵俑	32.4	30.3	2.45	左手执缰	红马白鞍	右臂及手残失	脸有黑髭
M5∶113	鸡冠帽轻骑兵俑	31.4	30.2	2.74	左手执缰,右手半握	白马红鞍	完整	脸有黑髭
M5∶114	鸡冠帽轻骑兵俑	33.3	30.5	2.5	左手执缰,右手半握	白马红鞍	完整	
M5∶115	鸡冠帽轻骑兵俑	32	31.5	2.62	右手执缰,左手半握,帽顶略残	红马白鞍,前鞍桥正中有孔		完整
M5∶117	鸡冠帽轻骑兵俑	28	30.5	2.1	左手执缰,右手半握	白马红鞍	马蹄、底座残	
M5∶118	鸡冠帽轻骑兵俑	32.3	30.4	2.48	左手执缰,右手半握	红马白鞍	完整	
M5∶119	鸡冠帽轻骑兵俑	31.5	30.3	2.49	左手执缰,右手半握	红马白鞍	完整	
M5∶120	鸡冠帽轻骑兵俑	31.3	30.4	2.25	左手执缰,右手半握	白马红鞍	完整	
M5∶123	鸡冠帽轻骑兵俑	31.3	30.5	2.43	左手执缰,右手半握	白马白鞍	完整	
M5∶124俑	鸡冠帽轻骑兵俑	31.9	29.6	2.69	右手执缰	红马白鞍,前鞍桥正中有孔	右臂及手残失	
M5∶127	鸡冠帽轻骑兵俑	32.5	30.5	2.43	左手执缰,右手半握	红马白鞍	完整	
M5∶131	鸡冠帽轻骑兵俑	32.1	31.4	2.82	左手执缰,右手半握	红马白鞍	完整	
M5∶132	鸡冠帽轻骑兵俑	31.7	30.4	2.68	左手执缰,右手半握	白马白鞍	完整	
M5∶133	鸡冠帽轻骑兵俑	30.4	31.5	2.3	左手执缰,右手半握	白马红鞍,体形肥大	右手指残失	
M5∶135	鸡冠帽轻骑兵俑	31.8	28.9	2.33	左手执缰,右手半握	红马红鞍	完整	
M5∶136	鸡冠帽轻骑兵俑	32	31.2	2.56	左手执缰,右手半握	白马白鞍	左手残失	
M5∶147	鸡冠帽轻骑兵俑	31.9	31.3	2.58	右手执缰,左手半握	红马白鞍,前鞍桥正中有孔	完整	
M5∶148	鸡冠帽轻骑兵俑	31.1	30.8	2.57	左手执缰,右手半握	红马白鞍	完整	
M5∶30	仪仗俑	28.7		1.2	右手上握,左手食指伸开		完整	

续表

标本号	种类	通高（厘米）	通长（厘米）	重量（千克）	人物特征	马（坐骑）特征	保存情况	备注
M5：32	仪仗俑	28.8		1.22	右手上握、左手下握		完整	
M5：37	仪仗俑	29		1.18	右手上握、左手下握、全身涂为黑色		完整	
M5：39	仪仗俑	28.8		1.3	右手上握、左手下握		完整	
M5：42	仪仗俑	29		1.26	右手上握、左手下握		完整	
M5：43	仪仗俑	28.6		1.6	右手上握、左手下握		完整	
M5：44	仪仗俑	28.6			右手上握、左手下握		完整	
M5：46	仪仗俑	28.8		1.36	右手上握、左手下握		完整	
M5：47	仪仗俑	29		1.63	右手半握、左手上握		完整	
M5：49	仪仗俑	28.8		1.74	右手平置胸前、左手拇、食、中指伸开		鼻残失	
M5：50	仪仗俑	28.6		1.21	右手上握、左手下握		完整	
M5：51	仪仗俑	28.3		1.15	右手上握、左手食指伸开		完整	
M5：53	仪仗俑	28.2		1.1	右手曲握、左手下握		右手残失	
M5：59	仪仗俑	29.4		1.19	右手上握、左手下握		完整	
M5：62	仪仗俑	28.8		1.65	右手上握、左手下握、全身涂为黑色		完整	
M5：63	仪仗俑	28.8		1.31	右手上握、左手下握、脸部涂黑、嘴部稍歪		完整	
M5：64	仪仗俑	28.8		1.17	右手上握、左手下握		完整	
M5：72	仪仗俑	28.8		1.21	右手上握、左手下握		完整	
M5：80	仪仗俑	29.2		1.57	右手上握、左手下握		完整	
M5：45	披铠步兵俑	25		0.86	右臂弯曲高抬、右手弯曲前伸、左右手皆半握		完整	
M5：60	披铠步兵俑	25.1		0.86	右臂高抬、左臂自然下垂		完整	
M5：61	披铠步兵俑	24.3		0.93	右臂弯曲高抬、左臂前伸弯曲、左右手皆半握		大姆指短缺	脸部不清
M5：73	披铠步兵俑	24.4		0.88	右臂弯曲高抬、左臂弯曲前伸、左右手皆半握		双手残缺	
M5：81	披铠步兵俑	24.5		0.81	右臂弯曲高抬、左臂弯曲前伸、左右手皆半握		完整	脸部涂红
M5：87	披铠步兵俑	24.3		0.85	右臂高抬		双臂及手残失	
M5：109	披铠步兵俑	24.9		0.93	右臂弯曲高抬、左臂弯曲前伸、左手半握		右手残失	
M5：110	披铠步兵俑	23.9		0.74	右臂高抬、左臂前伸、左右手皆半握、头微低		完整	脸部不清
M5：122	披铠步兵俑	24.1		0.87	右臂高抬、左臂前伸、左右手皆半握、头偏右		完整	
M5：128	披铠步兵俑	24.3		0.77	右臂高抬、右手半握		左臂及右手残失（自然下垂）	
M5：130	披铠步兵俑	24.1		0.88	右臂弯曲高抬、右手半握、拇指竖起		左小臂及手残失	铠甲清晰
M5：134	披铠步兵俑	24.5		0.85	右臂弯曲高抬、右手半握		左小臂及手残失	

续表

标本号	种类	通高(厘米)	通长(厘米)	重量(千克)	人物特征	马(坐骑)特征	保存情况	备注
M5:137	披铠步兵俑	24.3		0.86	右臂高抬,右手半握,头稍偏		左臂及手残失	
M5:138	披铠步兵俑	24.8		0.88	右臂高抬,右手半握,左臂自然下垂		右臂残失	脸部不清
M5:139	披铠步兵俑	24.1		0.69	左臂自然下垂		右臂残失	铠甲清楚
M5:140	披铠步兵俑	24.8			右臂高抬,左手半握,铠甲清楚		完整	
M5:141	披铠步兵俑	24.6		0.8	左手前伸半握		右臂及手残失	
M5:146	披铠步兵俑	24.6		0.91	右臂弯曲高抬,左臂弯曲前伸,左右皆半握,头稍歪		完整	眼有红圈
M5:58	男侍俑	24.9		0.93	右臂弯曲,右手半握,左臂下垂		完整	
M5:67	男侍俑	25.1			右臂弯曲,右手半握,左臂下垂		右臂残失	
M5:125	男侍俑	25		0.89	左臂下垂,红衣白边		脸部,右小臂及右手残失	
M5:129	男侍俑	25.4		0.81	双手上下相握,中有穿孔,有腰带		完整	衣裤均有白条
M5:144	男侍俑	17.7		0.66	右臂弯曲,较大的右手半握,左臂下垂,白衣红边		头部残失	
M5:151	男侍俑	24.7		0.8	右臂弯曲,右手半握,左臂下垂,白衣红边		完整	
M5:152	男侍俑	19.5		0.7	右臂弯曲,左臂下垂,红衣白边,腰有白色腰带		右手残失	
M5:155	男侍俑	25.2		0.97	右臂弯曲,左臂下垂,白衣红边		右手残失	脸部不清
M5:57	女侍俑	24		0.81	双手袖于胸前,白衣红边		残缺严重	
M5:159	女侍俑	23.5		0.64	双手袖于胸前,圆领有菱形纹		头部残失	
M5:160	女侍俑	23.8		0.7	双手袖于胸前,圆领有菱形纹		完整	
M5:161	女侍俑				双手袖于胸前		完整	
M5:162	女侍俑	23.8		0.67	双手袖于胸前,白衣红边		完整	
M5:170	女侍俑	24.1		0.78	双手袖于胸前,白衣红边		完整	
M5:89	胡人俑	25.2		0.8	双手作托物状,花袍有中缝,胯臀外凸位置较低		底座残失	
M5:98	胡人俑	26.7			头仰嘴张,红袍中有白色缝,胯臀外凸位置较低		双臂,手及胸残失	
M5:104	胡人俑	22.1		0.8	右手展于脸前,红袍中缝红色儿向形图案,侧摆开叉		头,左臂及手残失	
M5:105	胡人俑	27.3		0.94	右手平展,绿袍中缝有红色儿向图案,侧摆开叉		左小臂及手残失	

附表四　石椁构件尺寸登记表

单位：厘米

名称	位置	长	宽	高 斗(1)	高 皿板(2)	高 柱身(3)	高 总高(合)	厚	径	备注
廊柱	东1	边长6~6.9		9.8	3.8	99	112.6		15.5~16	榫高3.4，榫径6.5
	东2	边长5.5~7		8.5	2.7	102.4	113.6		14.8~16.5	榫高5.2，榫径8
	东3	边长6~7		7.5	3.5	102	113		15~15.8	榫高2.8，榫径8.4
	东4	边长6~7		8	2.1	102.7	112.8		14.5~15.7	榫高4，榫径7.5
柱础	东1	29~31					13(含方座6.3)		榫口9.5	榫口深5
	东2	31~32					12.5(含方座7)		榫口10	榫口深6.2
	东3	32~32.5					12.7(含方座7)		榫口10	榫口深5
	东4	29~30.5					11.5(含方座5.8)		榫口9	榫口深5.8
额枋	东	105	13~13.5				9.2~10.5			
	中	87.5	13				9.5~11			立面绘有彩色纹样
	西	90	13~13.4				9.2~10.5			
一斗三升拱	东1	45.7					22.1	10.5~11	方孔宽9.2，高6.1	
	东2	44.8					23.2	9.8~10.8	方孔宽8.8，高7	
	东3	45					22.5	10.5~11.6	方孔宽9.8，高6.5	立面绘有彩色纹样
	东4	45					22	10.5~11	方孔宽8.9，高7	

名称	位置	长	宽	高	厚	径	备注
一斗三升拱	东1			东栱眼宽6.5，深3.4　西栱眼宽7.2，深2.9			
	东2			东栱眼宽7.1，深2.2　西栱眼宽7.2，深2.1			立面绘有彩色纹样
	东3			东栱眼宽6.8，深3.2　西栱眼宽7.1，深3.1			
	东4			东栱眼宽7.5，深2.1　西栱眼宽6.8，深3			
人字拱	东	栱上宽11，脚宽距离52，枋材宽9~12，厚4.2~6，高25					立面绘有彩色纹样
劄牵	东1	83.5	8	9			
	东2	93.7	8	8~8.5			
	东3	94.5	8	8.8			立面绘有彩色纹样
	东4	87.5	7~7.5	7.7~8.7			

续表

名称	位置	长	宽	高	厚	径	备注
檐枋	东	110	10~10.5	8.5~9			立面绘有彩色纹样
	中	91.7	9~10	9			
	西	126.5	10~11	7.7~9.5			
地栿	南栿东	92	35~36	13			
	南栿中	94.5	36	15			
	南栿西	105	36~38	15			
	东栿南	70	34	14			
	东栿北	91	34	14			
	北栿东	101	33	13			
	北栿中	76	32	15			
	北栿西	125	34	13			
	西栿西	90	34	13.5			
	西栿南	60	35~36	12			
角柱	西南		18	157.3			方孔7.5×9
	东南		18	157			方孔7.5×9
	东北		18	156.5			
	西北		18	156.2			
石碑壁板	南壁西		65.5~79	157	9~10		
	南壁中		72.6~93.2	66	9(最厚16)		小石板
	南壁东		67.5~77	156	9~11		
	东壁南		87	154	9~10		
	东壁北		90	154	9~10		
	北壁东		78	157	9~10		
	北壁中		72	155.5	9~10		
	北壁西		80	155	9~10		
	西壁北		85.5	154	9~10		
	西壁南		91	154.3	9~10		
门板	西		42	102	6		上门轴直径5,高4.8,下门轴直径5,高2
	东		42	102	6		下门轴直径5,高2
门槛		75.4	9	12.5			

续表

名称	位置	长	宽	高	厚	径	备注
门枕石	西	40.5	6.3~11.5	虎头高10,后部高7			轴窝8×5
门枕石	东	40.5	6.3~11.7	虎头高10.5,后部高6.2			轴窝6.5×6
棺床立板	东南	84		29.6~31.6	9.5~11		上缘前厚4~5
棺床立板	中东	128		30	6.5~8.2		上缘前厚4.1~4.8
棺床立板	中西	104		30	9.3~11.2		上缘前厚5.6~5.8
棺床立板	西南	81		30	7.2~11.3		上缘前厚6.4
棺床平板	东南	82.5~83.5	南43,北45		4~5		
棺床平板	东北	97.5	南50,北51.5		4~6		
棺床平板	北中(东)	98	南71,北66.5		5~6		
棺床平板	北中(西)	96	南74,北73.5		4~6		
棺床平板	西北	96	南40.5,北42		4		
棺床平板	西南	81.5	南40,北43.5		5		
三角形石梁	东1	234		14.4~31	10		
三角形石梁	东2	225		16~33.4	13		
三角形石梁	东3	223		17.5~33.5	13		
三角形石梁	东4	233		14.3~33.3	11		
下平槫(南)	东	114.5	10~10.5	13.5			
下平槫(南)	中	72.5	10.5~11	13~14			
下平槫(南)	西	112	10.5	10.5			
上平槫(南)	东	123	11.5~12	13.3			
上平槫(南)	中	87	10.5~13.8	8.5~9			
上平槫(南)	西	122	10~10.7	13~13.2			
脊槫	东	124	9~10.5	12.7~13.2			
脊槫	中	82	10.5	12.5~13.5			
脊槫	西	122	10.3	8.7~9.6			
上平槫(北)	东	118	10~11.3	9.6~10			
上平槫(北)	中	83	9.7~11.5	8.3~9			
上平槫(北)	西	123					

续表

名称	位置	长	宽	高	厚	径	备注
北檐枋	东	113.5	10.5	13.			
	中	71	10.5~11.2	14.7~15.2			
	西	118（东48,西70）	10~10.5（东）9.5~11（西）	15.5~16.6（东）15~15.7（西）			
正脊	东	110	17	6.5~7			
	中	87.2	16.5~17	6			
	西	75	16.5~17.5	7~7.5			
鸱尾	东		32.6	27.7	6.6~8.5		弧底
	西		32	30	6.5~11		平底

附表五　石椁斗栱构件尺寸登记表

单位:厘米

名称	位置	上宽	下宽	上深	下深	耳(1)	平(2)	歙(3)	斗高 (1)+(2)+(3)	皿板高度	备注
柱头大斗	东1	15.5	15.5	15.5	15.5	1	5.8	3	9.8	3.8	柱身高99
	东2	15.5	15.5	15.5	15.5	1.5	4	3.2	8.5	2.7	柱身高102.4
	东3	15.5	15	15.5	15.5	1	4.5	2	7.5	3.5	柱身高102
	东4	15.5	15.5	15.8	15.8	1	4	3	8	2.1	柱身高102.7
栌斗	东1	16	14	16.2	14.7	2	2.5	2.5	7	1.3	
	东2	15.6	14.2	16	14.6	1.2	2	2.2	5.4	2.3	
	东3	16	14.3	16	14.6	1.5	2.5	2	6	2	
	东4	15.8	14.2	16.5	14.7	1	2.5	2.3	5.8	2	
一斗三升栱的齐心斗	东1	10	10	11.5	11.5		1.4	2.8	4.2	2.3	
	东2	10.5	10.5	11.8	11.3		4.0	3.2	7.2	1.8	
	东3	10.5	10.3	12.1	11.5		2.2	3.1	5.3	1.7	
	东4	11	10.5	11.4	11		3.4	2.1	5.5	1.5	
一斗三升栱的散斗	东1(东)	11.5	11.7	11.3	11		1	3	4	2.8	
	东1(西)	10.6	10.8	11.8	11.2		1.5	2.8	4.3	2.5	
	东2(东)	9.8	9.7	12	11.2		4	3	7	2.2	
	东2(西)	10.5	10.5	11.5	11		4	3	7	2	
	东3(东)	10.8	11	12.2	11.7		3	2.7	5.7	1.5	
	东3(西)	10.5	10.5	12	11.8		2	2.3	4.3	1.7	
	东4(东)	10.5	10.3	11	10.4		4.5	2	6.5	1.5	
	东4(西)	10.7	10.6	11.4	11		3	1.7	4.7	1.6	
人字栱斗	东	12	11.9	12.8	12		2	2.7	4.7	2	
	中	13	12.3	13	12		2	3	5	2	
	西	13	12.6	13.5	12.3		3.6	3	6.6	1.7	

附表六　石椁顶盖板尺寸登记表

单位：厘米

位　置	宽		高	厚	备　注
南 A	74.5（南）	73.5（北）	107	5.5～10.5	南排东面第一块
南 B	58.3（南）	57.5（北）	107	5～10（南）　7～10（北）	
南 C	64.6（南）	64（北）	107	5.5～10.5	
南 D	59.5（南）	59（北）	107	6～10.5	
南 E	75.5（南）	75.3（北）	107	5.5～10.5	
中 A	71（南）	75.5（北）	95	9.5～10.5	中排东面第一块
中 B	60.7（南）	60.5（北）	93.8～95	9.5～10	
中 C	83.5（南）	83.5（北）	95	10	83.1
中 D	48.5（南）	48（北）	95	8.5～10	
中 E	68（南）	72.5（北）	95	8.5～10	
北 A	90（南）	89.3（北）	133	10～11	北排东面第一块
北 B	74（南）	72（北）	133	10～10.5	
北 C	89.5（南）	90.5（北）	133	10.5	
北 D	87（南）	88.9（北）	133	11	
南天窗	83.1～83.5		27.5～28	10	
北天窗	85.5		39.3	10.5	

附表七　石椁铺首、泡钉、莲花、数量和形状统计表

名　称	位　置	铺　首		泡　钉		莲　花		备　注
		数量（个）	衔环情况	数量（枚）	形状	数量（朵）	形状	
南壁	西	2	半圆	26	有沿			
	中上	1	无环	10	有沿	5	单、双瓣	
	西门	2	圆	14	有沿	1	单瓣	
	东门	2	圆	14	有沿	1	单瓣	
	东	2	半圆	23	有沿			
小计		9		87		7		
东壁	南	2	半圆	17	有沿			
	北	3	半圆	23	有沿			
	三角形石梁			6	有沿			
小计		5		46				
北壁	东	2	半圆	20	有沿			
	中	3	半圆	14	有沿			
	西	2	半圆	21	有沿			
小计		7		55				
西壁	北	2	半圆	22	有沿			
	南	3	半圆	23	有沿			
	三角形石梁			6	有沿			
小计		5		51				
合计		26		239		7		

附表八　石椁铺首纹样和尺寸一览表

单位：厘米

编号	位置	铺首纹样	衔环	尺寸			
1 （南壁西）	上	忍冬花瓣组成的花卉	半圆	宽 27	下宽 26	通高 40.6	
	下	披有飘带的人物	半圆	上宽 27	下宽 26.8	通高 42	
2 （南壁中）	小石板	忍冬花瓣组成的花卉	全圆	上宽 22	下宽 22	通高 22	
	西门扇上	忍冬花瓣组成的花卉	全圆	上宽 14	下宽 15	通高 26	环径 11.8
	西门扇下	三角形状组成的博山	全圆	上宽 14.4	下宽 14.2	通高 25	环径 10.7
	东门扇上	忍冬花瓣组成的花卉	全圆	上宽 14	下宽 14	通高 25.4	环径 11.2
	东门扇下	三角形状组成的博山	全圆	上宽 14	下宽 14	通高 24.2	环径 11.5
3 （南壁东）	上	忍冬花瓣组成的花卉	半圆	上宽 25	下宽 25	通高 39.9	
	下	握住双角的人物	半圆	上宽 26.7	下宽 27.8	通高 38.6	
4 （东壁南）	上	忍冬花瓣组成的花卉	半圆	上宽 27	下宽 27	通高 40.5	
	下	三角形状组成的博山	半圆	上宽 28.8	下宽 28.8	通高 39.3	
5 （东壁北）	上	忍冬花瓣组成的花卉	半圆	上宽 27.2	下宽 27.3	通高 40.1	
	中	忍冬花瓣组成的花卉	半圆	上宽 27.8	下宽 26.4	通高 39.8	
	下	忍冬花瓣组成的花卉	半圆	上宽 26	下宽 26	通高 38.5	
6 （北壁东）	上	三角形状组成的博山	半圆	上宽 26.8	下宽 25.2	通高 40.3	
	下	忍冬花瓣组成的花卉	半圆	上宽 26.7	下宽 26.2	通高 35.2	
7 （北壁中）	上	三角形状组成的博山	半圆	上宽 26.7	下宽 26.8	通高 38.1	
	中	忍冬花瓣组成的花卉	半圆	上宽 26.7	下宽 26.6	通高 39	
	下	三角形状组成的博山	半圆	上宽 26.4	下宽 26.4	通高 37.6	
8 （北壁西）	上	三角形状组成的博山	半圆	上宽 26.4	下宽 26.7	通高 38.2	
	下	三角形状组成的博山	半圆	上宽 26.6	下宽 26.6	通高 37.5	
9 （西壁北）	上	忍冬花瓣组成的花卉	半圆	上宽 25.5	下宽 25.8	通高 34.1	
	下	忍冬花瓣组成的花卉	半圆	上宽 26.1	下宽 26.2	通高 31.5	
10 （西壁南）	上	忍冬花瓣组成的花卉	半圆	上宽 26.1	下宽 25.2	通高 33.3	
	中	忍冬花瓣组成的花卉	半圆	上宽 27.2	下宽 26.1	通高 31.1	
	下	忍冬花瓣组成的花卉	半圆	上宽 28	下宽 27	通高 29.6	

北魏宋绍祖墓出土砖铭题记考释

张庆捷（山西省考古研究所）

刘俊喜（大同市考古研究所）

2000 年，山西省考古研究所和大同市考古研究所配合基本建设，联合发掘了雁北师院北魏墓群，共发掘北魏砖室墓 5 座和土洞墓 6 座。其中 5 号墓为单室砖墓，墓顶为四角攒尖顶，墓底距地表 7.35 米，全长 37.57 米，由墓室、甬道、天井、过洞、墓道组成。墓室中央是一座三开间仿木结构殿堂式建筑的砂岩石椁（堂），坐北朝南，由百余件石构件组合而成。顶部石瓦上刻有"太和元年"题记，石椁内四壁有北魏早期乐舞人物壁画，墨线勾边、涂红，神态逼真，线条流畅；出土各类文物 174 件，有彩绘人面兽身镇墓俑、甲骑具装俑、鸡冠帽轻骑兵俑、仪仗俑、侍俑及牛、马、狗、羊、骆驼俑等。据墓砖铭载，该墓主人为宋绍祖，葬于大代太和元年（477 年），生前官至幽州刺史，曾封敦煌公。

宋绍祖墓内共出土两段文字，分见两处，一段是题记，另一段是墓砖铭。虽然都很简短，但却十分重要，对了解墓主人身份、墓葬断代以及其他方面都有很大价值。

第一段文字是题记，见于墓室石椁顶板瓦垄之间，阴刻，共 15 字，字约二寸大小，文为"太和元年五十人用公三千盐豉卅斛"。字体介于隶楷常用体之间，似出自工匠手笔，信手写来。其中"盐"字，仅有繁体"鹽"字的上半大部，且不规范，又和"豉"字紧挤在一起，初观象是一字，细察才能分别开。北朝碑志中"盐"有多种写法，但像这样简略的，还是首次发现。

由题记内容看，这是关于修造该墓工程情况的简单记录，字虽不多，却分几个方面。第一，记的时间具体准确，为太和元年。结合墓砖铭，知此太和年号为北魏孝文帝所用年号，太和元年即公元 477 年。第二，记参加该工程的各种工匠计五十人。第三，记整个工程"用公三千"，即用工三千，"公"即"工"。根据第二、三记载的工匠五十人，工作日三千，那么这个工程的工期有多久呢？用 3000 个工，除以 50 人，便可知该工程的工期总共是六十天。

工期六十天，是仅指雕凿石椁的时间呢？还是指雕凿石椁带修建墓室、墓道等整个工程的时间？搞清此问题，我们对该工程就有了更全面详细的了解。从"五十人用公三千"考虑，五十个人聚在此工作，不可能都是凿修石椁，做如此规模的石椁，似也用不着五十个工匠一起上手；另外从"用公三千"和石椁估算，该石椁尽管有浮雕彩绘，似也用不了三千个工。从这两方面推析，这条题记所记的人数、工程量等，都应是指整个墓葬工程的，题记中提到的五十人，当是一部分人凿造石椁，一部分人修建墓室。这是一条极有意义的题记，因为这是已见北魏唯一的一条关于当时墓葬工程量和工期的记录，通过这条题记，可知修造这样一个墓，有多少工程量，需多少人，干多长时间。进而依据此墓，可对其他墓葬如大同司马金龙墓、怀仁丹阳王墓等墓的工程量进行推算。

在西晋《司马馗妻王氏墓志》中，也有关于修建墓葬用工量的一条记载，该墓志云："惟晋太康三年十一月，我王皇姊大妃王氏薨。纯三月，协亲于皇考大常戴侯陵。王孝慕罔极，遂逊衮列，侍于陵次。以营域不夷，乃命有司，致力于斯坑，役夫七千工。天朝遣使临焉，国卿一令二，以统事。即克其功，大祚宣流，上宁先灵，下降福休。子子孙孙，天地相伴。陇西国人造。"〔1〕该墓葬形制不清楚，难以从墓葬规模和精致程度比较，非常可惜。但是从该墓墓主为陇西国王太妃的身份考虑，显然在各方面比宋绍祖等高出许多，因此"役夫七千工"，超过宋绍祖墓用工量两倍还多，也在情理之中。

宋绍祖墓石椁题记的最后一句是"盐豉卅斛"。毫无疑问，它与该墓葬工程五十人、用公三千等均有关系。盐豉皆是古代食用的调味品，是一种豆制佳品，北魏贾思勰著《齐民要术》，卷八为《作豉法》，详细记载了豆豉的做法，过程极其复杂，制作时间是"四月、五月为上时，七月二十日后八月为中时，余月亦皆得作，然冬夏大寒大热，极难调适。"选料是"用陈豆弥好，新豆尚湿，生熟难均故也。"此外要经过从拣净、釜煮等十几道工序，最后还要放入窖中踏实，"夏停十日，春秋十二三日，冬十五日，便熟。过此以往则伤苦，日数少者，豉白而用费；唯合热，自然香美矣。"〔2〕麦子也可代替豆子做豉，是麦豉，如做得好，"热、香、美，乃胜豆豉。"〔3〕丝绸之路沿线地区，还有草豉，是从波斯过来的〔4〕，做法不详。用豆豉还可酿酒，称豉酒，有一定药用。但是社会上需求量最大、使用最普遍、时间最久的，还是豆豉。豆豉依据放盐量多寡，分咸淡两种，故又称盐豉。题记内的"盐豉"，当是指此意义上的盐豉，非指盐与豉各三十斛。

盐豉是调味品，做多种食物均需配置它。做羹曜、蒸缶及征、暗、煎各种肉类蔬菜，均要配上豉或豉汁，它的具体用法在《齐民要术》卷八、卷九中有大量记载。由于盐豉是日常生活中不可或缺的调味品，因此历代史书中也有不少记载。如《三国志·魏书》卷九《曹真传附桓范传》载："令致米一百斛，并肉脯、盐豉、大豆。"同书《魏书》卷十一《王修传》也载："乃步担干饭，儿负盐豉，门徒从者千余人。"《晋书》卷九《孝惠帝纪》也载："宫人有持升余米饭及燥蒜、盐豉以进帝，帝啖之。"

豆豉的价格在汉晋竹简中有记载，如《居延汉简》三一四·四："出钱卅五，籴豉一斗。"《汉地皇三年公元22年居延劳边使者过界中费册》；"盐豉各一斗，直卅。"〔5〕该简文中的"直卅"，我们理解是盐和豉两斗价格共为卅。盐在居延远比豆豉便宜，盐价在简文中还有，如《居延汉简》一五四·一〇、一五四·一一："三月禄用盐十九斛五斗，钱四百五十□。"计算下来，每斗不过二·四钱，卅钱减掉二·四钱，所余就是一斗豉的价格了，即二十七·六，与第一简中记载的"钱卅五，籴豉一斗"相差不多。汉简中还有关于盐豉的记载，如《悬泉置元康五年正月过长罗侯费用簿》中载："入豉一石五斗受县"，"出豉一石二斗以和酱食施刑士"〔6〕。盐豉价格各时代不同，即便在同一朝代，由于年景及社会稳定与否诸原因，价格也是千差万别，难以比附的。上述盐豉价格，也仅仅是个参照，并非北魏前期的价格。

石椁题记中记载的"盐豉卅斛"用途不明，是指在工程中支付的工价呢？还是工程期间食用盐豉

---

〔1〕　罗新、叶炜《新出土魏晋南北朝墓志疏证》，中华书局，2005年，第1页。
〔2〕　[后魏]贾思勰著、缪启愉校释《齐民要术校释》卷八《作豉法第七十二》，第444页。
〔3〕　[后魏]贾思勰著、缪启愉校释《齐民要术校释》卷八《作豉法第七十二》，第444页。
〔4〕　姜伯勤《敦煌吐鲁番文书与丝绸之路》，文物出版社，1994年，第65页。
〔5〕　王仲荦《汉晋河西物价考》，见王氏《金泥玉屑丛考》，中华书局，1998年，第60页。
〔6〕　张德芳《〈长罗侯费用簿〉及长罗侯与乌孙关系考略》，《文物》2000年第9期。

卅斛？要搞清这个问题，应分两步来看。首先，从字面意思看，三十斛盐豉应是指工程期间盐豉总共用了三十斛。其次，三十斛盐豉是工匠食用的数目？还是相当于工钱？三十斛即三十石，也即三百斗，也是三千升，工期总计是六十日，三千升分摊到六十日，每日为五十升。五十人每日五十升盐豉，平均每人一升，这个数量，若单是食用，似乎是用不了。若是用盐豉充当一般等价物，和布帛一样，说"盐豉卅斛"，就等于是说给工人吃了多少粮食，或代表工价，这个可能性大一些，但又有些偏低，究竟意思如何？还需要其他资料补证。

在汉代，"盐豉"确是一种等价物，如《史记·货殖列传》以"盐豉千瓵"作为衡量巨富标尺之一。《汉书》卷九十一《货殖列传》："谚曰：'以贫求富，农不如工，工不如商，刺绣文不如倚市门。'此言末业，贫者之资也。通邑大都酤一岁千酿，醯酱千瓨，浆千儋，屠牛羊彘千皮，谷粜千钟，薪稿千车，船长千丈，木千章，竹竿万个，轺车百乘，牛车千两；木器髹者千枚，铜器千钧，素木铁器若卮茜千石，马蹄躈千，牛千足，羊彘千双，童手指千，筋角丹沙千斤，其帛絮细布千钧，文采千匹，答布皮革千石，漆千大斗，糵麴盐豉千合，鲐鲞千斤，鲰鲍千钧，枣栗千石者三之，狐貂裘千皮，羔羊裘千石，旃席千具，它果采千种，子贷金钱千贯，节驵侩，贪贾三之，廉贾五之，亦比千乘之家，此其大率也。"由此两段记载看，"糵麴盐豉千合"可以与"，牛车千两；木器漆者千枚，铜器千钧，素木铁器若卮茜千石，马蹄躈千，牛千足，羊、彘千双"以及"帛絮细布千钧，文采千匹，答布皮革千石，漆千大斗"相比，可证盐豉还是价格较高的。因此以它作为等价物抵偿工钱，也非绝无可能。

第二段墓中文字见于墓铭砖。在该墓道北过洞填土内，出土一暗灰色墓铭砖，形状与普通墓砖相同，无特殊雕饰，长30、宽15、厚5厘米，在一平面上阴刻着三行25字，字以隶书为主，非出自高手，却遒劲有力。每字约3厘米，上涂朱色，其文为："大代太和元年岁次丁巳幽州刺史敦煌公敦煌郡宋绍祖之枢"。

就大同及其附近县区已发现北魏墓葬看，有的有墓志，有的有墓铭砖，如司马金龙墓、申洪之墓、元淑墓、高琨墓、阳高马家皂乡北魏陈永夫妇墓；大多数墓是既无墓志，亦无墓铭砖，如大同南郊市电焊器材厂发掘北魏墓葬167座，无一座有墓志或墓铭砖。从这次发现的宋绍祖墓砖铭内容看，相当简单，书写随便仓促，仅有年代、官职、爵位、籍贯和墓男主人的姓名，而无社会关系和履历，甚至连生年卒月、下葬日期都没有，实在很难代替墓志，与其身份地位、墓葬规模也颇不相符，留下许多疑问和遗憾。但是仅见的这25字也是弥足珍贵，由此才知，该墓葬年代为大代太和元年，补了椁顶上题记内无朝代之不足，墓主是宋绍祖，敦煌人氏，官居幽州刺史，爵位是敦煌公，卒于大代太和元年。太和是北魏孝文帝的年号，当时，名义上是孝文帝的皇帝，实际上因他年幼，执掌朝政的仍是他的祖母冯太后。在她执政期间，拓跋魏加速了汉化改革的步伐，宋绍祖墓中的仿木结构建筑形式的石椁和与魏晋风格一脉相承的壁画人物、服饰等，不能不说与该社会大背景有关。

北魏墓砖铭在北魏京畿地区出土，并非仅此一块，还发现过其他人的墓砖铭，如在今阳高县北魏墓葬也出土过延兴六年（476年）墓砖铭[1]，为上下两块砖组合而成，精雕细刻，青砖质，略发白色，四侧磨光，两头均精雕花纹，分上下两块，上面一块长29.5、宽15、厚5厘米，下面一块29.5×15×7.2厘米，均为一面磨光，一面不磨。磨光面很特殊，并全是光面，而是两长边修为锯齿状，两

---

〔1〕 殷宪《北魏早期平城墓铭析》，《北朝研究》1999年第一辑，北京燕山出版社，2000年，第165页。

短边为光边，四边均宽 3 厘米，中部磨为光面，上下光面相合，齿齿相扣，严丝合缝，虽为两砖所制，亦极精致罕见。在上者一块，仅有光面，而无文字，在下者一块，光面上有四行文字，今录于下："维大代延兴六年，岁次丙辰，六月巳末朔七日乙丑，元雍州河北郡安戎县民尚书令使陈永丙命妇刘夫人之铭记"。

平城出土过《叱干渴侯墓砖》[1]，同穴出砖铭两方，二砖俱用北魏习见墓砖刻成，尺寸大抵为 30×16×6 厘米。其一，志文 3 行，首行 13 字，二行 12 字，三行 10 字，凡 35 字。其文云：

"天安元年，岁在丙午十一月，甲申朔廿六日己酉。苌安人京兆郡苌安悬民叱干渴侯塚铭。"

其二，整块砖面满刻 4 个大字：

"苌安谒侯。"

另有《太和十四年屈突隆业墓砖》[2]，其文云：

"太和十四年十一月三日屈突隆业塚之故记。"

过去大同地区曾出土过《宿光明塚》墓砖和《王羌仁塚》墓砖[3]。

"宿光明冢"砖，长 28、宽 15.5 厘米。四字上顶下空，随意为之。每个字大小比较均匀，笔道也算整齐，多以复刀作圆笔。

"王羌仁冢"砖，比"宿砖"略小，长 26、宽 13 厘米，4 字竖排，上松下紧，愈下愈大。

另新发现有"王礼斑妻舆"墓砖，砖长 27、宽 13.5 厘米。同时出土的有"王斑"残砖，宽达 16 厘米，长不可测[4]。大小与"王羌仁冢"砖相仿佛，此砖无论书手还是刻工均在前二种之上。

此时期墓砖铭很多，官爵最高者就目前所见，当为宋绍祖。一般官吏和高官用砖铭，可以说是该时期的一大特点，这个特点可能是承袭了魏晋十六国和南朝刘宋的遗风遗俗，在那个时期，许多达官贵人都使用的墓砖铭，如《司马馗妻王氏墓志》、《孟□妻赵令芝墓志》、《李庑墓志》、《温峤墓志》、《谢琰墓志》、《王康之墓志》、《高崧及妻谢氏墓志》、《王企之墓志》、《李辑等五人墓志》、《王康之妻何法登墓志》、《田奥墓志》、《刘庚墓志及刘群妻徐氏墓志》、《宋乞墓志》等[5]。但是北魏太和前后也有用墓志的，如司马金龙[6]等人。

宋绍祖其人，在《魏书》、《北史》诸史书中不见记载，在北魏其他书中也没有记载，由墓砖铭知他是敦煌人氏，人骨测定其生年为 50 多岁[7]，由此推测，他当和北魏太武帝拓跋焘平北凉后由敦煌迁徙至平城的宋繇家族有密切关系。敦煌宋氏在晋代就很有名，当时的政治特色之一就是世家大族执政，三国时来自广平的敦煌宋氏就是士族之一[8]。《晋书》记载西晋十六国时著名人物有宋纤，位至太子太傅。另有宋晏、宋矩等人，或是太守，或宛成都尉，都是出自敦煌宋家。宋繇在《晋书》中有多处记载，拓跋焘平北凉时，敦煌宋氏家族中，最有名声地位的，就是宋繇，《魏书》卷五二中专为他

〔1〕　殷宪《〈叱干渴侯墓砖〉考略》，《山西省考古学会论文集》第四辑，山西人民出版社，2006 年，第 204～206 页。

〔2〕　殷宪《北魏屈突隆业墓砖考》，《书法丛刊》2005 年第 3 期。

〔3〕　殷宪《北魏平城砖瓦文解说》，《艺坛》2000 年第一辑，河南美术出版社，2000 年。

〔4〕　殷宪《从〈北魏王礼斑妻舆〉砖、〈王斑〉残砖说到太和辽东政治圈》，《中华文史论丛》，2006 年第 6 期。

〔5〕　以上墓志俱见罗新、叶炜著《新出土魏晋南北朝墓志疏证》，中华书局，2005 年，第 1～42 页。除此书外，其他有关碑刻集也记载了许多汉魏南朝的砖铭。

〔6〕　大同市博物馆、山西省文物管理委员会《山西大同石家寨北魏司马金龙墓》，《文物》1972 年第 3 期。

〔7〕　见本报告附录二：韩康信《大同雁北师院北魏墓群人骨鉴定》。

〔8〕　郑炳林《敦煌碑铭赞集释》，甘肃人民出版社，1992 年，注 3 和注 5，第 186～187 页。

立传，全文曰：

> 宋繇，字体业，敦煌人也。曾祖配，祖悌，世仕张轨子孙。父察，张玄靓龙骧将军、武兴太守。繇生而察为张邕所诛。五岁丧母，事伯母张氏以孝闻。八岁而张氏卒，居丧过礼。繇少而有志尚，喟然谓妹夫张彦曰："门户倾覆，负荷在繇，不衡胆自厉，何以继承先业！"遂随彦至酒泉，追师就学，闭室诵书，昼夜不倦，博通经史，诸子群言，靡不览综。吕光时，举秀才，除郎中。后奔段业，业拜繇中散、常侍。繇以业无经济远略，西奔李嵩，历位通显。家无余财，雅好儒学，虽在兵难之间，讲诵不废，每闻儒士在门，常倒屣出迎，停寝政事，引经谈籍。尤明断决，时事亦无滞也。沮渠蒙逊平酒泉，于繇室得书数千卷、盐米数十斛而已。蒙逊叹曰："孤不喜克李歆，欣得宋繇耳。"拜尚书吏部郎中，委以铨衡之任。蒙逊之将死也，以子牧犍咤之。牧犍以繇为左丞，送其妹兴平公主于京师。世祖拜繇为河西王右丞相，赐爵清水公，加安远将军。世祖并凉州，从牧犍至京师。卒，谥曰恭。

> 长子严，袭爵，改为西平侯。

由上记载可见，一、宋家在敦煌原是大族，这是毫无疑问的，故他家与敦煌其他大族世为婚姻。考古工作者曾在高昌北朝末期墓葬中发现一本残族谱，研究者认为，该族谱"毫无疑问也是属于大地主官僚家庭的，虽然在谱上未见本族的姓氏，但从其婚姻关系即可看出其门第。和这个家族通婚最密切的是宋氏，谱一有两代'夫人宋氏'；谱二有一个'夫人宋氏'和另一个嫁给宋家的女儿；谱三有一个嫁给宋洪施的女儿四妃"[1]。由上可见，敦煌宋家的势力和姻亲已经发展到了高昌，该文作者也说："宋、马、索三家都是高昌大姓"。隋唐以降，敦煌宋氏宗族人数依然不少，尽管在唐宋天下郡望氏族谱中敦煌宋家已经衰落，逊位于阴家、索家、张家等，然而在敦煌莫高窟诸窟中，还专有两个宋家窟。二、宋繇传中，只记载了宋繇及其子孙，未记宋绍祖，说明宋绍祖仅是其族人，并非直系亲属。他入北魏，最有可能是在北魏灭北凉之后，即太武帝拓跋焘太延五年（439 年），那时他当是一个年青人。他的墓志的发现，使敦煌宋家迁徙的情况更加清楚，同时也反映出，拓跋焘平北凉，把以宋繇为首的不少豪门大族成员迁徙到平城，并且委以要职，加以重用，也是对前代士族政治的因袭。

宋绍祖曾任幽州刺史，幽州是大州，又很重要，史载北魏前期仅有素延、许谦、封沓干、张衮、尉诺、奚斤、张昭、陈建等人均担任过此职。绍祖还曾被封爵敦煌公，史载仅李宝、李茂父子、万安国三人受封过此爵。宋绍祖被封的时间不详，但他是敦煌人，又被封为敦煌公，却是不可多得的，对研究北魏前期的封爵制是有所助益的。

总而言之，该墓中出土的题记砖铭还是很有意义的，使我们对修建该墓的用工量有了大致了解，并且初步清楚了墓主的身份、地位、埋葬时代等，对研究北魏前期的官僚构成、丧葬制度、墓葬规模、特点等又增添了不可多见的实物资料。更可贵的是，这批墓葬中还出土了大量的各类型珍贵文物，有许多均是初次出土，如带前廊悬山式三开间仿木结构建筑形式的石椁、石椁内椁壁壁画、方形和圆形帐房模型、牛车模型、人首兽身俑、兽首兽身俑、西域伎乐俑、成列成队的甲骑具装俑和侍俑等，墓铭砖上记载的准确时间，为它们的分期断代提供了可靠证据。此外，有的文物特征与云冈石窟同期的相同，两相参校，对深入研究该时期的艺术风格、演变等也是大有裨益的。

---

〔1〕 马雍《略谈有关高昌史的纪建新出土文物》，《西域史地文物从考》，文物出版社，1990 年，168～169 页。

大同雁北师院北魏墓群人骨鉴定

韩康信（中国社会科学院考古研究所）

古顺芳（山西省大同市考古研究所）

赵亚春（山西省大同市考古研究所）

这篇报告中的人骨出自大同市南郊区水泊寺乡曹夫楼村东北 1 公里处的北魏时期墓地。这个墓地被考古学者认定是近年北魏考古上的重大发现，出土了丰富的各种陶制俑、陶器、银铁制品、多种陶制动物、石壁雕刻、彩绘人物及保存良好独特的墓葬结构等。特别是其中的五号墓（M5）石椁顶部刻有"太和元年"（477 年）题记以及有姓名的墓砖铭，为这批墓葬的断代提供了十分宝贵的资料。人骨是从 M2、3、5、7 四座墓葬中收集的。但墓中人骨都因早期盗扰而散乱，离开原位，因而需要对墓中人骨进行细致的个体认定，同时对这些骨骼作出性别年龄的鉴定，病理标志的观察等。从骨骼上进行种族形态学的研究也是本文研究的一项重要内容，它有可能提供北魏拓跋人的种族背景资料，对研究拓跋人的起源会有帮助。

由于人骨的鉴定是在室内进行的，对现场人骨的埋葬情况的了解参考了考古工作者拍摄的照片。

一　人骨保存状态

由于盗墓的扰乱，墓中人骨架大多已零散无序。如 M2 的一具头骨离开原位散落于棺外；M3 头骨也被弃落在棺外侧，棺内体骨也已错乱；M5 骨架更被盗墓者从椁室里移至椁顶混乱散布，其中一具头骨被丢弃在椁室之外；M7 两具骨架也存在错位不全现象。这就要首先鉴别每一块骨块的种类、左右侧别，从中区分这些骨块所属个体并认定墓中死者个体数。这一部分工作的结果列于文后表一的"鉴定骨骼种类"一栏内，并示意于图 1～11（线描图上骨架深色部分为鉴定所见骨骼）。总的来看，M2 中的四个个体区分清楚，M3 只有一个体，M5 有两个体，M7 也是两个体。这和考古发掘时采集人骨的个体认定记录相符合。但从表一和图 1～9 可以看出，每个人的骨骼保存不尽相同，保存相对较好而多的是 M5 男性和 M3 女性骨架，其余的残缺较多，小孩的骨块保存很少。其中，M2 北侧成年棺人骨只见到残破的头骨片，其余颅后骨骼全缺。造成这种参差不全的原因可能有多种，如盗墓导致骨块的散失，骨骼朽蚀程度的不同，幼年骨骼细薄更易腐烂，起取骨骼时的损坏难以取全及某种选择性，还有对那些小块骨骼常不引起注意等。

二　性别年龄特征的判定

对这批人骨的性别年龄判定是在多数情况下依靠残碎骨块进行的。即从骨骼上辨别性别和年龄标志。这些标志的观察点在一般骨骼鉴定手册或解剖学书籍上都有记述[1]。未成年个体的骨骼的性别标志因发育不显，因而一般不作性别认定。本文对每个个体认定的主要性别年龄依据也一一列于表一的性别年龄栏内。鉴定结果简列如下：

M2：南侧大棺　　　　　　男　　　50～55岁或更大

　　　北侧大棺　　　　　　女　　　50～60岁或更大

　　　南侧小棺　　　　　　?　　　3～4岁

　　　北侧小棺　　　　　　?　　　不大于2岁

M3：　　　　　　　　　　女　　　16～18岁

M5：甲（宋绍祖）　　　　男　　　50～60岁或更大

　　　乙　　　　　　　　　女　　　45～50岁或更大

M7：甲　　　　　　　　　女　　　13～14岁

　　　乙　　　　　　　　　?　　　6～8岁

　　以上除未成年骨骼上的性别标志不显而难以决定性别外，其余成年个体的性别判定基本上是可信的。M7甲为一少年个体，作了倾向性的性别估计。由于成年个体一般进入老年，从骨骼（牙齿磨蚀及骨缝愈合程度等）上便难以精确估计更具体的年龄，因而以"50～55岁或更大"之类的用语表示。本文对采至室内的人骨进行性别年龄和个体认定表明，与考古学者对墓葬中死者个体分辨的发掘记录相一致，没有发现墓中遗留盗墓者遗骸的证据。

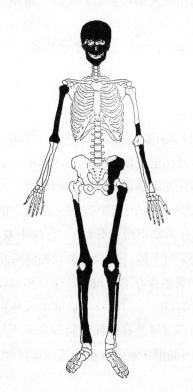 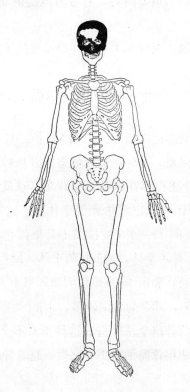 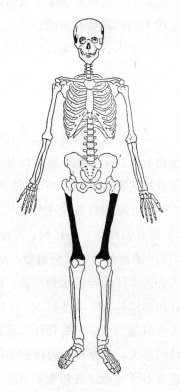

图1　M2南侧大棺男性骨骼　　　图2　M2北侧大棺女性骨骼　　　图3　M2南侧小棺未成年骨骼

---

〔1〕　吴汝康、吴新智、张振标《人体测量方法》，科学出版社，1984年。

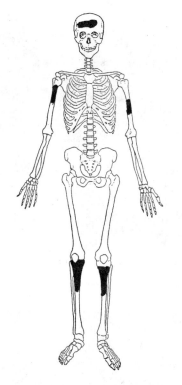

图4　M2 北侧小棺未成年骨骼

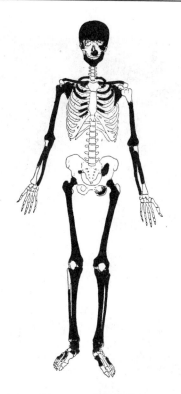

图 5　M3 女性骨骼

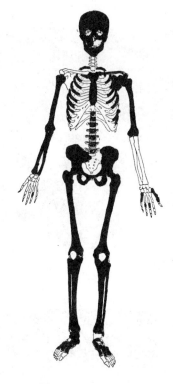

图 6　M5 男性骨骼

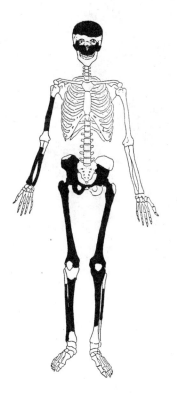

图 7　M5 女性骨骼

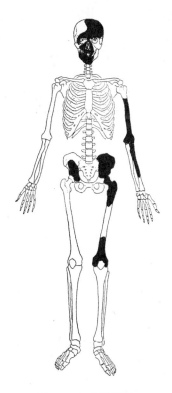

图 8　M7 女性骨骼

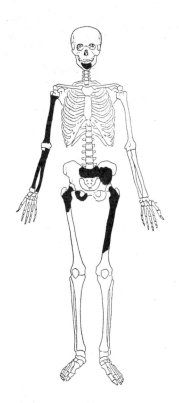

图 9　M7 未成年骨骼

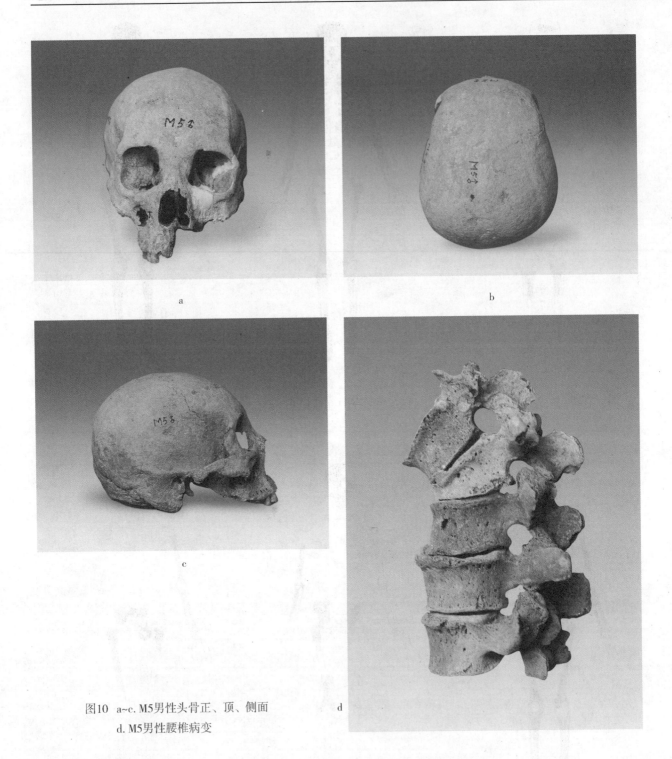

图10　a~c. M5男性头骨正、顶、侧面
　　　　d. M5男性腰椎病变

三　病理观察

主要观察到口腔部和脊椎骨上出现的某些病理标志。

M2成年男性骨骼：左侧上第一、二白齿（M1-2）在炎症后生前已脱落，相应部位齿槽萎缩吸收

后呈凹陷状；同侧上第一、二前白齿（P1-2）齿槽亦萎缩，齿根外露约1/2；右侧上颊齿齿根出露约

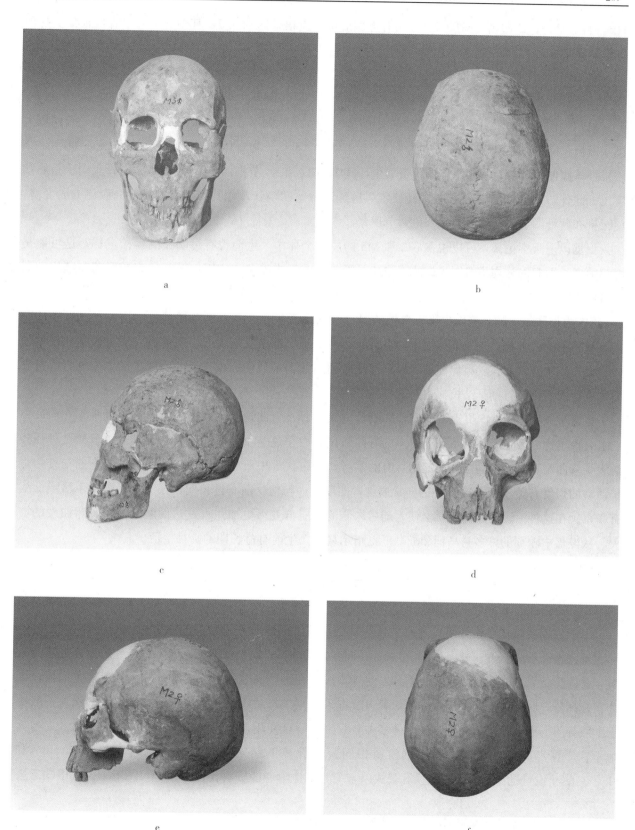

图 11　a～c. M2 男性头骨正、顶、侧面　d～f. M2 女性头骨正、侧、顶面

1/3；右下第一、二臼齿（M1－2）亦留有炎症痕迹，齿根外露约 1/2，其中 M1 似曾有过根尖炎症而齿槽显著萎缩。

M2 成年女性骨骼：齿槽大致呈现明显萎缩状，上颌上残存的左右前臼齿（P1－2）和第一臼齿（M1）齿根显著外露 1/2～2/3 不等。

M5 成年男性骨骼：上下颌齿槽亦明显萎缩，仅存的上犬齿（C1）、上第一前臼齿（P1）及同侧上第一臼齿（M1）齿根出露齿槽分别为 1/3、1/2 和 2/3 不等。在脊椎骨上存在退行性病变，如第 1～5 腰椎椎体腹侧上下缘有程度不等的骨赘增生，其中第 1、2、4 节椎体前上缘有 1～2 个骨刺向上呈唇状突出。此外，第 1、2 节腰椎椎体的疏松组织病理浸蚀呈凹陷状，尤其第 2 腰椎椎体向腹侧方向变薄，使腰椎在此处明显向前倾折而呈"龟背"现象。

根据以上观察记录，可以说在 M2 和 M5 的成年个体中，生前曾有过明显的齿槽炎症，这可能是随年龄增长而起的牙周病引发齿槽的萎缩甚至吸收。由于未见龋齿，因而牙齿的多数脱落与龋病的关系可能不大。

M5 男性腰椎上的骨赘增生属于脊椎的退行性病理现象，与老年的骨质疏松症有关。其腰椎的倾折可能有不同的解释：一是椎体受压折引起；另一是脊椎结核病引起，病症的发展可破坏和浸蚀椎体间板，后者导致髓核脱出促使椎间板全部虚脱而引起向前屈曲。由于 M5 病变腰椎体未见有骨折破裂痕迹，因而比较可能是结核病引起的[1]。

在这里顺便指出 M5 男性的非病理的股骨（大腿骨）弯曲现象。即他的左右侧股骨骨干在前后方向上表现出比一般正常情况下明显得多的弯曲弧度。由于这个个体系高身材的成年人，显然这种强烈的股骨弯曲度不可能由佝偻病引起的。有的学者认为古代人中所见大腿骨强烈前后方向弯曲与狩猎采集活动的强度有关[2]。M5 男性的异常股骨弯曲度或许与他生前有过长期紧张的骑马奔驰生活或征战有联系。在这种活动的锻炼中，会使大腿后内侧的屈肌群变得更加强大发达而刺激大腿骨弯曲度的增大。从该墓中随葬的许多骑马俑和战马俑也暗示墓主人生前有过长期的骑马生活史[3]。

四　身高测定

由于墓葬被盗扰导致骨架离开原来自然解剖位置，因此对死者身高的测定采用间接计算的方法，即测量完整的肢骨长度（最大长），代入身高推算公式计算。但是在使用不同学者设计的身高推算公式时，其计算结果有时存在较明显的差异。此外，还存在种族的差别，不同肢骨的差异等多种因素。因此在选择公式时要考虑这些因素。如死者为蒙古人种则选择蒙古人种公式；下肢骨计算的误差一般小于上肢骨等。有的学者认为用同一个体多种肢骨测量联合使用比单一肢骨的计算精确度更高。在与其他学者计算身高的比较时，要注意使用相同公式计算的结果。本文选择美国学者 M. Trotter 和 G. C. Gleser 设计的蒙古人种身高换算公式以方便与其他学者的资料比较[4]。但 Trotter 公式中缺乏蒙

〔1〕（日）铃木隆雄《骨から见た日本人——古病理学が语る历史》，株式会社讲谈社，1998 年。

〔2〕 参看〔1〕，第 16～18 页。

〔3〕 大同市考古研究所《大同市北魏宋绍祖墓发掘简报》，《文物》2001 年第 7 期。

〔4〕 Trotter, M. and Gleser, G. C., A re-evaluation of stature based on measurements of stature taken during life and of long bones after death. Am. J. Phys. Anthrop., 16 (1), 79－123, 1958.

古人种女性公式，所以对女性选取了英国学者 K. Pearson 设计的未分种族的一般公式[1]。对 M2、3、5 四个成年肢骨最大长的测量数据记录如下：

M2 男性：胫骨长　　　　（左）　　　　35.2cm

肱骨长　　　　（左）　　　　32.0cm

M3 女性：股骨长　　　　（左）　　　　37.9cm

股骨长　　　　（右）　　　　37.8cm

胫骨长　　　　（右）　　　　30.9cm

腓骨长　　　　（右）　　　　30.4cm

肱骨长　　　　（右）　　　　27.6cm

尺骨长　　　　（左）　　　　20.0cm

M5 男性：股骨长　　　　（左）　　　　53.8cm

股骨长　　　　（右）　　　　54.1cm

胫骨长　　　　（左）　　　　42.5cm

胫骨长　　　　（右）　　　　42.8cm

腓骨长　　　　（右）　　　　40.5cm

肱骨长　　　　（左）　　　　37.5cm

肱骨长　　　　（右）　　　　37.5cm

尺骨长　　　　（右）　　　　29.7cm

桡骨长　　　　（右）　　　　27.1cm

M5 女性：股骨长　　　　（右）　　　　38.8cm

在这里，选择以上的下肢骨长进行计算可能更为精确，所用公式和计算结果列于下边。公式中，ST 和 SP 是分别用 Trotter 和 Pearson 公式计算的身高，Fem 和 Tib 分别代表股骨长和胫骨长，计算结果的长度单位为厘米。有股骨和胫骨的，选用这两个肢骨的联合公式，只有单个肢骨的用单个肢骨公式计算。长度单位为 cm。

M2 男性

$ST = 2.39 Tib + 81.45 = 2.39 \times 35.2 + 81.45 = 165.6$　　　　　　（左）

$SP = 2.376 Tib + 78.664 = 2.376 \times 35.2 + 78.664 = 162.3$　　　　　（左）

M5 男性

$ST. = 1.22 (Fem + Tib) + 70.37 = 1.22 (53.8 + 42.5) + 70.37 = 187.9$　　（左）

$SP. = 1.159 (Fem + Tib) + 71.272 = 1.159 (53.8 + 42.5) + 71.272 = 182.9$　（左）

$ST. = 1.22 (Fem + Tib) + 70.37 = 1.22 (54.1 + 42.8) + 70.73 = 188.6$　　（右）

$SP. = 1.159 (Fem + Tib) + 71.272 = 1.159 (54.1 + 42.8) + 71.272 = 183.6$　（右）

M3 女性

---

[1] Pearson，K.，Mathematical contributions to the theory of evolution。V. On the reconstruction of the stature of prehistoric races。Phil. Transact. Royal Soc.，London，Ser. A，192：169—244，1899。

SP = 1.945Fem + 72.844 = 1.945 × 37.9 + 72.844 = 146.6　　　　　　　　　　　（左）

SP = 1.126（Fem + Tib）+ 69.154 = 1.126（37.8 + 30.9）+ 69.154 = 146.6　　　（右）

M5 女性 SP = 1.945Fem + 72.844 = 1.945 × 38.8 + 72.844 = 148.3　　　　　　　（右）

从以上计算结果可以看出，ST 和 SP 之间的公式差比较大，如 M2 男性的 ST 比 SP 高 3.3cm，M5 男性的 ST 比 SP 大 5.0cm。两者相比，一般更普遍使用 ST 的计算结果。以此考虑，M2 男性身高左右侧平均为 164.0cm；M5 男性左右平均为 188.3cm。

用 Pearson 公式计算的女性身高可能偏低，即 M3 女性为 146.6cm；M5 女性为 148.3cm。如以 M2 男性及 M5 男性的公式误差（分别为 3.3cm 和 5.0cm）作粗略补加，则 M3 女性身高在 150～152cm 之间，M5 女性则在 151～154cm 之间。

五　形态和测量特征

经粘合修补可供观察测量的较完整头骨有 M2 和 M5 男性及 M2 女性三具。

（一）形态观察

M2 男性头骨：顶观颅形呈短卵圆，眉弓较显著，眉间突度中等（Ⅲ级），前额坡度中等，矢状缝简单，高而近似斜方形眶，眶口平面与眼耳平面相交呈后斜形，鼻根凹陷浅，梨状孔下缘形态呈钝型，鼻棘弱（Ⅱ级弱），犬齿窝不发育，矢状脊弱（前囟后段），无额中缝，腭形近于椭圆形，无腭圆枕和下颌圆枕，颏形近于圆型，下颌角外翻，颧骨宽而突出，颅穹顶圆突等。

M5 男性头骨：颅形近于短的楔形，眉弓和眉间突度弱（Ⅰ级），前额坡度显著后斜，矢状缝简单，鼻根凹陷不显，眶形近似眶角较钝的方形，眶口平面位置与眼耳平面相交呈强烈后斜，犬齿窝深，鼻骨突度很弱，鼻梁呈浅凹形，颧骨较宽，有中等发达的矢状脊（矢缝前 1/2 段），无额中缝，有明显的狭脊状腭圆枕，颏形近方形，下颌角轻度外翻，无下颌圆枕等。

M2 女性头骨：颅形稍近于不长的菱形，眉弓和眉间突度弱（Ⅰ级），鼻根平，经复原的额部明显后斜，矢状缝简单，眶形圆而高，眶口平面位置与眼耳平面之关系呈明显后斜型，梨状孔下像钝形，鼻棘不显（Ⅰ级），犬齿窝极度深陷，鼻梁浅凹型，顶段有中等发育的矢状脊，腭形近椭圆，无腭圆枕。

从以上三具头骨的形态观察，属于有大人种鉴别意义的头骨形态特征是，短的颅形，眉弓和眉间突度不强烈结合低的鼻骨突度与浅平的鼻根，趋高的眶型结合后斜的眶口平面和弱的鼻棘，矢状缝简单，有矢状脊等。这些综合特征一般在蒙古人种特别是在亚洲东部和北部蒙古人种头骨上具有代表性。

（二）测量特征形态类型的观察比较

主要的脑颅和面颅形态指数和角度的形态分类评估列于表二。两具男性头骨综合的分类特征是短颅型结合不特别高和中等宽的颅型，具有很高的垂直颅面比例结合高狭的面型，高眶型配合狭的鼻型和低平的鼻根突度，面部在矢状方向的突出为平颌型，水平方向上扁平度大，前额坡度后斜比较明显。M2 女性头骨也大致如此，仅颅形比两具男性头骨相对略长，鼻形趋阔，后者可以归入性别异形。总的来讲，M2 女性头骨测量特征形态分类显示的短而不特别高狭的颅，同样具有很高的垂直颅面比例及很扁平而平颌型的面，兼有明显后斜的额坡度等综合特征都和男性头骨基本相符合。

为了评估上述综合形态特征可能具有的种族形态学意义，在这里首先了解一下亚洲东部蒙古人种头骨测量的变异方向是有意义的。据有些学者根据大量头骨测量资料，在北亚和东亚蒙古种头骨之间存在以下主要的形态偏离[1]。这些偏离的方向大致如下：

北方蒙古种	东方蒙古种
脑颅短宽，颅高趋低，	脑颅中等长结合高颅型，
额部后斜显著到中等。	额坡度后斜中——直型。
垂直颅面比例指数很大（＞55），	垂直颅面比例一般＜55，
面部高而宽且很扁平。	面部扁平且面型高而狭。
矢状方向面部突出小（平颌型）。	矢状方向面部突度中颌型。

据文后表二的测量，M2女性头骨近于不长的中颅型外，两具男性头骨皆属短颅型，脑颅的宽高比例则基本上是中颅型，长高比例是正、高颅型各一，M2女性则属弱的高颅型。由此看来，大同的三具头骨是短宽颅型结合不很强烈的高颅型。

额骨向后上方倾斜的坡度用额倾角的测量来估计。M5男性和M2女性头骨都具有很小的额倾角，显示它们有显著后斜的前额，M2男性头骨为中等后斜的额。由此可能暗示它们的额部与丰满陡直的类型有差异。

在垂直颅面比例上，三具头骨都超过55，特别是两具男性头骨的这一指数非常高，因而在这项特征上很具代表性。

三具头骨也基本上代表了面部扁平度很强烈的类型。但与此相结合的是具有高而相对狭的面型。矢状方向的面部前突程度不强烈，属平颌型。

由上看来，大同的这几具头骨上很具一些与北方蒙古种相类似的特征，如短宽的脑颅，倾斜的额坡度，很大的垂直颅面比例及显著扁平的面等。但也有某些与东方蒙古种头骨相近的特征，如脑颅倾向高颅型结合高狭的面型。从整体来看，它们似乎更多与北方蒙古种的接近，同时兼有与东方蒙古种相似的某些混合性质。

（三）与周邻地区现代类群的比较

在这个比较中，选取了13项颅、面部测量特征的组间形态距离矩阵的计算方法，作聚类分析。13项绝对测量即颅长（1）、颅宽（8）、颅高（17）、眶高（52）（左）、颅基底长（5）、眶宽（51）（左）、鼻高（55）、鼻宽（54）、面基底长（40）、颧宽（45）、上面高（48）（sd）、额最小宽（9）、面角（72）等。对比组包括蒙古、布里雅特、埃文克、爱斯基摩、（沿海）楚克奇和（驯鹿）楚克奇、华北、东北、朝鲜等九个现代组[2]。其中，前三组代表北亚的类群，居中三组代表东北亚类群，后三组代表东亚类群。此外附加了宁夏彭堡和甘肃沙井两个古代组，它们大致代表了古代的北亚类群[3]，目的是考察大同的头骨组与这些邻近古代类群的可能关系。具体的各项测量比较数值和每对比较组之间的形态距离（dik）矩阵的计算结果列于文后表三和表四。形态距离的计算使用欧几里德距离公式：

---

[1]　（俄）H. H. 切薄克萨罗夫《东亚种族分化的基本方向》，《民族研究所论集》Ⅱ卷，28～83页，1947年（俄文）。
[2]　九个现代组数据引自（俄）H. H. 切薄克萨罗夫《中国民族人类学》，1982年（俄文）。
[3]　韩康信《宁夏彭堡于家庄墓地人骨种系特点之研究》，《考古学报》1995年1期，109～125页；韩康信《甘肃永昌沙井文化人骨种属研究》（待刊稿）。

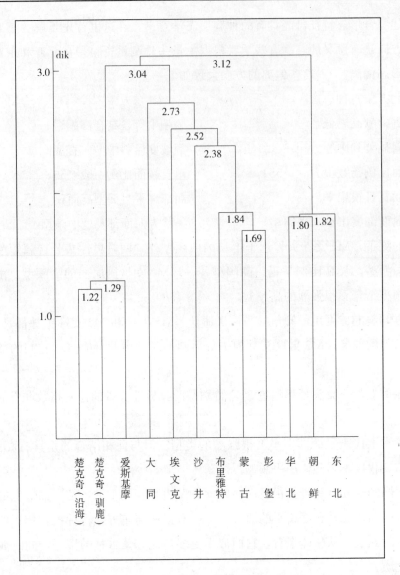

图 12　聚类谱系图

$$\sqrt{dik = \sum (x_1 - x_2)^2 \diagup m}$$

　　式中 x1 和 x2 代表对比两组的测量值，m 代表比较用测量值的项目数。图 12 是根据形态距离矩阵中的大小数值排列绘制的聚类谱系图。从这个聚类图可以看出，九个现代组分为三个小的聚类组，即东亚的三个组成一小组，北亚的三个组成另一小组，东亚的三个组又自成一小组。这说明，代表这三个不同地区的类群在 13 项主要颅、面部形态的测量特征上，各有相对集中成群的现象。此外也很容易观察到，大同的一组连同附加的宁夏和甘肃的两个古代组皆与现代的三个北亚类群的组聚集在一起。这种聚集现象有助说明大同的北魏时期的人骨在体质形态上与北亚类蒙古人种的接近。但同时应该注意到，大同的一组和其他各组之最近的距离有些偏高，这或许是大同的组与比较典型的北亚类之间存在某种形态的距离，例如前文已经提到的，在大同的头骨上除表现出主要与北亚类接近的特征外，还存在某些如颅高和狭面特征上与东亚类相似的特征。不过大同的头骨材料只有两具，上述的种族形态变异是否具有普遍意义有待更多材料的发现与调查。

（四）与周邻地区古代组的聚类分析

在这里仍采用与前述相同的形态距离聚类分析方法。表四中列出了包括大同人骨在内的总共 26 个组的 13 项颅、面部绝对测量值。用于比较的 25 个组的考古文化时代基本上在夏末商初—汉代（距今约 3600～2000 年）范围[1]。据表四计算的成对组之间的形态距离（dik）矩阵列于表六，以此绘制的聚类谱系图见图 13。

从这个聚类图上可以指出除了最右边的庙后山和平洋两组以很高的形态距离形成一小组外，其余各组在 dik 小于 3.0 的情况下，基本形成两个聚类组，即图上赤峰组以左的大部分组大致在 dik2.0 以下聚成一个较大的组群，而扎赉诺尔、彭堡、沙井三角城及大同四组聚为另一个类群。西团山一组虽也加入到赤峰以左的类群之内，但与它们的距离明显更高而使它处在与前述四个组的类群较近的位置，或者可理解为在两个聚集类群之间。这种聚类分组现象如从单纯的统计学意义来看，赤峰以左的大多数组似乎应该存在种族形态学上更接近的同质性。实际上，对这些地点的人骨研究报告的作者都比较一致地指出了它们在骨骼的形态和测量上与现代东亚类群的接近；而由扎赉诺尔、彭堡、三角城及大同四个组组成的类群，据笔者对前三个组的研究，基本上表示与北亚类群的接近[2]。如不出于偶然，大同的人骨测量与这三个组首先聚类，合理的解释是后者在体质上与周邻地区的古代北亚类群的接近。这和前节与周邻地区现代类群的聚类分析是一致的。同样可以看到，这样的聚类也是在相对较高的形态距离下形成的，说明即使在同一类群中也还存在可以感觉到的形态多形现象，这正如前边已提到的，在大同人骨上还可能存在某些与东亚类相似的特征。

六　结　论

对大同水泊寺北魏墓葬人骨的鉴定结果有以下几点：

（一）由于墓葬的被盗扰，使几乎所有的人骨架呈现零乱无序状态，加上骨质在地下长期朽蚀导致

---

[1]　24 个古代比较组资料分别引自如下：

韩康信《青海大通上孙家寨古墓地人骨的研究》（待刊稿）；《青海循化阿哈特拉山古墓地人骨研究》，《考古学报》2000 年 3 期，395～420 页；《新疆哈密焉不拉克古墓人骨种系成分之研究》，《考古学报》1990 年 3 期，371～390 页；《宁夏彭堡于家庄墓地人骨种系特征之研究》，《考古学报》1995 年 1 期 109～125 页；《甘肃永昌沙井文化人骨种属研究》（待刊稿）；《甘肃玉门火烧沟青铜时代人类骨骼的观察与研究》（待刊稿）；《山东临淄周——汉代人骨体质特征研究与西日本弥生时代人骨之比较》，《探索渡来系弥生人大陆区域的源流》112～163 页，2000 年；《甘肃酒泉干骨崖人骨测量研究》（待刊稿）；韩康信、潘其风《安阳殷墟中小墓人骨的研究》、《安阳殷墟头骨研究》50～375 页，1984 年，文物出版社；潘其风《上马墓地出土人骨的初步研究》，《上马墓地》附录一，398～483 页，1994 年，文物出版社；《毛庆沟墓葬人骨的研究》，《鄂尔多斯青铜器》，文物出版社，1986 年；《大甸子墓葬出土人骨的研究》，《大甸子》附录一，224～262 页，科学出版社，1996 年；《平洋墓葬人骨的研究》，《平洋墓葬》附录一，187～235 页，文物出版社，1990 年；潘其风、韩康信《东汉草原游牧民族人骨的研究》，《考古学报》1982 年 1 期，117～136 页；贾兰坡、颜间《西团山人骨的研究报告》，《考古学报》1963 年 2 期，101～109 页；朱弘《扎赉诺尔汉代墓葬第三次发掘出土颅骨的初步研究》，《人类学学报》1989 年 2 期，123～130 页；张家口考古队《蔚县夏家店下层文化颅骨的人种学研究》，《北方文物》1987 年 1 期，2～11 页；韩伟等《凤翔南指挥村周墓人骨的测量与观察》，《考古与文物》1985 年 3 期，54～84 页；魏海波、张振标《辽宁本溪青铜时代人骨》，《人类学学报》1989 年 4 期 320～328 页；Black, D., A study of Kansu and Honan Aeneolithic skulls and specimens from later Kansu prehistoric sites in comparison with North China and other recent crania. Palaeont. Sinica, Ser. D, Vol. 1, 1—83, 1928；Morant, G. M., A study of the Tibetan skull. Biometrika, Vol. 14, No. 3—4, 193—260, 1923；张君《青海李家山卡约文化墓地人骨种系研究》，《考古学报》1993 年 3 期，381～394 页；张雅军《山东临淄后李官周代墓葬人骨研究》，《探索渡来系弥生人大陆区域的源流》，172～197 页，2000 年。

[2]　参看前页注[3]有关作者报告。

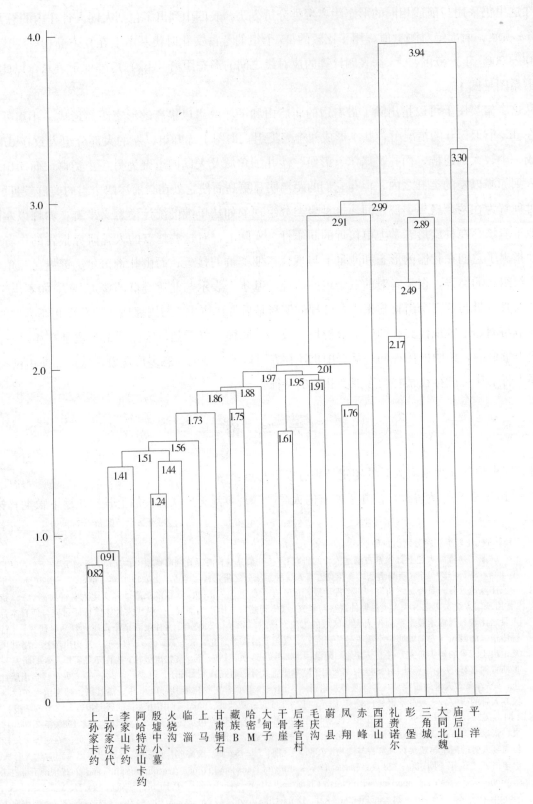

图 13　与古代组之聚类图

清理起取的困难等多种原因，使多数个体骨骼程度不等的残失不全。

（二）对墓中人骨的个体认定结果：

　　M2：南侧大棺死者为大于 50 岁男性。

　　　　北侧大棺死者为大于 50 岁女性。

　　　　南侧小棺死者为 3～4 岁儿童。

　　　　北侧小棺死者为不大于 2 岁幼儿。

　　M3：16～18 岁女性。

　　M5：甲骨架（宋绍祖）大于 50 岁男性。

　　　　乙骨架为不小于 45 岁女性。

　　M7：一为 6～8 岁儿童。

　　　　另一为 13～14 岁女性少年。

在人骨的个体认定中，没有发现多余的个体，上述鉴定结果与考古发掘提供的记录相符。

（三）骨骼的病理观察表明，在 M2 和 M5 个体中存在过明显的老年性牙周病及牙齿脱落。在 M5 男性的腰椎上发现有"龟背"状折曲及椎体边缘骨赘增生的退行性病变。

（四）依 Trotte 和 Gleser 身高推算公式计算的身高是：

M2 男性为 165.6cm。

M5 男性为 188.3cm。

M3 女性为 151～152cm。

M5 女性为 153.3cm。

（五）M5 幽州刺史宋绍祖的颅后体骨粗大而长，具有高大的身材（188.3cm）。其股骨在前后方向上的显著弯曲暗示死者生前曾有过长期的骑马生活史。

（六）头骨形态和测量特征的考察表示，大同北魏墓葬死者在体质形态上可能比较接近亚洲蒙古人种的北亚类群，但同时还可能存在某些与东亚类群相近的特征。或许这样的种族形态特点对追踪北魏拓跋人的起源有意义。史籍记载：拓跋鲜卑起于大兴安岭，逐步南徙到蒙古草原的东北部，进而统一中国北部，建立北魏王朝[1]。他们所涉地理位置正是北方蒙古种和东方蒙古种交互分布的地区。因而在北魏墓葬人骨上存在近于北方蒙古种的体质特征和东亚类型态的混在现象具有合理的地理人类学的依据。期待以后有更多的材料来证明这一点。

---

〔1〕　江应梁主编《中国民族史》，民族出版社，1990 年。

表一　骨骼保存状态与性别年龄特征

墓号		鉴定骨骼种类	主要年龄特征	主要性别特征
M2	南侧大棺	较完整头骨和下颌、左右肱骨、左尺骨、左右股骨、左右胫骨和左右腓骨、左髋骨碎片等，其余未见。	冠、矢缝已全部愈合，外缝迹开始模糊，人缝部分愈合；上下白齿(M1-2)磨蚀度大于Ⅴ级；估计年龄在50-55岁或更大。	髋骨上的坐骨大切迹狭窄，无耳前钩，髋白大而深，耻骨上缘圆厚，额坡度中斜，额结节不明显，颞骨宽而突出，乳突大，枕外隆突粗显，肢骨粗壮，具明显男性特征。
	北侧大棺	仅见头骨(额、右前部顶骨片和颧弓等残)的大半，缺下颌，其他所有后骨未见。	冠、矢缝全部愈合，外缝迹或几乎全部隐没，人缝全部愈合，内外缝迹尚清晰，此估计大约50-60岁或更大。	约呈菱形质，眶上缘薄，乳突大，枕外隆突不显，顶平面光滑，额弓细弱，整体头骨较纤弱，显示女性特征。
	南侧小棺	见残头骨、枕骨、左右颞骨碎片及左右股骨残段。	头骨片细小，头骨缝与股骨骺部呈幼年未愈合状态达，股骨细短大约呈3-4岁身高。	骨骼上性别标志不明。
	北侧小棺	见额、顶、枕骨等脑颅大部分残片及左右颞骨。	比南侧小棺的头骨片及股骨残片还小，不大于2岁。	骨骼上性别标志不明。
M3		保存额、顶、枕、颞骨等脑颅大部分残片及左右颞骨和上颌前部残片；一对锁骨与各节肋骨碎片，左右股、胫、腓、足骨及髋骨碎片；左右尺、桡骨及髋骨上部残片，可判断足右第7-12块足骨及残下颌。	主要颅骨缝皆未愈合，肢骨上下端骨骺已愈合但尚见清晰骨骺线；M2已萌出，齿尖微磨，约16-18岁个体。	坐骨大切迹狭窄大，髋前上下棘弱，髋白浅，额结节丰满，眉弓弱，乳突小，枕外隆突缺乏，下颌角大，显示女性特征。
M5	甲	较完整头骨和下颌、左锁骨残片与各节肋骨残片若干，残左右肩胛骨和肱骨、右尺、桡骨左右手骨、胸骨体，左右股骨和髋骨上部残片5节，左右髋骨和骶骨上部残块足右第7-12胸椎和1-5腰椎。	主要骨缝全部愈合，外缝迹模糊状，仅存右M1磨蚀超过Ⅴ级，P1和C亦重度磨蚀，估计年龄50-60或更大。	头骨和肢骨粗大，坐骨大切迹窄，无耳前沟，髋脊上缘圆突，白面外向，头前额强烈后斜，方形额等，显示男性特征。
	乙	保存脑颅大部(额、枕部分残)，左右额骨和下颌；右髋骨段，左右上颌残片，天下颌及左右股，胫、腓骨等。	主要骨缝已全部愈合，缝迹可辨；白齿均缺，白齿前齿磨蚀质甽齿外露，估计年龄45-50岁或更大一些。	坐骨大切迹宽大，有宽显的耳前沟，耻骨联合角大，耻骨枝细，闭孔近三角形，髋上缘平缓，头额软弱光滑，有明显女性特征。
M7	甲	保存部分头骨不完整下颌；左肱骨和尺骨片，左髋骨和尺骨大部，左右髋骨，左股骨上下段片。	主要骨缝尚未愈合，基底缝尚存，M2已萌出，骶椎尚未愈合，约13-14岁个体。	头骨比较纤弱，坐骨大切迹较宽，有浅窄耳前沟，疑为女性个体。
	乙	仅存下颌前部残片和左右坐骨残片及骶骨，左右股骨残段和左右肱、尺、桡骨。	髋、坐骨尚未愈合，M2已萌出，肢骨短小，约6-8岁个体。	骨骼上性别标志不明显。

表二　颅面部指数和角度测量的形态类型

比较项目和代号	M2 男	M5 男	M2 和 M5 男平均	M2 女
颅指数(8：1)	80.9(短颅)	80.4(短颅)	80.7(短颅)	78.2(中颅)
颅长高指数(17：1)	76.5(高颅)	74.5(正颅)	75.5(高近正颅)	76.5(高颅弱)
颅宽高指数(17：8)	94.6(中颅)	92.6(中颅)	93.6(中颅)	97.9(中—狭颅同)
额宽指数(9：8)	67.1(中额)	64.9(狭额)	66.0(狭—中额之间)	61.5(特狭额)
垂直颅面指数(48：17)	58.1(很高)	61.7(很高)	59.9(很高)	55.5(高)
上面指数(48：45)	58.0(狭面)	62.4(特狭面)	60.2(特狭面)	58.8(特狭面)
中面指数(48：46)	78.7(狭面)	83.7(特狭面)	81.2(特狭面)	81.0(特狭面)
面突度指数(40：5)	98.3(中颌)	94.0(平颌)	96.2(平颌)	94.3(平颌)
眶指数(52：51)	右93.7(特高眶)	右86.7(高眶)	90.2(高—很高眶)	左82.4(中眶)
鼻指数(54：55)	46.5(狭鼻)	45.4(狭鼻)	46.0(狭鼻)	52.3(阔鼻)
鼻根指数(SS：SC)	——	23.3(特矮)	23.3(特矮)	26.3(特矮)
腭指数(63：62)	95.7(阔腭)	——	95.7(阔腭)	——
额倾角(32)	81.0(中斜)	71.0(特斜)	76.0(特斜)	76.0(特斜)
全面角(72)	90.0(平颌)	86.0(平颌)	88.0(平颌)	87.0(平颌)
齿槽面角(74)	88.0(平颌)	77.0(中—突颌)	82.5(平颌)	82.0(平颌)
鼻颧角(77)	152.6(特扁平)	144.6(扁平)	148.6(扁平)	147.2(扁平)

表三　13项绝对测量值比较表

	大同北魏	蒙古	布里雅特	埃文克	爱斯基摩	楚克奇（沿海）	楚克奇（驯鹿）	华北	东北	朝鲜	彭堡	沙井
1	183.7(2)	182.2(80)	181.9(45)	185.5(28)	181.8(89)	182.9(28)	184.4(29)	178.5(86)	180.8(76)	176.7(158)	182.2(5)	178.6(6)
8	148.2(2)	149.0(80)	154.6(45)	145.7(28)	140.7(89)	142.3(28)	142.1(29)	138.2(86)	133.7(75)	142.6(165)	146.8(4)	148.5(6)
17	138.7(2)	131.1(80)	131.9(44)	126.3(27)	135.0(83)	133.8(27)	136.9(28)	137.2(86)	139.2(77)	138.4(152)	131.9(5)	129.2(6)
52	36.2(2)	35.8(81)	36.2(43)	35.0(27)	35.9(89)	36.3(28)	36.9(27)	35.5(74)	35.6(77)	35.5(123)	33.8(5)	34.1(6)
5	103.6(2)	100.5(81)	102.7(44)	101.4(27)	102.1(83)	102.8(28)	104.0(27)	99.0(86)	101.3(77)	99.4(150)	101.9(5)	99.8(6)
51	42.5(2)	43.3(81)	42.2(43)	43.0(27)	43.4(89)	44.1(28)	43.6(27)	44.0(62)	42.6(77)	42.4(128)	42.6(5)	41.2(6)
55	60.0(2)	56.5(81)	56.1(42)	55.3(28)	54.6(88)	55.7(28)	56.1(27)	55.3(86)	55.1(76)	53.4(131)	58.6(5)	56.8(6)
54	27.6(2)	27.4(81)	27.3(42)	27.1(28)	24.4(88)	24.6(28)	24.9(27)	25.0(86)	25.7(75)	26.0(108)	26.8(5)	26.5(6)
40	99.6(2)	98.5(70)	99.2(39)	102.2(27)	102.6(81)	102.3(28)	104.2(26)	95.2(84)	95.8(63)	95.4(93)	97.2(5)	95.7(6)
45	138.0(2)	141.8(80)	143.5(45)	141.6(28)	137.5(86)	140.8(27)	140.8(26)	132.7(83)	134.3(75)	134.7(104)	139.8(5)	141.6(6)
48	83.0(2)	78.0(69)	77.2(42)	75.4(28)	77.5(86)	78.0(28)	78.9(26)	75.3(84)	76.2(63)	76.6(96)	77.8(5)	75.1(6)
9	97.8(2)	94.3(80)	95.6(45)	90.6(28)	94.9(89)	95.7(28)	94.8(29)	89.4(85)	90.8(77)	91.4(150)	96.0(5)	90.1(6)
72	88.0(2)	87.5(74)	87.7(42)	86.6(28)	83.8(85)	83.2(28)	83.1(27)	83.4(80)	83.6(64)	84.4(93)	90.7(5)	91.3(6)

表四　形态距离（dik）矩阵

	大同北魏	沙井三角城	宁夏彭堡	蒙古	布里雅特	埃文克	爱斯基摩	楚克奇（沿海）	楚克奇（驯鹿）	华北	东北	朝鲜
大同北魏												
沙井三角城	4.88											
宁夏彭堡	2.73	2.48										
蒙古	3.24	2.38	1.69									
布里雅特	3.64	3.21	2.78	1.84								
埃文克	4.98	3.26	3.24	2.52	3.62							
爱斯基摩	3.74	4.61	3.48	3.39	4.63	3.63						
楚克奇（沿海）	3.48	4.43	3.17	3.04	3.97	3.17	1.29					
楚克奇（驯鹿）	3.33	5.15	3.79	3.51	4.42	3.82	1.66	1.22				
华北	5.52	5.02	4.81	4.96	6.36	5.37	3.35	4.17	4.53			
东北	5.51	5.87	5.23	5.56	6.99	5.81	3.35	4.17	4.27	1.82		
朝鲜	4.54	4.28	4.10	4.10	5.22	5.14	3.12	3.81	4.19	1.80	2.84	

表五　古代各组13项测量项目平均值

	1	8	17	52	5	51	55	54	40	45	48	9	72
上孙家卡约	182.7(101)	139.9(100)	137.9(95)	34.9(103)	101.1(96)	42.0(104)	56.1(103)	26.5(102)	95.0(87)	136.1(98)	76.7(92)	90.6(106)	85.7(86)
上孙家汉代	181.2(45)	139.7(44)	136.2(39)	35.6(48)	100.5(38)	42.2(48)	56.5(44)	27.1(47)	95.1(31)	137.1(34)	75.8(40)	91.1(45)	85.3(27)
李家山卡约	182.2(16)	140.0(16)	136.5(16)	35.4(16)	101.2(16)	43.2(16)	57.0(16)	26.7(16)	94.7(16)	138.6(15)	77.3(15)	91.2(16)	87.0(16)
阿哈特拉山卡约	182.9(23)	140.3(23)	138.2(22)	35.2(21)	101.4(22)	42.8(22)	55.2(23)	26.1(23)	95.9(22)	133.7(23)	74.8(22)	90.0(23)	85.8(23)
甘肃铜石时代	181.6(25)	137.0(26)	136.8(23)	33.8(16)	102.1(23)	45.0(18)	55.0(20)	25.6(17)	97.3(14)	130.7(19)	74.8(16)	92.3(24)	85.0(17)
火烧沟	182.8(57)	138.4(50)	139.3(55)	33.8(60)	103.7(56)	42.0(59)	53.6(59)	26.7(59)	98.5(50)	136.3(52)	73.8(53)	90.1(60)	86.7(47)
干骨崖	180.3(14)	137.8(13)	133.6(12)	34.1(16)	98.8(13)	41.8(15)	53.4(16)	26.1(15)	96.5(9)	133.1(14)	73.6(14)	88.9(18)	87.9(7)
哈密M组	187.6(10)	136.4(10)	133.8(7)	33.4(11)	100.8(8)	42.4(11)	54.0(9)	25.1(9)	97.2(5)	135.1(8)	76.4(8)	93.7(11)	86.5(6)
彭堡	182.2(5)	146.8(4)	131.9(5)	33.8(5)	101.9(5)	42.6(5)	58.6(5)	26.8(5)	97.2(5)	139.8(5)	77.8(5)	96.0(5)	90.7(5)
三角城	178.6(6)	148.5(6)	129.2(6)	34.1(6)	99.8(6)	41.2(6)	56.8(6)	26.5(6)	95.7(6)	141.6(6)	75.1(6)	90.1(6)	91.3(6)
上马	181.6(164)	143.4(160)	141.1(150)	33.5(162)	101.9(152)	42.5(159)	54.4(169)	27.3(166)	97.6(146)	137.4(136)	75.0(167)	92.4(163)	82.4(156)
殷墟中小墓	184.5(42)	140.5(40)	139.5(39)	33.8(33)	102.3(38)	42.4(34)	53.8(37)	27.3(36)	99.2(29)	135.4(21)	74.0(33)	91.0(46)	83.9(30)
临淄	181.8(65)	141.0(63)	138.8(59)	34.2(62)	101.2(59)	42.9(62)	54.7(66)	26.8(61)	96.9(49)	137.4(42)	73.7(56)	93.7(67)	87.1(47)
扎赉诺尔	185.7(10)	147.8(10)	130.6(9)	33.8(10)	103.5(9)	42.2(10)	56.9(10)	27.2(10)	100.6(9)	138.7(9)	75.3(10)	93.6(10)	86.7(9)
南杨家营子	179.6(4)	144.8(4)	126.0(4)	34.3(3)	97.0(4)	41.8(3)	57.5(3)	27.0(3)	90.8(3)	136.8(4)	76.8(4)	90.0(4)	91.2(8)
平洋	190.5(12)	144.6(12)	140.1(9)	33.6(12)	105.7(9)	43.7(12)	58.4(12)	28.9(12)	99.0(9)	144.9(10)	77.1(12)	91.3(12)	90.8(9)
大甸子	176.9(66)	143.2(65)	141.2(46)	33.3(56)	101.5(46)	42.9(55)	53.2(63)	27.1(60)	98.0(45)	136.5(38)	73.2(63)	91.3(61)	87.0(55)
后李官村	178.1(15)	138.6(15)	136.8(11)	33.7(13)	97.5(11)	41.2(11)	52.6(15)	25.7(15)	94.8(13)	133.5(12)	72.1(13)	91.7(15)	86.5(13)
蔚县	175.1(9)	142.4(9)	138.6(8)	32.7(11)	97.5(8)	42.4(11)	52.8(11)	26.0(11)	91.4(8)	136.4(10)	73.0(11)	91.4(11)	87.1(10)
赤峰宁城	181.2(11)	136.2(10)	140.7(5)	33.0(5)	102.3(5)	42.1(5)	53.6(5)	28.1(6)	100.7(15)	133.8(4)	75.1(5)	89.0(14)	80.6(5)
凤翔	180.6(13)	136.8(13)	139.3(13)	33.6(13)	103.0(13)	42.5(13)	51.6(13)	27.7(13)	99.2(10)	131.5(11)	72.6(12)	93.3(13)	81.1(10)
毛庆沟	179.9(11)	143.3(11)	136.5(10)	33.4(7)	97.7(9)	43.6(7)	54.9(9)	25.9(8)	93.5(8)	134.4(9)	74.6(8)	90.4(10)	88.0(6)
庙后山	192.8(4)	144.0(4)	143.5(4)	33.0(4)	106.3(4)	44.4(4)	54.1(4)	25.9(4)	99.0(2)	145.3(4)	75.5(4)	99.0(4)	85.0(3)
西团山	178.2(4)	138.3(4)	134.7(3)	34.7(3)	106.1(3)	43.3(3)	56.2(5)	27.5(4)	96.7(3)	144.1(2)	75.5(7)	86.6(2)	89.0(1)
藏族B组	185.5(14)	139.4(14)	134.1(15)	36.7(15)	99.2(15)	43.4(15)	55.1(15)	27.1(15)	97.2(15)	137.5(15)	76.5(15)	94.3(15)	85.7(14)
大同北魏	183.7(2)	148.2(2)	138.7(2)	36.2(2)	103.6(2)	42.5(2)	60.0(2)	27.6(2)	99.6(2)	138(2)	83.0(2)	97.8(2)	88.0(2)

表六　与古代组之 dik 矩阵

编号	组 别	1	2	3	4	5	6	7	8	9	10	11	12	13	14	15	16	17	18	19	20	21	22	23	24	25
1	上孙家（卡约）																									
2	上孙家（汉代）	0.82																								
3	湟中李家山（卡约）	1.02	0.91																							
4	循化阿哈特拉山（卡约）	1.48	1.41	1.79																						
5	甘肃铜石时代	2.24	2.39	2.80	1.73																					
6	甘肃火烧沟	1.76	2.06	2.22	1.54	2.25																				
7	甘肃干骨崖	2.33	2.17	2.67	2.04	2.23	2.49																			
8	新疆哈密（M）	2.45	2.63	2.65	2.53	2.50	2.65	2.76																		
9	宁夏彭堡	3.58	3.38	2.99	3.97	4.63	4.25	4.36	4.05																	
10	甘肃三角城	4.25	3.88	3.77	4.55	5.47	4.86	4.28	5.14	2.49																
11	山西上马	2.07	2.25	2.49	2.13	3.05	2.18	3.58	3.62	4.02	4.77															
12	殷墟中小墓	1.83	2.09	2.46	1.51	2.29	1.24	2.87	2.63	4.25	5.04	1.56														
13	山东临淄	1.54	1.59	1.73	1.65	2.47	1.44	2.65	2.62	3.26	4.11	1.72	1.71													
14	内蒙扎赉诺尔	3.57	3.63	3.51	3.86	4.54	4.00	4.37	3.82	2.17	3.21	3.78	3.66	3.48												
15	内蒙南杨家营子	4.33	3.95	3.90	4.60	5.21	5.39	3.80	4.86	3.50	2.54	5.56	5.56	4.70	4.35											
16	黑龙江平洋	4.34	4.59	3.98	4.70	5.75	4.26	5.88	4.98	4.05	5.21	4.39	4.28	4.13	3.94	6.43										
17	内蒙大甸子	2.65	2.67	2.52	2.48	3.19	2.32	3.15	4.29	4.17	4.38	1.97	2.52	1.88	4.39	5.29	5.10									
18	山东后李官村	2.52	2.33	2.89	2.26	2.48	2.72	1.61	3.39	4.65	4.66	3.16	2.96	2.36	4.91	4.45	6.26	2.55								
19	河北蔚县	3.08	2.88	3.19	3.13	3.77	3.61	3.06	4.65	4.57	4.22	3.29	3.85	2.83	5.27	4.34	6.29	2.36	1.97							
20	内蒙赤峰宁城	2.86	3.05	3.80	2.63	2.55	2.24	3.34	3.65	5.72	5.36	2.65	2.02	3.12	5.21	6.58	5.78	3.22	3.37	4.42						
21	陕西凤翔	3.13	3.21	3.80	2.67	2.07	2.48	3.21	3.48	5.60	6.31	2.80	2.23	2.92	5.14	6.47	6.29	3.15	2.88	4.13	1.76					
22	内蒙毛庆沟	2.24	2.01	2.23	1.97	2.84	2.94	2.15	3.48	3.55	3.56	2.86	2.97	2.17	4.03	3.44	5.32	2.46	1.95	1.91	4.01	3.87				
23	辽宁庙后山	5.29	5.57	5.19	5.54	6.20	5.03	6.94	5.21	5.40	6.97	4.57	4.69	4.69	5.06	8.08	3.30	5.77	6.82	6.95	6.10	6.13	6.35			
24	吉林西团山	3.46	3.19	2.91	3.88	4.57	3.31	3.95	4.58	4.27	3.97	4.16	4.10	3.58	4.57	4.91	4.49	3.85	4.47	4.42	4.59	4.67	4.19	6.27		
25	藏族（B）	2.02	1.86	1.88	2.33	2.82	2.74	2.85	1.75	3.90	4.24	2.99	2.49	2.10	3.17	4.26	4.36	3.75	3.24	4.13	3.82	3.64	2.97	4.95	4.14	
26	大同（北魏）	4.08	4.23	3.85	4.47	5.13	4.76	5.80	4.91	2.89	4.88	3.96	4.45	3.98	3.57	5.77	4.02	4.65	5.77	5.71	5.69	4.95	4.47	4.83	5.52	4.01

雁北师院北魏墓群发掘现场（由南向北）

2. M12 发掘现场

1. M7 发掘现场

M7，M12 发掘现场

1. 石磨（M9∶1）正面

2. 石磨（M9∶1）底面

3. 石灯（M9∶4）

4. 水晶串饰（M7∶7、8）

5. 琥珀饰件（M9∶2）

M7、M9 出土器物

1. M9 发掘现场

2. 银耳环（M12：1）

3. 陶盆（M18：2）

M9 发掘现场及 M12、M18 出土器物

2. M1 发掘现场

1. M19 发掘现场

M19、M1 发掘现场

1. 青瓷碗（M1∶1）

2. 瓷碗（M1∶2）

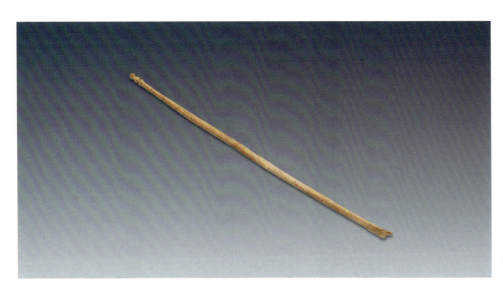

3. 骨器（M1∶7）

M1 出土器物

1. M3 发掘现场

2. M3 墓门罩

3. M3 封门墙

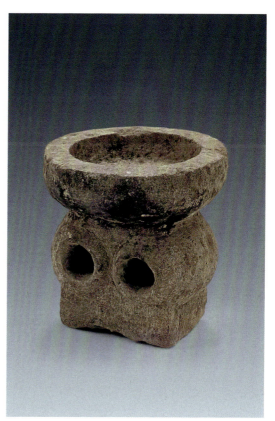

4. 石灯（M3：1）

M3 发掘现场和出土器物

1. M52 发掘现场情况

2. M52 墓室、耳室和葬具

M52 发掘现场

1. M52 封门罩

2. M52 封门墙

3. M52 墓室顶部砌
   砖上的模印图案

M52 发掘现场

1. 石灯（M52：1）

2. 陶罐（M52：8）

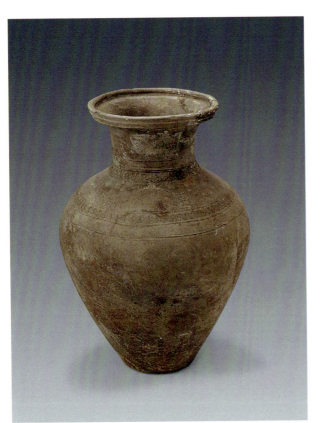

3. 陶罐（M52：10）

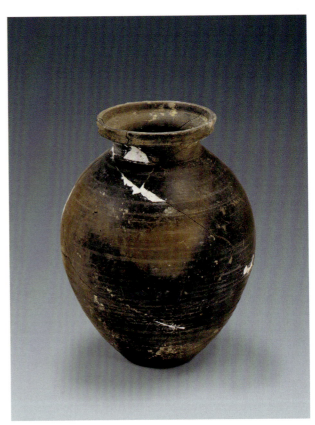

4. 陶罐（M52：26）

M52 出土器物

1. 釉陶罐（M52：11）

2. 陶壶（M52：7）

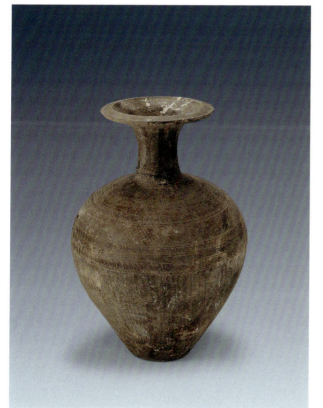

3. 陶壶（M52：9）

4. 陶井（M52：15）

M52 出土器物

1. 女舞俑（M52：25）　　　　　　　　　2. 女舞俑局部（M52：25）

3. 女侍俑（M52：20、21、22）

M52出土陶俑

1. 墓铭砖（M52：47）

3. 铜钱（M52：3 五铢、39 剪轮五铢、40 半两，共 12 枚）

4. 铜小刀等（M52：41 小刀、42 耳挖、43 铃、44 料珠）

2. 骨尺（M52：45）

M52 出土器物

1. M2 发掘现场

2. M2 封门墙
   和封门罩

M2 发掘现场

1. M2 北大棺北侧板的铺首和泡钉

2. M2 的葬具和随葬品

M2 发掘现场

1. 镇墓武士俑（M2：83）

2. 镇墓武士俑（M2：83）背面

3. 镇墓武士俑（M2：83）侧面

4. 镇墓武士俑（M2：20）

M2 出土陶镇墓俑

1. 镇墓兽（M2：21）侧面

2. 镇墓兽（M2：21）正面

3. 镇墓兽（M2：64）

M2 出土陶镇墓兽

1. 女乐俑（M2：1）

2. 女乐俑（M2：2）

3. 女乐俑（M2：3）

4. 女乐俑（M2：4）

M2出土陶女乐俑

1. 女乐俑（M2：5）

2. 女乐俑（M2：6）

3. 女乐俑（M2：7）

4. 女乐俑（M2：8）

M2 出土陶女乐俑

1. 女舞俑（M2：12）

2. 女舞俑（M2：12）背面

3. 女舞俑（M2：16）

4. 女舞俑（M2：16）背面

M2出土陶女舞俑

1．男侍俑（M2：69）

2．男侍俑（M2：69）背面

3．男侍俑（M2：71）

4．女侍俑（M2：54）

M2出土陶男女侍俑

1．女侍俑（M2：56）

2．女侍俑（M2：29）

3．女侍俑（M2：27）

4．女侍俑（M2：9）

M2出土陶女侍俑

杂技胡俑（M2：13、17、18）

M2 出土陶胡人杂技俑

1. 胡人俑（M2∶11）

2. 胡人俑（M2∶14）

3. 胡人俑（M2∶15）

M2出土陶胡人俑

1. 胡人俑（M2：22）

2. 胡人俑（M2：25）

3. 胡人俑（M2：75）

4. 小俑（M2：100）

M2 出土陶胡人俑、小俑

1. 马（M2：40）左侧

2. 马（M2：40）右侧

M2出土陶马

1. 马（M2：45）

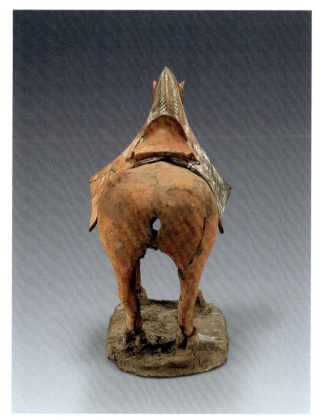

2. 马（M2：40）后视

3. 马（M2：40）俯视

M2 出土陶马

1. 马（M2∶42）

2. 马（M2∶44）

M2 出土陶马

1. 马（M2：43）

2. 马（M2：41）

M2出土陶马

1. 马（M2∶66）

2. 驴（M2∶38）

M2 出土陶马、驴

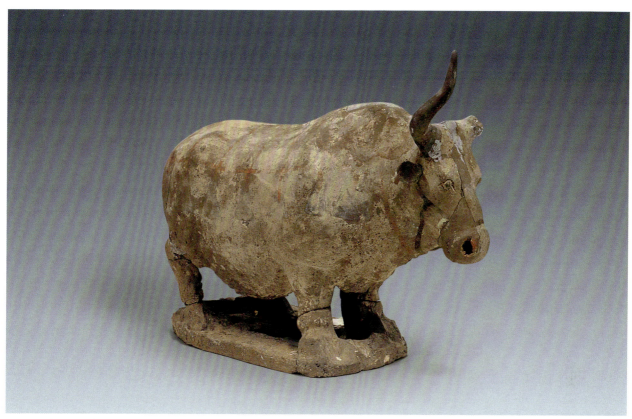

1. 牛（M2：50）

2. 牛（M2：46）

M2 出土陶牛

1. 牛（M2：67）

2. 牛（M2：79）

M2 出土陶牛

1. 骆驼（M2：35）

2. 骆驼（M2：39）

M2 出土陶骆驼

1. 陶猪（M2∶85）

2. 陶狗（M2∶24）

3. 陶碓（M2∶31）

4. 陶灶（M2∶28）

5. 陶井（M2∶34）

6. 陶磨（M2∶32、33）

M2 出土器物

1. 陶罐（M2:63）

2. 陶彩绘壶（M2:74）

3. 陶罐（M2:62）

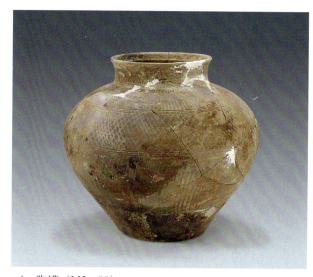

4. 陶罐（M2:88）

5. 陶瓮（M2:89）

6. 陶樽（M2:19）

M2出土器物

1. 陶曲足案（M2：10）

2. 陶灯（M2：72）

3. 陶卷棚车（M2：51）

4. 陶卷棚车（M2：65）

M2 出土器物

1. 卷棚车（M2∶51）车下部右侧绘黑龙

2. 卷棚车（M2∶51）车下部左侧绘黑龙

M2 出土陶车纹饰

1. 牛（M2：46）车（M2：47）

2. 鳖甲车（M2：47）

M2出土陶车

1. 鳖甲车（M2：47）车后门

2. 鳖甲车（M2：58）车后门

M2 出土陶车

1. 鳖甲车（M2：58）

2. 鳖甲车（M2：58）顶部

3. 鳖甲车（M2：58）前视

M2出土陶车

1. 方形帐房（M2：73）

2. 方形帐房后视（M2：73）

3. 方形帐房（M2：73）顶部

M2 出土陶帐房

1. 方形帐房（M2：87）

2. 圆形帐房（M2：86）

M2 出土陶帐房

1. 鎏金铺首（M2：95）

2. 鎏金铺首和泡钉（M2：95、96）

3. 玛瑙珠和水晶饰件（M2：93、94）

4. "五铢"和"大泉五十"铜钱（M2：91、92）

M2 出土器物

M5 发掘现场全景俯视（由南向北）

1．M5 墓室揭露前情况

2．M5 部分墓道和揭露后的墓室情况

M5 发掘现场

1．M5 南过洞和两壁上的脚窝

2．M5 封门墙

3．M5 封门罩、甬道和石椁

M5 发掘现场

1. 从甬道看石椁

2. 石椁仿木构建筑前廊和斗栱

M5 发掘现场

2. 揭去顶盖后的石椁

M5 发掘现场

1. 石椁顶盖和散置的人骨

1．墓室东南侧的随葬俑群

2．墓室西南侧的随葬俑群

M5 发掘现场

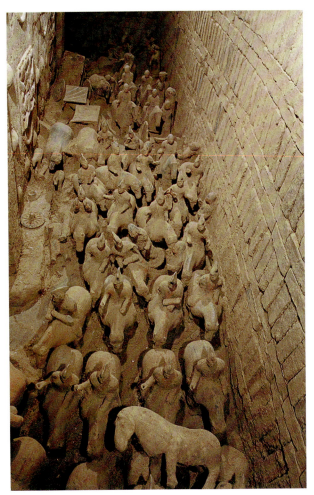

1. 墓室东侧的随葬俑群（由南向北）

2. 墓室东侧的随葬俑群（由北向南）

M5 发掘现场

1. 复原后的石椁正立面（南壁）

2. 复原后的石椁

M5 石椁

1. 石椁东壁正立面

2. 石椁西壁正立面

3. 石椁北壁正立面

M5石椁

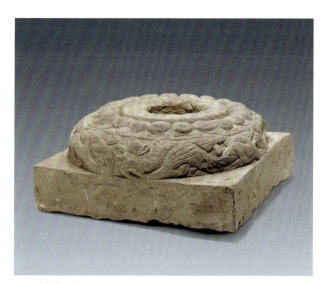

1. 柱础东1

2. 柱础东2

3. 柱础东3

4. 柱础东4

M5石椁构件

1. 额枋东正立面

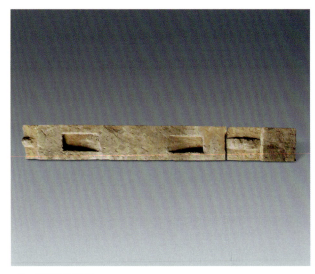

2. 额枋东顶面

3. 额枋中正立面

4. 额枋中顶面

5. 额枋西正立面

6. 额枋西顶面

M5 石椁构件

1. 额枋的凹榫

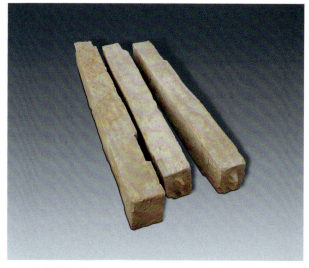

2. 额枋的凸榫

3. 四件栌斗顶面

4. 四件栌斗底面

5. 四件劄牵顶面

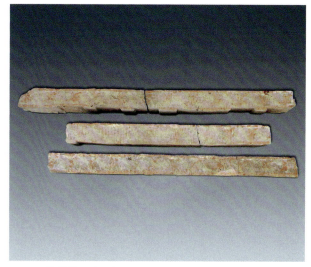

6. 三件檐枋正立面

M5石椁构件

1．斗栱东2

2．劄牵与斗栱的榫卯

3．明间人字形斗栱

4．鸱尾

5．东南角柱南、西两侧面

6．东南角柱西、北两侧面

M5 石椁构件

1. 石椁地栿

2. 西栿南表面凿刻的"西"字

3. 西栿北表面凿刻的"西""北"两字

4. 北栿中表面凿刻的"中"字

5. 西栿西表面凿刻的"西"字

6. 东栿北外侧立面凿刻的"己"字

M5石椁构件及刻字

1. 石椁南壁石板

2. 石椁南壁门上方石板

M5 石椁构件

1. 石椁东壁石板

2. 石椁西壁石板

M5 石椁构件

1. 石椁北壁石板

2. 石门扇

M5 石椁构件

1. 虎头门枕石西

2. 虎头门枕石东

M5 石椁构件

1．中西棺床立板

2．中东棺床立板

3．中棺床立板出土原状

M5 石椁构件

1. 东南棺床立板

2. 西南棺床立板

M5 石椁构件

1. 三角形石梁结构

2. 石椁结构发掘时现状

3. 三角形石梁东1

4. 三角形石梁东2北端

5. 三角形石梁东南角柱的榫卯结构

6. 西三角形石梁榫卯结构

M5石椁局部及构件

1. 石椁顶板上的文字题记　　　　　　2. 宋绍祖墓铭砖

M5 文字题记

1. 南壁西樟板上铺首

2. 南壁西樟板下铺首

3. 南壁中樟板铺首

4. 南壁西樟板下铺首人物局部

M5 石樟浮雕铺首

1. 西门扇上铺首

2. 东门扇上铺首

3. 西门扇下铺首

4. 东门扇下铺首

M5 石椁浮雕铺首

1. 南壁东樟板上铺首

2. 南壁东樟板下铺首

4. 南壁东樟板下铺首人物局部

3. 东壁南樟板上铺首

M5 石樟浮雕铺首

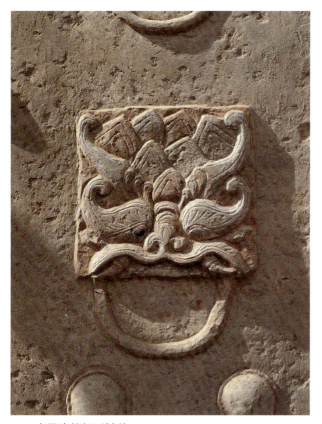

1. 东壁南樟板下铺首

2. 东壁北樟板上铺首

3. 东壁北樟板中铺首

4. 东壁北樟板下铺首

M5 石樟浮雕铺首

1．北壁东樟板上铺首

2．北壁东樟板下铺首

3．北壁中樟板上铺首

4．北壁中樟板中铺首

M5 石樟浮雕铺首

1. 北壁中椁板下铺首

2. 北壁西椁板上铺首

3. 北壁西椁板下铺首

4. 西壁北椁板上铺首

M5 石椁浮雕铺首

1．西壁北樟板下铺首

2．西壁南樟板上铺首

3．西壁南樟板中铺首

4．西壁南樟板下铺首

M5 石樟浮雕铺首

1. 门簪莲花东1

2. 门簪莲花东3

3. 西门扇莲花

M5 石椁浮雕莲花

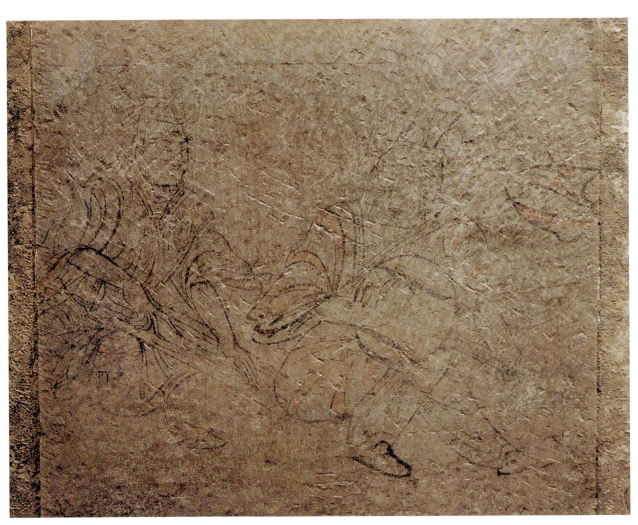

石椁北壁壁画

M5 石椁内壁壁画

1. 石椁西壁南侧壁画

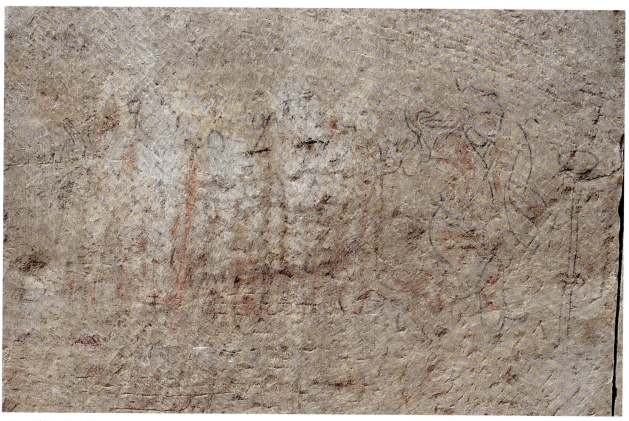

2. 石椁西壁北侧壁画

M5石椁内壁壁画

1. 镇墓武士俑 (M5:1)

2. 镇墓武士俑 (M5:156)

3. 镇墓兽 (M5:154)

M5 出土陶镇墓俑

1．甲骑具装俑（M5：34）

2．甲骑具装俑（M5：78）

3．甲骑具装俑（M5：79）

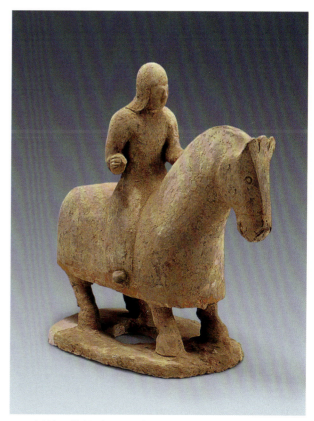

4．甲骑具装俑（M5：88）

M5 出土陶甲骑具装俑

1．甲骑具装俑（M5：56）

2．甲骑具装俑（M5：24）

3．甲骑具装俑（M5：31）

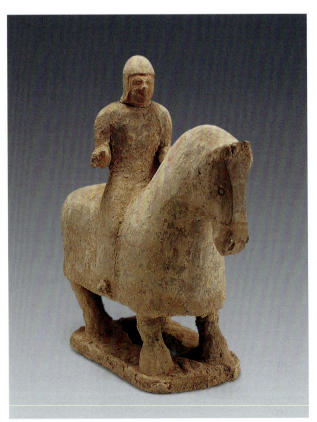

4．甲骑具装俑（M5：65）

M5出土陶甲骑具装俑

1. 甲骑具装俑（M5：66）

2. 甲骑具装俑（M5：70）

3. 甲骑具装俑（M5：33）

4. 马臀部图案（M5：33）

M5出土陶甲骑具装俑

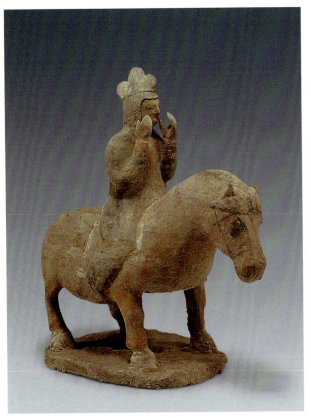

1. 鸡冠帽轻骑兵俑（M5∶103）

2. 鸡冠帽轻骑兵俑（M5∶86）

3. 鸡冠帽轻骑兵俑（M5∶100）

4. 鸡冠帽轻骑兵俑（M5∶100）头部

M5 出土陶鸡冠帽轻骑兵俑

1. 鸡冠帽轻骑兵俑 (M5：114)

2. 鸡冠帽轻骑兵俑 (M5：114) 局部

3. 鸡冠帽轻骑兵俑 (M5：117)

4. 鸡冠帽轻骑兵俑 (M5：85)

M5 出土陶鸡冠帽轻骑兵俑

1. 鸡冠帽轻骑兵俑（M5：112）

2. 鸡冠帽轻骑兵俑（M5：131）

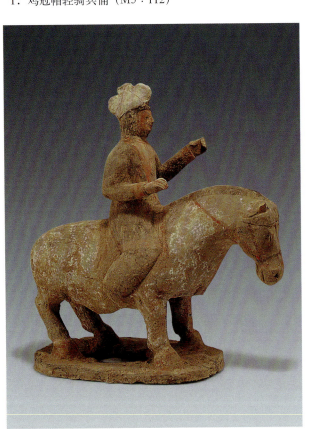

3. 鸡冠帽轻骑兵俑（M5：96）

4. 鸡冠帽轻骑兵俑（M5：120）

M5出土陶鸡冠帽轻骑兵俑

1. 鸡冠帽轻骑兵俑 (M5：99)

2. 鸡冠帽轻骑兵俑 (M5：108)

3. 鸡冠帽轻骑兵俑 (M5：111)

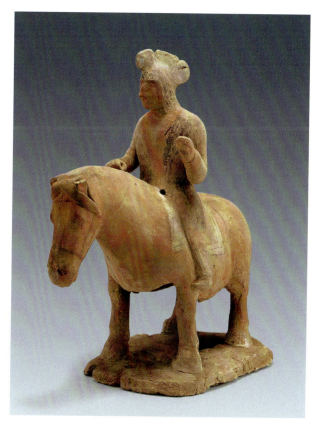

4. 鸡冠帽轻骑兵俑 (M5：115)

M5 出土陶鸡冠帽轻骑兵俑

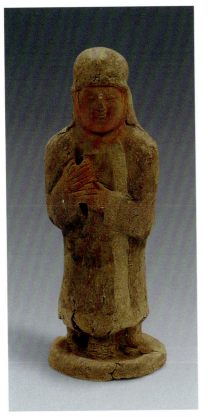

1．仪仗俑（M5：49）   2．仪仗俑（M5：32）   3．仪仗俑（M5：62）

4．披铠步兵俑（M5：60）   5．披铠步兵俑（M5：128）   6．披铠步兵俑（M5：140）

M5 出土陶仪仗俑和披铠步兵俑

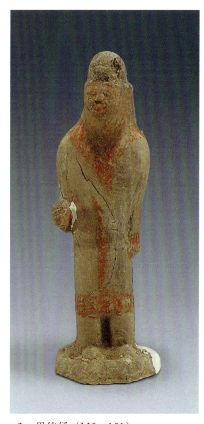

1. 披铠步兵俑（M5：140）背面　　2. 男侍俑（M5：129）　　3. 男侍俑（M5：151）

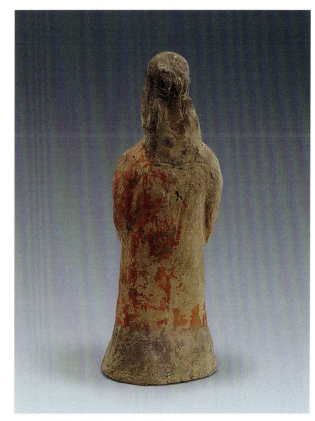

4. 女侍俑（M5：160）　　　　　　　　5. 女侍俑（M5：160）背面

M5 出土陶男女侍俑和披铠步兵俑

1. 胡人俑（M5：89）

2. 胡人俑（M5：89）背面

3. 胡人俑（M5：98）

4. 胡人俑（M5：98）侧面

M5 出土陶胡人俑

1. 胡人俑（M5：104）

2. 胡人俑（M5：104）侧面

3. 胡人俑（M5：105）

4. 胡人俑（M5：105）侧面

M5出土陶胡人俑

1. 胡人俑四件（M5：89、98、104、105）

2. 陶女侍俑五件（M5：57、159、160、162、170）

M5出土陶胡人俑和女侍俑

1. 马 (M5：19)

2. 马 (M5：116)

M5 出土陶马

1. 马鞍和障泥（M5：11）

2. 马鞍和障泥（M5：16）

M5 出土陶马、马鞍和障泥

1．马（M5：143）

2．马鞍和障泥（M5：143）

M5出土陶马、马鞍和障泥

1. 马（M5：6）

2. 马鞍和障泥（M5：14）

M5 出土陶马、马鞍和障泥

1. 牛（M5：55）

2. 牛（M5：77）

M5出土陶牛

1. 驮驴（M5∶145）

2. 驮驴（M5∶145）局部

3. 驮驴（M5∶69）

4. 骆驼（M5∶150）

M5出土陶驮驴、骆驼

1. 单辕车（M5:142前）

2. 单辕车（M5:142后）

3. 鳖甲车（M5:48）

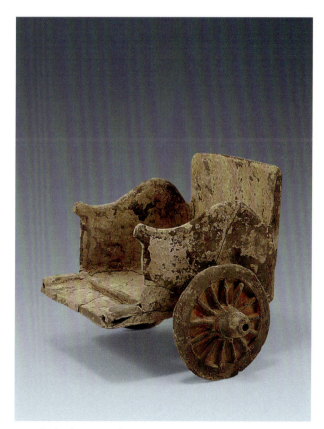

4. 轺车（M5:126）

M5 出土陶车

1. 牛车（M5：55牛、74车）

2. 牛车（M5：77牛、76车）

M5出土陶牛车

1. 陶罐 (M7 : 1)

2. 陶罐 (M7 : 2)

3. 陶罐 (M7 : 3)

4. 陶壶 (M7 : 4)

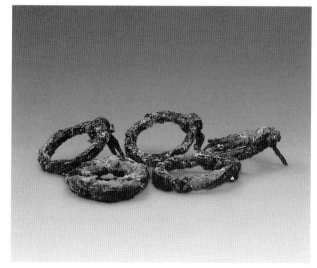

5. 铁棺环 (M9 : 3)

6. 陶罐 (M9 : 5)

M7、M9 出土器物

1. 陶罐（M9∶6）

2. 陶罐（M9∶7）

3. 釉陶壶（M9∶8）

4. 铁剪（M12∶2）

5. 陶罐（M12∶3）

6. 陶罐（M12∶4）

M9、M12 出土器物

1. 陶钵（M18：1）

2. 陶壶（M18：3）

3. 陶罐（M18：4）

4. 陶罐（M18：5）

5. 陶罐（M19：1）

6. 陶罐（M24：1）

M18、M19、M24 出土器物

1. 陶罐（M24：2）

2. 陶壶（M24：3）

3. 琥珀饰件（M24：4）

4. 铁镜（M1：3）

5. 陶壶（M3：3）

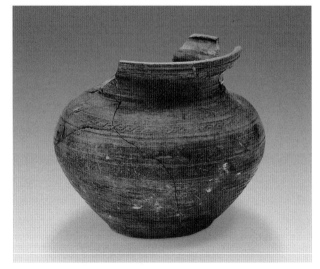

6. 陶罐（M3：4）

M24、M1、M3出土器物

1. 陶罐（M3：5）

2. 铁锹（M3：6）

3. 陶罐（M52：2）

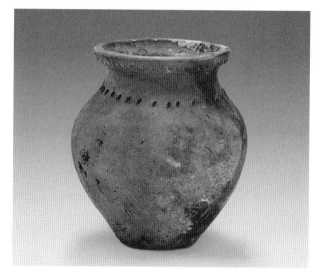

4. 陶罐（M52：5）

5. 陶壶（M52：24）

6. 陶瓮（M52：12）

M3、M52 出土器物

1. 陶釜（M52：14）

2. 陶灯盘（M52：19）

3. 陶灯（M52：28）

4. 陶井（M52：13）

5. 陶磨（M52：16）

6. 陶狗（M52：4）

M52 出土器物

1．陶狗（M52：29）

2．陶羊（M52：17）

3．陶鸡（M52：35）

4．陶猪（M52：32）

5．女侍俑（M52：18）

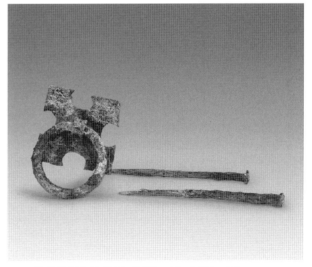

6．柿蒂棺环和铁棺钉（M52：38、M52：46）

M52 出土器物

1. 柿蒂棺环和铁棺钉（M2：97、M2：98）

2. 铁镜（M2：90）

3. 陶羊（M2：81）

4. 琥珀串饰和料珠（M5：171、177、175）

5. 铁镜和铁器（M5：172、178、101）

6. 小碟（M5：158、163、164）

M2、M5 出土器物

1. 陶猪（M5：92）

2. 陶碓（M5：91）

3. 陶井（M5：83）

4. 陶灶（M5：82）

5. 陶磨（M5：93）

6. 陶罐（M5：168）

M5 出土器物

1. 卷棚车（M5：74）

2. 卷棚车（M5：76）

3. 卷棚车的顶部（M5：74和M5：76）

4. 鳖甲车（M5：48）

M5 出土陶车

1. 石供桌（M5：17）

2. 银手镯（M5：176）

3. 琥珀串饰（M5：171）

M5 出土器物

1. 沙岭新农村建设工地北魏墓葬 M22

2. 沙岭新农村建设工地北魏墓葬 M22 局部

大同市沙岭新农村建设工地北魏墓葬

ABSTRACT

In April 2004, in coordination with the expansion construction of Yanbei Teachers College (Datong University since 1st July 2006) outside its eastern enclosure, the Datong Municipal Institute of Archaeology carried out there archaeological drillings, and discovered eleven tombs of the Northern Wei period, including six cave-type burials (numbered M7, M9, M12, M18, M19 and M24) and five brick-chambered pits (M1, M2, M3, M5 and M52). The cemetery lies one km northeast of Caofulou Village in the southern suburbs of Datong City, and 3. 5 km east of Datong City proper, not far away from the tomb of Sima Jinlong, Prince Kangwang of Langya, Northern Wei Dynasty, and that of Yuan Shu, Commander of the Garrison in Pingcheng City. In June to September of the same year, these graves were jointly excavated by the Shanxi Provincial Institute of Archaeology and the Datong Municipal Institute of Archaeology.

The cave-type tombs are humble in form, each consisting only of a narrow passage and a cave, with the gate blocked by piled up adobe or lumps of immature soil, and containing one or two coffins, with the skeleton's head pointing to the south in all cases. The funeral objects are not only small in quantity but also poor in craftsmanship, which suggests that the tomb-owners must have belonged to the common people. The brick-chambered tombs each have a passage, a gate, a corridor and a chamber as the main parts. The chamber looks like a curvy-sided square in plan and has a pyramidal ceiling. The overall tomb length measures 13. 58—37. 57 m, and the chamber depth, 4—7. 35 m from the ground surface. M52 is furnished with an eastern side-room, which also has a square plan with curvy sides and a pyramidal ceiling, and leads to the main room through a corridor. M2 contains four coffins: two smaller and two larger. The former are placed in the north of the chamber and arranged side by side with the central axis pointing to the east and west and the skeleton's head to the west. The latter lie in the east of the chamber, being placed one behind the other, central axis pointing to the north and south and the skeleton's head to the south. The human bones are scattered inside and outside the coffins but still can be identified as the remains of two adults and two children. It is the first time that this burial manner has been discovered among the tombs of Pingcheng of the Northern Wei period at Datong City.

Tomb M5 is the joint burial of Song Shaozu and his wife. It is the only grave with the dating inscription "first year of Taihe reign" (AD 477) and the tomb-owner's name. The chamber is furnished with a fine sarcophagus in imitation of a timber hall. Between the chamber walls and the sarcophagus ones are pottery tomb-figurines varied in form, and on the sarcophagus inner wall are murals composed with smooth lines.

The Song Shaozu grave faces to the south with an azimuth of 198°. The overall length measures 37. 57 m, the depth is 7. 53 m from the ground surface, and the tomb consists of a ramping passage, two tunnel-type corridors, two small yards, a vaulted corridor and a pyramidal ceiling. The form of long ramping passage with yard and tunnel-corridor was brought about in the Pingcheng (present-day Datong) area before the Northern Wei Dynasty moved its capital to Luoyang, which has definite dating evidence. The Song tomb is so far the earliest among the dated Northern Wei graves. In the earth filling of the northern tunnel-corridor, excavators discovered a 30×15×5cm epitaph brick. It is laid 0. 6 and 0. 4m apart from the tomb bottom and the western wall respectively, with the epitaph engraved in intaglio on the upward surface. The epitaph is a 25-character inscription arranged in three rows and painted in red, reading "Da Dai Taihe yuannian suici dingsi Youzhou Cishi Dunhuang Gong Dunhuang-jun Song Shaozu zhi Jiu 大代太和元年岁次丁巳幽州刺史敦煌公敦煌郡宋绍祖之枢" (Coffin of Dunhuang Duke Song Shaozu, Youzhou District Magistrate of Dunhuang Prefecture, Great Dai, i. e. Northern Wei, first year of Taihe reign, or the *dingsi* year in the sexagenary circle system). Obviously, the burial furniture follows the architectural form of its counterpart of wooden structure in the Central Plains and at the same time embodies the unique artistic style characteristic of its own age, including the meticulousness of carving. The sarcophagus stands in the center of the chamber, looks roughly like a square in plan and, resembling wooden structures, has three bays in width, representing a hall-type building with a single-eave overhung gable-end roof at the top and a corridor in front of the rooms. It consists of above one hundred meticulously carved stone structural members, the mains parts including top slabs, beam frames, wall panels, corner columns, ground beams, and the front corridor. On the top slabs, scattered human bones were found to belong to two incomplete skeletons, which must have been abandoned in the early robbery of the tomb and can be identified as the remains of the tomb-owners Song Shaozu and his wife. In an imitation tile row of the top slabs is a 15-character inscription in intaglio in a line, reading "Taihe yuannian wushi ren yong gong sanqian yan chi sa hu 太和元年五十人用公三千盐豉卅斛", which discloses invaluable information about the labor volume, time duration and other aspects of tomb works in the Northern Wei period.

The front corridor covers all the three bays of the sarcophagus width and occupies a bay in depth. There are four corridor columns octagonal in cross section and 1. 03 m in height. The plinths are round in the upper part and square in the lower one and are carved with coiled dragon and inverted lotus-flower designs. Atop the columns are *efang* (decorated tie-beams), which bear column-top bracket sets (each consisting of a *ludou* large-block fulcrum and three *sheng* smaller fulcrums) and inverted-V-shaped intermediate ones. Behind the corridor, the central room has a two-leave stone-slab door, which is carved with door-knockers, decorative nails and lotus-flower design. The lintel is roughly rectangular and bears five carved lotus flowers. The outer walls are carved with 26 doorknockers and 239 button-shaped bulges that are various in form and elegant in appearance. Inside the sarcophagus is a stone coffin-bed carved with door-knockers, flowers and animals. The eastern, western and northern inner walls are decorated with painted scenes of dancing and music playing, with the human figures represented vividly in smooth lines, but most of them have become illegible or badly peeled.

The unearthed objects total more than 400, mostly occurring in Tombs M52, M2 and M5. They fall into four categories: 1) Pottery tomb-guarding figurines in the shape of warrior and animal. 2) Pottery human figurines varied in form and rich in type, representing armored cavalrymen on barded horses, mounted warriors in cockscomb hats, armored infantrymen, horse leaders, processional attendants, domestic servants, acrobats, music players, dancers, maids, minority tribesmen, etc. 3) Pottery poultry and livestock, including mainly horses and then cattle, donkeys, sheep, pigs and dogs. 4) Pottery models of domestic facilities and houses, such as those of treadle-operated tilt hammers for hulling rice, wells, mills, cooking ranges, tents and ox carts. The raw materials are mainly pottery clay and also silver, bronze, iron, stone, amber and lacquer. The tomb-guarding warriors are in armor and with ferocious features. The tomb-guarding animals have peculiar but vivid human faces and animal bodies. The armored cavalrymen on barded horses wear helmets and armor with cylindrical arms, and their horses are in bards made of rectangular plates. The mounted warriors in cockscomb hats have black hoods topped with cockscomb-shaped ornaments. The minority tribesmen (numbering 11) are different from the other human figurines of these tombs in features and dress, and must be representations of members of ethnic minorities in the Western Regions. The pottery horses (totaling 78, including 58 mounts of warriors) account for about 1/4 of the total funeral models, which indicates that horse riding was a very popular fashion in the then Toba Xianbei Tribes. The pottery camels (3 pieces) depict the carrying and riding animal indispensable for northern minority nationalities after they entered the Central Plains. The model tents number three: two square and one round in plan; all of them represent truly their practical counterparts, which suggests that such mobile yurts were still used at that time, and that the Toba Xianbei Tribes of the Northern Wei period did not thoroughly change their nomadic inhabits by the time the Emperor Xiaowen-di moved his capital. The model vehicles (10) are excellent in workmanship and clear in structure and greatly enrich the material data for studying the structure of carts and carriages in the earlier Northern Wei period.

The Northern Wei tombs in Yanbei Teachers College reflect, both in tomb form and in grave goods, that the Pingcheng area had accepted a good many elements of the Han and Jin burial customs by the early Taihe reign, and at the same time demonstrate features of the Xianbei Nationality's nomadic economy and northern ethnic groups' armies. The unearthed data undoubtedly have extremely important value to researching into culture, economy, architecture, art and different aspects of social life in the Northern Wei period.